Eberhard Röhm

Sterben für den Frieden

Spurensicherung: Hermann Stöhr (1898–1940)
und die ökumenische Friedensbewegung

Mit einem Vorwort von
Bischof (em.) D. Kurt Scharf DD

Calwer Verlag Stuttgart

CIP-Kurztitelaufnahme der Deutschen Bibliothek

Röhm, Eberhard:
Sterben für den Frieden : Spurensicherung: Hermann Stöhr (1898–1940)
u. d. ökumen. Friedensbewegung. Mit e. Vorw. von Kurt Scharf / Eberhard Röhm.
– Stuttgart : Calwer Verlag, 1985.
ISBN 3-7668-0783-8

ISBN 3-7668-0783-8

Umschlag: Otfried Kegel
Foto des Vf.: Isolde Oelmaier, Leonberg
Faksimile auf Titelseite: BA-ZN: RM 32-G – St 715
Satz und Druck: Hieronymus Mühlberger GmbH, Augsburg

Eberhard Röhm
Sterben für den Frieden

Für Sebastian, Justine, Simone, Therese,
ihre Freunde und für alle,
die dem »Geist der Gewalt und der Vergeltung«
absagen

Inhalt

Vorwort

Das Werk Eberhard Röhms ist nach meinem Urteil in mehrfacher Hinsicht von geradezu vorbildlicher Bedeutung. Mit großem, entschiedenem Ernst beteiligt an der aktuellen theologischen und politischen Auseinandersetzung über den rettenden Weg aus der die Menschheit bedrohenden Gefährdung eines dritten Weltkrieges, entdeckt der Verfasser aus der Zeit vor und unmittelbar nach dem Ersten Weltkrieg Propheten im vollen biblischen Sinn des Wortes, die das heraufziehende – verschuldete – Verhängnis erkannten, davor unter Einsatz ihrer Person mit lautem Ruf und unenttäuschbar hartnäckig warnten und für die großen Visionen veränderter Weltordnungen nächste Schritte der Verwirklichung im eigenen engeren Umfeld – erfolgreich – taten: *Friedrich Siegmund-Schultze* und *Hermann Stöhr*. Er läßt den Leser teilnehmen an seiner »Spurensuche« und Entdekkerfreude. Im Blick auf das Lebenswerk von Siegmund-Schultze waren für mich spannend überraschend Einzelphasen und Einzelaktionen seiner großen Gründungen, ihre innere Verflechtung und spezifische Konkretionen. Ich wußte nicht, wie er nach dem Ersten Weltkrieg das Grundmotiv unserer »Aktion Sühnezeichen« zwischen den »Erbfeinden« Deutschland und Frankreich vorweggenommen, wie symbolhaft zeitgleich die Politik des kaiserlichen Deutschlands und sein ökumenisch-pazifistisches Wirken zusammenstießen und mit welch tödlicher Gefahr dies für ihn verbunden war, auch wie entschieden er gegen die herrschende Auffassung in Staat und Kirche über die Schuld am Ersten Weltkrieg öffentlich Stellung genommen hat.

Über Hermann Stöhr erfuhr ich bei der Lektüre des Manuskriptes sehr viel mehr mir Unbekanntes und für mich und die »Bekennende Kirche« Beschämendes. Seine Einzelproteste gegen »rein politische« Maßnahmen – im außenpolitischen und parteipolitischen Bereich – waren konsequenter, kühner und anders lückenlos als die der Bruderräte und Bekenntnissynoden, vor allem seine – schon vor dem Zweiten Weltkrieg praktizierte – Kriegsdienstverweigerung ist das einzige namentlich bekannt gewordene öffentliche Zeugnis eines Mitarbeiters – einschließlich der Pastoren – der Großkirche im deutschen Reichsgebiet gegen Wehrpflicht und Kriegführung, auch gegen die Vorbereitung des Krieges jeder Art. Seine Haltung war gegründet in einem »Leben mit und aus der Heiligen Schrift«. Die Folgerung, die er in fröhlicher Gewißheit aus ihr zog, ist mir als Soldaten des Wachbataillons Berlin im Gespräch mit inhaftierten Kameraden in die-

ser Entschiedenheit nur bei Adventisten, Ernsten Bibelforschern und Angehörigen der klassischen Friedenskirchen wie den Stöhr nahestehenden Quäkern begegnet. An einen prächtigen neunzehnjährigen Abiturienten, Glied der Jungen Gemeinde der Evangelischen Kirche, entsinne ich mich – über jene Christen hinaus –, der der Einberufung Folge geleistet hatte, aber nach dem, was er im Rußlandfeldzug 1941 erlebt hatte, weiteren Waffendienst verweigerte und dafür bewußt und gläubig unter die Guillotine ging. Ich sprach ihn in der letzten Nacht vor der Hinrichtung im Zuchthaus Brandenburg und nahm seinen Abschiedsbrief an seine Mutter entgegen. In dieser Erfahrung las ich den Bericht über Hermann Stöhrs »letzte Nacht« und »das Ende«.
Hermann Stöhr war Kriegsdienstverweigerer aus Gewissensgründen gegenüber jeder Form bewaffneten Austragens nationaler Konflikte. Sein Kampf für den Frieden griff weiter. Er stritt für Frieden in umfassendem Sinn. Er zielte auf soziale und wirtschaftliche Ordnungen, die Wohlergehen ermöglichen sollten für jedermann. Die Beschäftigung mit ihm, mit dem tragenden Grund für seine Entscheidungen und sein Verhalten, mit der Weite seines »kosmischen« Denkens und mit seiner Unbeirrbarkeit in der Nachfolge, auf dem für recht erkannten Weg der Nachfolge, ist nicht nur *von Wert* für Sinnfrage und Ethik unserer Generation, zumal der Jungen unter uns; sie ist – nach meinem Urteil – *unerläßlich* eben für Jugend der Gegenwart. Sie vermittelt Glauben, Erkenntnis und gibt Halt unter Bedrängnis.
Eberhard Röhms Werk ist ausgezeichnet durch Kunst des Erzählens. Der Leser begleitet einen »Forschungsreisenden« und nimmt teil an seiner Freude über neue, gelegentlich unerwartete Entdeckungen. Über die Zeit und die Personen, die dargestellt werden, wird erstaunlich umfangreiches Material mit höchster Sorgsamkeit gesichtet und kenntnisreich, gewissenhaft vorsichtig und doch eindeutig gewertet. Die Schilderung zeigt die Entwicklung einer Bewegung auf, die in unserm Lande erst im letzten Jahrzehnt zu einem öffentlichen Durchbruch gelangte. Eben dadurch ruft das Buch Christen und Bürger im geteilten Deutschland der Gegenwart in die Entscheidung.

Kurt Scharf

Einleitung: Auf Spurensuche

In diesem Buch wird die Geschichte eines Kriegsdienstverweigerers erzählt. Soweit wir wissen, war Hermann Stöhr der einzige evangelische Kriegsdienstverweigerer im Zweiten Weltkrieg, der vom Reichskriegsgericht zum Tode verurteilt und anschließend hingerichtet wurde.
Mit der Lebensgeschichte von Hermann Stöhr kommt zugleich die Geschichte der ökumenischen Friedensbewegung in der ersten Hälfte unseres Jahrhunderts in den Blick.
Ein Stück weit spiegelt dieses Buch auch die Geschichte meiner eigenen Betroffenheit, die ich beim Spurensuchen und beim Aktenstudium erlebt habe. Betroffen war und bin ich von der Überzeugungstreue eines einzelnen Pazifisten, der sich weder von dem sich allmächtig gebenden Staat und seinen Militärs, noch von der auf Distanz gehenden eigenen Kirche hat abbringen lassen, den einmal erkannten Weg der Nachfolge Jesu Christi konsequent zu Ende zu gehen.
Betroffen machte mich aber auch die Entdeckung, daß ein »Liebhaber des Friedens« aus den zwanziger und dreißiger Jahren wie Stöhr bei seinen geistigen Erben in der heutigen Friedensbewegung so gut wie ganz in Vergessenheit geraten konnte. Auch bei mir selbst bedurfte es erst eines äußeren Anstoßes – des Auftrags zur Gestaltung einer Ausstellung über die Geschichte der evangelischen Kirche im Dritten Reich[1] –, um auf Spurensuche zu gehen.
War es möglich, so lautete in der Planungsgruppe die Frage, einen evangelischen Kriegsdienstverweigerer aus dem Zweiten Weltkrieg zu finden und vorzustellen, der zur Identifikationsgestalt für junge Ausstellungsbesucher werden könnte. Drei Namen wurden im Kreis profunder Kirchenhistoriker genannt: Dietrich Bonhoeffer, Martin Gauger, Hermann Stöhr. Mehr Namen waren nicht bekannt.
Dietrich Bonhoeffer, der bekannteste unter ihnen, verließ kurz vor Kriegsbeginn Deutschland im Gedanken, so dem Wehrdienst entgehen zu können. Acht Wochen später kehrte er freiwillig aus Amerika zurück und entschied sich für die Teilnahme an der Verschwörung gegen Hitler.[2]
Martin Gauger war Justitiar der Ersten Vorläufigen Kirchenleitung der Bekennenden Kirche. Im April 1940 entzog er sich der Einberufung zur Wehrmacht durch eine abenteuerliche Flucht nach Holland. Dort verhaftete ihn die SS. Er wurde im Juli 1941 in Buchenwald ermordet.[3]
Vom dritten, Hermann Stöhr, waren Briefe aus der Haft bekannt und die

Tatsache, daß er vom Reichskriegsgericht zum Tode verurteilt wurde. Der Internationale Versöhnungsbund, dessen Mitglied er war, hatte 1951 ein Gedenkheft mit kurzen Nachrufen für ihn veröffentlicht.[4] Mehr konnte man bislang über Stöhr nicht sagen.

Mehrere Jahre habe ich Hermann Stöhrs Spuren verfolgt. Dabei habe ich zu meiner Freude erlebt, wie Bekannte Stöhrs und weitläufig Verwandte, vor allem aber Archivare und Bibliothekare sich mit mir an die Sucharbeit gemacht haben, zum Teil selbst verwundert, daß es überhaupt einen solchen Fall von Verweigerung gegeben hat und daß sich doch noch Aufzeichnungen des schreibeifrigen Mannes – in nicht geringer Zahl – haben finden lassen. Ohne solche Mithilfe hätte das vorliegende Buch nie geschrieben werden können. Dafür danke ich.

Der erste und umfangreichste Fund war die Entdeckung der im Bundesarchiv aufbewahrten Akten eines Marine-Feldkriegsgerichtsprozesses, in den Stöhr 1939 verwickelt war.[5]

Eine Reihe von sehr aussagekräftigen Schriftstücken verdanke ich den Mitarbeitern des Evangelischen Zentralarchivs in Berlin, mit denen wir bei der Ausstellungsvorbereitung eine besonders intensive Zusammenarbeit hatten. Durch das Archiv der Berliner Stelle des Diakonischen Werkes wurde ich auf Stöhrs Tätigkeit beim Centralausschuß für die Innere Mission aufmerksam gemacht. Schließlich vermittelten mir Verwandte Stöhrs noch Fotos und die Abschrift eines in den letzten Wochen der Haft von ihm verfaßten Laienspiels. Was noch aussteht, ist das Auffinden der Akten des Reichskriegsgerichtsprozesses, der 1940 mit der Verhängung der Todesstrafe endete.

Das Besondere an Stöhrs Fall, das mein Interesse vor allem geweckt hat, ist seine Einmaligkeit. Ich gehe inzwischen davon aus, daß es nicht an den fehlenden Quellen liegt, wenn wir nur wenige evangelische Kriegsdienstverweigerer des Zweiten Weltkrieges kennen. Immer wieder habe ich mir klarzumachen versucht, wie einsam ein Kriegsdienstverweigerer in Deutschland damals gewesen sein muß, verfolgt von Gesetz und Staat, verachtet vom wehrbereiten Volk, eine Belastung für die engere Familie und endlich noch im Stich gelassen von der eigenen Kirche. Darüber sind noch keine fünfzig Jahre vergangen.

Ich widme dieses Buch meinen Kindern und ihren Freunden, deren *Leben für den Frieden heute* ich beim Schreiben immer wieder vor Augen hatte.

Eberhard Röhm

1. Letzte Briefe

Das letzte, was wir von Hermann Stöhr haben, sind Briefe an seine Mutter und an seine Geschwister, Abschiedsbriefe aus der Haft in Plötzensee, wenige Stunden vor der Hinrichtung geschrieben. Für mich standen sie am Anfang meiner Begegnung mit Stöhr.

Ich fand diese Briefe in dem Sammelband »Du hast mich heimgesucht bei Nacht«. Dort sind unter der Überschrift »Selig sind die Friedfertigen« letzte Zeugnisse von fünf Kriegsdienstverweigerern im Auszug nachgedruckt: Briefe des katholischen Ordensgeistlichen Max Josef Metzger, dem Begründer der »Christkönigsgesellschaft vom Weißen Kreuz«; der Abschiedsbrief Franz Jägerstätters, eines Bauern aus Tirol; der Brief des Zeugen Jehovas Ludwig Cyranek sowie der letzte Brief eines unbekannten Bauernsohnes aus dem Sudentenland. An fünfter Stelle stehen die Briefe Stöhrs, des einzigen evangelischen Christen in dieser Reihe.[6]

Stöhr war Sekretär des »Deutschen Versöhnungsbundes« gewesen – so ist dem Vorwort zu den veröffentlichten Briefen zu entnehmen –, und er wurde am 21. Juni 1940 im Alter von 42 Jahren »wegen Zersetzung der Wehrkraft« hingerichtet.

Zwei Fragen beschäftigten mich nach der Lektüre:

1. Woher hat dieser Mann in der Nacht vor der Hinrichtung die Kraft genommen, seine Geschwister in dieser Weise vollmächtig zu trösten?
2. Wie konnte ich mehr über Stöhr erfahren, wie an das Original der Briefe und an ein Bild von ihm kommen?

Ich wollte auf die Suche gehen.

An die Mutter

19. März 1940

[. . .] wo noch etwas Todesscheu ist, da stimmt irgend etwas nicht. Darüber habe ich letzthin viel nachgedacht und an Hand von Bibel und Gesangbuch studiert. Rein weltlich gesehen, ist ja die Todesstrafe das Ärgste, was uns hier auf Erden widerfahren kann. Vom Standpunkt des Glaubens aus aber heißt es: Was können uns Menschen tun? Da weiß man sich sicher geborgen in der Hand des Allmächtigen [. . .] Es hat nicht an mehr oder minder wohlmeinenden Versuchen gefehlt, die mich zu einer anderen Meinung zu bringen wünschten. Es war jedoch so, daß mich dies nur bestärkt hat in der Erkennt-

Hermann Stöhr etwa 1937/38 *(Foto: privat)*

nis, daß Gott auch den Völkern geboten hat, einander zu helfen und zu lieben. In Dingen einer von Gott geschenkten Erkenntnis aber zu lügen, nur um mir das kleine Leben zu erhalten, das ging nicht. Es hätte bedeutet, Gott verachten und mein Leben auf eine Lüge gründen. – Vor einem Jahr nagelte mir Gertrud den gebrannten Wandspruch über mein Bett: Sei getreu bis in den Tod, so will ich dir die Krone des Lebens geben. Anfangs schien er mir zu hart zu sein, da ich gleich an eine derartige Situation denken mußte, wie die meinige jetzt ist. Ich habe viel daran herumbuchstabiert und ihn schließlich bejaht. Es liegt ja auch eine zu große Verheißung darin. Wenn wir den Osterglauben, den Glauben an eine Auferstehung des Leibes wirklich haben, erfüllt uns gerade angesichts des Todes eine große Freude, die uns bei irdischen Widrigkeiten nur um so heller entgegenstrahlt. Wenn wir diesen Glauben fahren lassen, wird es allerdings düster um uns. So wünsche ich also mir und Euch vor allem einen Glauben an den auferstandenen Herrn, der standhält.

Dieser Brief, der an Ostern 1940 ankam, erreichte die Mutter nicht mehr; sie war inzwischen schon verstorben und an Gründonnerstag beerdigt worden.

An die Schwägerin

3. Juni 1940

Endlich komme ich dazu, auch Euch zu schreiben, nachdem ich bisher wenig Briefe schreiben konnte. Die Nachricht von Alfreds Seemannstod erreichte mich über Stettin gerade am 16. März, als ich eben vom Reichskriegsgericht mein Todesurteil erhalten hatte. Die Nachricht von Alfreds Tod hat mich tief erschüttert. Dieser vom 6. März datierte Brief war zugleich der letzte, den ich von meiner Mutter erhielt. Wenn Ihr nicht einen Brief von ihr nach dem 6. 3. erhalten habt, dann waren dies vielleicht die letzten schriftlichen Zeilen meiner Mutter. – Ich selbst sah Alfred[7] ja zum letztenmal Anfang August, da ich ihn in Swinemünde besuchte. Wir lagen am Ostseestrand. Und nachher zeigte er mir noch sein Schiff, seine Kabine und das chinesische Schriftzeichen aus Messing. Das erklärte er mir, es bedeute: Glück, langes Leben, viele Kinder. Nun sind bei ihm trotz seiner Jugend alle vergänglichen Dinge noch früher dahingeschwunden, als sie auch einmal bei uns dahinschwinden. Luther tröstet sich ja so darüber hinweg: »Nehmen sie den Leib, Gut, Ehr', Kind und Weib, laß fahren dahin, sie haben's kein' Gewinn, das Reich muß uns doch bleiben!« – Seit Beginn des Polen-Feldzuges haben ja wohl sehr viele Mütter ihren Sohn verloren – auf beiden Seiten. Ich weiß da auch nur den Trost, nach Ersatz in dem Sohn Gottes zu suchen, der uns sagt: »Ich lebe und ihr sollt auch leben« (Joh. 14/19). Der Ersatz, den wir in solchem Leben finden, verspricht, weit alles das zu übertreffen, was uns mit dem Tode eines nahen Verwandten verlorenging. Das ist die Glaubenserfahrung, an die ich mich halte. Und ich wünsche keinem einen schlechteren Trost als durch Jesus, der unser Bruder sein will. Auf seine Jünger weisend, sagte er einst: »Siehe da, das ist meine Mutter und meine Brüder!« So rechne ich wie auch beim Verlust meiner Mutter zuversichtlich damit, daß uns alle diese Dinge zum Besten dienen sollen. Auch wenn uns zunächst jeder Verlust unverständlich und sinnlos erscheint. – Mit mir steht es so: Ich habe den Militärbehörden seit 2. 3. 39 erklärt, ich könne meinem Vaterlande nur mit Arbeit dienen, aber nicht mit der Waffe (Matt. 5, 21–26, 38–48) und mit einem Eid (Matt. 5, 33–37; Jak. 5, 12). Und Gottes Gebote gelten für mich unbedingt (Ap.-Gesch. 5, 29). Am 16. März 1940 erhielt ich dafür mein Todesurteil und am 13. April 1940 wurde das Urteil bestätigt. Jetzt läuft mein Gnadengesuch an den Führer. – Täglich bereit sein zum Sterben, das soll ja ein jeder Christ. Und dafür ist mir dies jetzt eine Schulung. Zwischendurch freue ich mich meiner Ruhe, die ich vor allem zum Bibelstudium nutze. Und auch unser pommersches Gesangbuch von 1931 ist mir außerordentlich wertvoll geworden.

An die Schwester

20. Juni 1940

Heute abend 8 Uhr wurde mir mitgeteilt, daß mein Gnadengesuch abschlägig beschieden ist, und morgen, also am 21. Juni gegen 6 Uhr früh, wird das Urteil vollstreckt sein. – Das ist somit der Wille Gottes, der uns alle liebt, und uns, die wir ihn wieder lieben, muß auch dies zum Besten dienen. Es dient uns zum Besten. Und soweit es Dir oder einem anderen zunächst unverständlich zu sein scheint, bitten wir den Herrn, daß er es uns bald offenbare. – Für mich wie auch für andere gilt, daß Christus uns von der Furcht des Todes erlöst hat, und daß die völlige Liebe die Furcht austreibt. Die völlige Liebe, das ist Er. Und er möge uns alle hineinziehen in diese Liebe. Und wenn wir darin stehen, muß uns alles Leid schwinden, dann wird uns große Freude zuteil . . . Dr. Poelchau wird die letzte Nacht bei mir sein, mir auch das Abendmahl reichen; so gestärkt werde ich meinen letzten Gang antreten. – Was wir uns untereinander vorzuwerfen haben, wollen wir uns restlos vergeben mit der Bitte des Vaterunsers: Vater, vergib uns unsere Schuld, wie auch wir vergeben unsern Schuldigern. – Und so wollen wir dem Tag entgegengehen, der uns alle in der Ewigkeit vereint.

An den Bruder

20. Juni 1940

Heute abend wurde mir mitgeteilt, daß der Führer von seinem Begnadigungsrecht keinen Gebrauch gemacht hat. Morgen, am 21. Juni gegen 6 Uhr früh, wird das Urteil vollstreckt. – Etwas konnte ich dies schon ahnen, als ich am

Stöhrs Mutter und Geschwister. Von links: Gertrud, Hermann, Alfred, Hugo, Mutter, Frau von Hugo Stöhr *(Foto: privat)*

Montag in dieses Gefängnis überführt wurde. So trifft mich heute abend diese Entscheidung nicht so sehr überraschend. Da ich noch Gelegenheit habe zu schreiben, so muß ich Dir diesen Brief noch senden.
Herzlich danken möchte ich Dir für Deinen Besuch in Tegel. Er war mir eine rechte Freude, da wir uns so lange Zeit nicht gesehen haben. Und danken möchte ich Dir für alle Freundlichkeit, die ich in Deinem Hause erfahren habe, angefangen von der Beherbergung während meines Sommersemesters von 1920. Und wenn es auch inzwischen zu manchen Meinungsverschiedenheiten zwischen uns gekommen ist, so haben wir uns doch niemals ganz verloren. – Wir wollen uns diese Dinge gegenseitig restlos vergeben, wie es ja auch zu jener Bitte gehört: Vater vergib uns unsere Schuld, wie wir vergeben unsern Schuldigern.
Da wir in dieser Gnade stehen, so muß uns auch dieser mein letzter Gang nicht erschrecken. Christus hat uns von aller und so auch von dieser Furcht erlöst. Die Vollstreckung dieses Urteils ist mir Gottes Wille. – Gottes guter und gnädiger Wille. Und im Gehorsam gegen ihn will ich den letzten Gang gehen, ihm entgegen. Grüße die Verwandten, und seid herzlich gegrüßt so, daß wir uns alle dort in der Ewigkeit wiedersehen.
Werdet nicht traurig über diesen meinen Ausgang und Eingang; sondern freuet Euch mit, wie es uns 1. Petr. 4, 13–16 nahelegt. Allen möchte ich zurufen: Auf Wiedersehen bei jenem Herrn, der uns zu einem ewigen Leben berufen hat.

Daur, 6–8[8]

2. Berlin: St. Johannis-Kirchfriedhof, 25. Juni 1940

Es war an einem strahlenden Junimorgen im Kriegsjahr 1940, Dienstag 25. Juni, als sich auf dem Alten St. Johannis-Kirchfriedhof im Berliner Norden eine kleine, gerade sieben Personen zählende Trauergemeinde sammelte, um einem nahen Angehörigen und guten Freund das letzte Geleit zu geben. Auf dem Friedhof an der Seestraße 126 im Wedding war es um diese Zeit noch sehr still. Bis auf einige Gartenarbeiter war weit und breit niemand zu sehen. Ein gewöhnlicher Werktag – so konnte man denken –, wenn nicht – etwas abseits – drei Herren gestanden hätten, für die Eingeweihten unschwer als Beamte der Geheimen Staatspolizei auszumachen. Worte wurden nicht gewechselt.[9]

Was hatten drei Polizisten in Zivil bei diesem friedlichen Leichenzug zu suchen? War die auferlegte Bedingung einer Bestattung im engsten Kreise nicht schon genug?

Der Tote war ein seit Jahren arbeitsloser freier Schriftsteller. Im Totenbuch stand »Verleger« als Berufsbezeichnung. Kein Saboteur also, auch kein Revolutionär; eher ein Einzelgänger, ein Friedenskämpfer, wie er sich selbst verstand. Jetzt lag er enthauptet in einem einfachen Sarg.

War Dr. Hermann Stöhr diesem Staat noch über seinen Tod hinaus gefährlich? Ein gespenstischer Gedanke.

Hitler stand in diesen Tagen auf der Höhe seiner Macht. Im April hatten die Deutschen Dänemark und Norwegen besetzt. Am 10. Mai überfielen deutsche Truppen Holland, Belgien und Frankreich, am 20. Mai hatten sie bereits den Kanal erreicht. Tag um Tag ertönten die Siegesfanfaren der Wehrmachtsondermeldungen aus den Lautsprechern der Volksempfänger in jedes Haus. In den Wochenschauen der Kinos konnten die Menschen sich nicht sattsehen, wie deutsche Soldaten am 14. Juni kampflos Paris besetzt hatten und mit klingendem Spiel durch den Arc de Triumph zogen.

Mit dem ihm eigenen Sinn für Symbolik und Theatralik demütigte Hitler den »Erzfeind« Frankreich und ließ dessen Vertreter die Waffenstillstandsbedingungen im historischen Wald von Compiègne in demselben, aus dem Museum herbeigeholten Eisenbahnwagen unterzeichnen, in dem 1918 Erzberger die für die Deutschen ebenso bitteren Waffenstillstandsbedingungen hatte annehmen müssen. Einen größeren persönlichen Triumph konnte sich der selbsternannte Feldherr nicht vorstellen. Die Deutschen hofften nun auf ein baldiges Ende des Krieges und auf Friedensverhandlungen mit England. Dies war am 22. Juni, einen Tag nach der Urteilsvollstreckung an Stöhr.

Wer kann sagen, welche Gedanken, welche Ängste, auch welche Anklagen seine Verwandten und Freunde in dieser Stunde am Grab beherrscht haben? Da stand seine Schwester Gertrud, lange Jahre beim Büro der Inneren Mission in Stettin in kirchlichen Diensten tätig. Sie hatte zusammen mit dem Bruder und der Mutter in dem kleinen Eigenheim in der Stettiner Weberstraße gelebt.[11] Drei Monate zuvor war die Mutter verstorben, jetzt war auch der Bruder tot.
Neben der Schwester stand der älteste Bruder, ein Stiefbruder aus erster Ehe des Vaters. Alfred war Bankrat hier in Berlin. Er war ohne seine Frau gekommen. Auf einem Familienfoto trägt er das Parteiabzeichen der NSDAP am Rockaufschlag. Der letzte Brief von Hermann Stöhr läßt erkennen, daß die Brüder nicht immer gleicher Meinung waren:

»Wenn es auch inzwischen zu manchen Meinungsverschiedenheiten zwischen uns gekommen ist, so haben wir uns doch niemals ganz verloren. – Wir wollen uns diese Dinge gegenseitig restlos vergeben, wie es ja auch zu jener Bitte gehört: Vater vergib uns unsere Schuld, wie wir vergeben unsern Schuldigern.«[12]

Die übrigen Teilnehmer waren Freunde aus dem seit der Naziherrschaft verbotenen Internationalen Versöhnungsbund: Alfred Peter, Archivar beim Magistrat in Berlin. Er war Stöhrs Vorgänger im Amt des Berliner Sekretärs des Versöhnungsbundes gewesen. Beide waren enge Freunde; auch Frau Peter war mitgekommen. Stöhr hatte in dieser Familie eine Art zweite Heimat gefunden. Er war Pate der jüngsten Tochter Caritas.[13] Superintendent Joachim Ungnad, der zu den radikalen Pazifisten zählte, war auch da. 1931 hatte er zusammen mit Emil Fuchs, Martin Rade und dem Völkerrechtler Walther Schücking den »Evangelischen Friedensbund« gegründet, einer der vielen Versuche, die evangelischen Friedensanhänger in Deutschland zusammenzufassen.[14] Und schließlich war noch Erich Gramm gekommen, der langjährige Leiter der von Professor Siegmund-Schultze gegründeten Sozialen Arbeitsgemeinschaft (S.A.G.) in Berlin-Ost. Auch er war – wie alle andern – politisch verdächtigt und gefährdet. Ende April hatte die Gestapo die letzten Aktivitäten der S.A.G. verboten, das Vermögen beschlagnahmt und die Mitarbeiter unter Polizeiaufsicht gestellt.[15]
Daß die Trauerfeier und Grablegung überhaupt auf diesem Friedhof hat stattfinden können, war Harald Poelchau zu verdanken. Er war seit 1933 hauptamtlich als Gefängnispfarrer in Tegel und seit dem Krieg auch in Plötzensee tätig. Poelchau hatte Stöhr in seinen letzten Wochen und Stunden begleitet. Nur dieses eine Mal hat er erreicht, daß ein Delinquent der Hinrichtungsstätte Plötzensee auf dem wenige hundert Meter entfernten, jenseits des Hohenzollernkanals gelegenen evangelischen Friedhof beerdigt werden durfte.[16]

St. Johannis-Kirchengemeinde **Beerdigte im Jahre 1940**

1 Laufende Nr.	2 Vor- und Zuname des Verstorbenen		3 Stand des Verstorbenen (bei Kindern auch Vor- und Zuname und Stand des Vaters, auch Vermerk, falls es ungetauft verstorben)	4 Alter Jahre	 Monate	
640	Sachau	Heide	Kind geb.	— 1.	11 7.	2 1[illegible]
641	Stöhr	Hermann	Verleger geb.	42 4.	5 1.	1 18
642	Hörske	Emma geb. Paul	Witwe geb.	56 5.	1 5.	1 18

Auszug aus dem Begräbnisregister der St. Johannis-Kirchgemeinde Berlin-Moabit

Am Grabe standen sich zwei Welten gegenüber. Unsicherheit war wohl auf beiden Seiten. Als Ernst Marbach,[17] der Ortspfarrer von St. Johannis, die Feier begann, ging der verantwortliche Gestapobeamte auf ihn zu: »Sie dürfen hier keine Ansprache halten. Fassen Sie sich kurz.«

Die Frage, ob wenigstens Bibelworte erlaubt seien, blieb unbeantwortet. So sprach Pfarrer Marbach Psalmworte und schließlich Jesu Gleichnis von den anvertrauten Pfunden (»Ei du frommer und getreuer Knecht, du bist über wenigem getreu gewesen; ich will Dich über viel setzen. Gehe ein zu deines Herrn Freude!« Mt 25,21).

Was dann geschah, gab Erich Gramm später aus der Erinnerung so wieder:

»Erregt trat der Beamte vor: ›Lassen Sie das! Schluß jetzt!‹ Der Pfarrer schwieg. Außer dem Gesang der Vögel und dem fernen Brausen der Großstadt war alles still.

Der Pfarrer hub an, das ›Vater unser‹ zu beten. Sicherlich nicht aus Berechnung, vielmehr gepackt vom Geist dieses Augenblicks machte er nach jeder Bitte eine Pause. Und so standen die Worte in ihrer grandiosen Schlichtheit und überwältigenden Eindeutigkeit still und stark im Raum. Und als es ausklang: ›Denn Dein ist das Reich, und die Kraft und die Herrlichkeit, in Ewigkeit‹, da war es uns gewiß, daß der arme verstümmelte Tote dieses Reiches, dieser Herrlichkeit teilhaftig geworden war und daß jenes in Waffen starrende, Tod und Verderben verbreitende Reich gerichtet war.«

Nur mit Mühe hatte Pfarrer Marbach die Feier am Grabe zu Ende bringen können. Sie wurde endgültig abgebrochen, als er den Segen sprach: ». . .

Monat *Juni*

5	6	7		8	9	10	11	12
					Begräbnis			
…nterlassene …ilienglieder	Bei welchem Standesamt ist der Todesfall gemeldet und unter welcher Nr.?	Tag und Stunde des Todes		Wohnung des Verstorbenen	ob unter Mitwirkung des kirchlichen Amtes (Name des Geistlichen)	Tag	Kirchhof und Grabstelle	Bemerkungen (z. B. Todesursache)
		Tag	Stunde					
	Tiergarten 2013	22.6.		Spenerstr. 20.	Dr. Lilje	22.6.	III M II K I 64	Akute Kreislauf-schwäche
	Charlottenburg 2387	21.6.		Stettin 7 Weberstr. 12	Marbach	25.6.	II. Vau. 49	Enthauptung.
…rne	Hartheim 491	15.6.		Hartheim-Alkoven Oberdonau	—	12.7.	III M II. 2.6.	Pneumonie

und gib uns deinen Frieden.« Das Wort »Frieden« war in den Ohren der Gestapo vollends unerträglich, eine unerlaubte politische Provokation.

Die Töchter von Alfred Peter, die beim Begräbnis des von ihnen geliebten Onkels damals nicht dabei sein durften, erinnern sich heute noch daran, daß die Familie sich mit Harald Poelchau zusammen einige Zeit später am Grab getroffen hat. Poelchau sprach ein Gebet und die kleine Gemeinde sang zwei Lieblingslieder Hermann Stöhrs: »Dona nobis pacem« und den dreistimmigen Satz von J. S. Bach »Denn das Gesetz des Geistes, der da lebendig macht in Christo Jesu, hat mich frei gemacht von dem Gesetz der Sünde und des Todes.«[18]

Was waren das für Menschen? Wie konnte ich über diese christliche Friedensbewegung im Hitlerreich mehr erfahren? Als ich den maschinengeschriebenen Bericht von Erich Gramm zum ersten Mal in Händen hatte, wuchs meine Neugier noch mehr.

3. »Ut omnes unum sint« – Auf der Suche nach einem verlorenen Grabstein

Das Grab Stöhrs auf dem St. Johannis-Kirchfriedhof an der Seestraße scheint nach dem 2. Weltkrieg für den Berliner Versöhnungsbund zu einer Art »Weihestätte« geworden zu sein. Harald Poelchau beschrieb die Grabstätte in einer Gedächtnisrede an Stöhrs Todestag 1947:

»Doppelt bedeutungsvoll ist uns diese Stätte. Das Leben und Sterben Hermann Stöhrs hat uns folgendes deutlich gemacht: Rationale Überlegungen führen die Menschheit nicht zum Frieden, vernünftige Erwägungen, daß Krieg nur Unglück und nur Leid und nur Unrecht bringt, nicht zu den Konsequenzen. Die Entscheidung kann nur aus der Gesinnung heraus kommen, die hier formuliert ist, aus der Liebe, wie sie sich im Leben und Tod Christi offenbart und ausdrückt. Es steht der geschlossene Kreis auf diesem Grabstein mit dem Wort: Ut omnes unum sint – dem Wort aus dem Neuen Testament, dem Wort Christi, ›auf daß sie alle eins seien‹, wie Luther übersetzt. Das ist das Prinzip seines Lebens und seines Todes, das ist das eigentliche Motiv, das uns wirklich das Pathos und Ethos seiner Bemühungen um den Frieden begreiflich macht. Und das ist nichts Weichliches, das ist eine sehr männliche und stark kämpferische Haltung.«[19]

Hermann Stöhr als Identifikationsgestalt für heute? Ich war ja auf der Suche danach für unsere Ausstellung. Ich konnte mir das gut vorstellen: Das Symbol für ökumenische Einheit und für Versöhnung unter den Völkern – die vier Enden der Erde im Weltkreis, in der Mitte der Text aus den Abschiedsreden Jesu aus Johannes 17: Ut omnes unum sint. Lateinisch, gewiß; die Lateiner unter den Gymnasiasten hätten eine Übersetzungsaufgabe. Die Lebensdaten mit dem Hinweis »enthauptet in Plötzensee« – der Symbolstätte des Widerstands – würden die Aufmerksamkeit für den besonderen Lebensinhalt von Hermann Stöhr wecken. Jetzt fehlte mir nur noch das Urteil des Reichskriegsgerichts »Im Namen des Volkes . . .« und ein Bild von Stöhr. Vielleicht bekäme ich auch von den Angehörigen die letzten Briefe, von eigener Hand geschrieben, als sprechendes Exponat für eine Vitrine.

Freilich im Eifer hatte ich mir die Suche vierzig Jahre nach dem Ereignis doch zu leicht vorgestellt. Die erste Enttäuschung war: Das Grab auf dem St. Johannis-Kirchfriedhof war aufgegeben worden. Die Stadt plane einen Erweiterungsbau der Autobahn im Wedding, so hatte die Verwaltung des evangelischen Friedhofs schon 1978 der damals 90jährigen Schwester von Hermann Stöhr geschrieben. Ein Teil des Friedhofs liege im Weg. Auch Hermann Stöhrs Grab sei betroffen; es könne verlegt werden, wenn sie das

Stöhrs Grab auf dem St. Johannis-Kirchfriedhof an der Seestraße im Wedding. Das Grab wurde 1978 aufgegeben und eingeebnet, um Raum für eine geplante Autobahn zu bekommen. *(Foto: privat)*

wolle. Die alte Frau fühlte sich überfordert. Amtlicherseits gab es kein Interesse. Die Schwester gab das Grab des geliebten Bruders schließlich auf.[21]

Die zweite Enttäuschung war: Die Originale der letzten Briefe waren nicht mehr zu finden. Stöhrs Schwester hatte sie wohl aus der Hand gegeben und nicht wieder zurückerhalten.

Nicht besser stand es um die Gerichtsakten. Nach Auskunft des Bundesarchivs ist die Aussicht gering, daß Akten des Reichskriegsgerichts noch gefunden werden. Die meisten sind wohl in Potsdam verbrannt. Ein Teil der Akten liegt vielleicht noch in der Tschechoslowakei; sie sind aber unzugänglich.

Als Quelle blieb darum nur eine Gedächtnisschrift des Versöhnungsbundes aus dem Jahre 1951[22] und ein paar Fotos – auch eines vom Grab! –, die mir Stöhrs Schwester zur Verfügung gestellt hatte.

4. ». . . ein Mann, voll Heiterkeit, aber auch von großem Ernst«

Im Gedächtnisheft des Versöhnungsbundes von 1951 beschreibt sein Freund Kurt Böhme Hermann Stöhr in seiner wohl glücklichsten Zeit:

»Hermann Stöhr, ein hochgewachsener, schlanker, blonder Mann, voll Heiterkeit, aber auch von großem Ernst, wenn es sich um Fragen handelte, die ihn zutiefst bewegten, mit auffallend schmalen Lippen, die oft fest zusammengepreßt waren als Ausdruck eines unbeugsamen Willens, wenn es galt, das durchzuführen, was er als recht erkannt hatte, war 25 Jahre alt, als er sich 1923 nach dem Studium der Staatswissenschaften, das er mit der Doktorpromotion abschloß, Professor Dr. Siegmund-Schultze für seine verschiedenen Arbeitszweige zur Verfügung stellte: Soziale Arbeitsgemeinschaft Berlin-Ost, ökumenische Arbeit, deren Fäden damals bei Professor Siegmund-Schultze zusammenliefen, und Versöhnungsbund, dem Hermann Stöhr bald seine besondere Liebe schenkte. Hier fand der junge Menschen- und Friedensfreund seinen rechten Arbeitsplatz: hier ging es um Versöhnung unter allen und an allen, die in Gegensätzlichkeit und Feindschaft leben, an Völkern, an Ständen, an Klassen und an Rassen – und das alles im Geist einer echten christlichen Frömmigkeit. [. . .] Gleichzeitig entstanden damals weitreichende Pläne einer umfassenden literarischen Tätigkeit, von denen einige wenigstens in den darauffolgenden Jahren zur Ausführung kamen.«[23]

Jugendzeit, Krieg und Studium

Hermann Stöhr ist am 4. Januar 1898 in Stettin geboren. Der Vater war Zollsekretär, er starb 1928.[24] Die Eltern kamen von pommerschen Bauernhöfen in die Stadt. Hermann war der jüngste von vier Geschwistern. Der älteste Bruder, Alfred, später Bankrat in Berlin, war ein Halbbruder aus erster Ehe des Vaters. Der zweitälteste Bruder, Hugo, lebte verheiratet in Stettin. Mit der sieben Jahre älteren Schwester Gertrud, die wie er ledig blieb, verstand sich Hermann offenbar besonders gut.
Stöhr besuchte das Schiller-Realgymnasium in Stettin mit dem Abschluß der Reifeprüfung und meldete sich im November 1914 – noch nicht siebzehnjährig – freiwillig bei der Kriegsmarine in Wilhelmshafen. Er wurde im Marineverwaltungsdienst ausgebildet und brachte es bis Kriegsende zum Marinezahlmeister. Stöhr tat Dienst auf SMS (»Seiner Majestät Schiff«) »Zähringen« in Warnemünde und auf SMS Schlachtkreuzer »Göben«, der zur Unterstützung der Türken im Schwarzen Meer gegen die Russen operierte.

Nach dem Krieg studierte Stöhr von 1919 bis 1922 Volkswirtschaft, öffentliches Recht und Sozialpolitik. Er war drei Semester lang in Kiel und arbeitete u. a. am Institut für Seeverkehr und Weltwirtschaft. Im Sommer 1920 besuchte er für ein Semester die Universität Berlin. Zum Abschluß war er noch drei Semester in Rostock, wo er im August 1922 bei Professor Heyde zum Doktor der Staatswissenschaften cum laude promovierte. Sein Thema hieß »Die Auslandshilfe«. Stöhr untersuchte dabei die in vielen Ländern nach dem Krieg entstandenen Hilfsmaßnahmen für die Hungernden Mittel- und Osteuropas sowie die Verteilung der Güter speziell in Deutschland.

Geistige Neuorientierung

Schon während seines Studiums muß Stöhr sich intensiv mit den Anliegen der Nachkriegsfriedensbewegung befaßt haben. Die tiefgreifende Folge war, daß er sein Dissertationsthema änderte. Wie sein Bruder dem Kriegsgericht später bezeugte, wollte Stöhr ursprünglich »als begeisterter Vaterlandsverteidiger über die im Weltkrieg versenkte Tonnage« arbeiten.[25] Jetzt wählte er ein Thema, das ihn zeitlebens nicht mehr losließ: die gegenseitige Hilfe und die Versöhnung unter den Völkern.

Im Anschluß an sein Studium hielt sich Stöhr in Berlin auf und besuchte an der Universität theologische Vorlesungen. Gleichzeitig beteiligte er sich an der Ausländerarbeit der Deutschen Christlichen Studentenvereinigung (DCSV). In diese Zeit reicht auch Stöhrs erste öffentliche Äußerung, acht Thesen zum Thema »Reich Gottes oder Reich der Welt«, erschienen in den »Mitteilungen zur Förderung einer deutschen christlichen Studentenbewegung«.

Erstaunlich bleibt, daß die in den letzten Briefen aus Plötzensee so beeindruckende Grundhaltung Stöhrs schon in dieser ersten Publikation – zum Teil bis in den Wortlaut hinein – sich wiederfindet. Der unmittelbare Anlaß war eine von Gerhard Stratenwerth veröffentlichte Betrachtung über »Vaterland und Reich Gottes«, auf die Stöhr antwortete. Stratenwerth hatte die in der christlichen Studentenvereinigung vorherrschende Kluft zwischen »Pazifisten und Nationalisten, Sozialisten und Monarchisten, Vertreter des Reichsgottesgedankens und Verfechter des Vaterlandsgedankens« beklagt. Dieser Radikalismus sei zwar einmal das Recht der »Studentengeneration, die aus Schützengräben und Trichterstellungen auf die Universitäten zog« gewesen; das Entweder-Oder sei aber jetzt durch ein Sowohl-als-auch abzulösen: »Wer sich berufen weiß zum Dienst am Vaterlande, der weiß sich im Dienste Gottes, auch wenn er die Waffe führt, und wer den Ruf zur ›Reichsgottesarbeit‹ erhielt, hat die gleiche Gewißheit, wenn er den Dienst mit der Waffe verweigert. Sie sind beide Soldaten

Oben: Hermann Stöhr (vorne links) mit Freunden. Links: Stöhr als Marinezahlmeister im Ersten Weltkrieg. Rechts: Ein Mann von Heiterkeit . . .« *(Fotos: privat)*

desselben Königs und gehorchen seinem Befehl, der den einen dahin und den andern dorthin stellt.«
Gegen diese Lösung nach dem »Komplementaritätsmodell« – in heutiger Sprache gesagt – erhob Stöhr entschieden Einspruch: »Nur wenn man sich der Gegensätzlichkeit von Reich Gottes und Reich der Welt voll bewußt geworden ist, wird man zum Dienst in beiden geschickt sein.« Vaterland und Reich Gottes waren für Stöhr nicht auf gleicher Ebene zu sehen. Kann man sagen, so fragte Stöhr: »Wenn das Vaterland es fordert, schlage ich auch Jesus tot. (Jesus an die Stelle eines unserer geringsten Brüder gesetzt nach Matth. 25,40)«? Da gelte doch: »Man muß Gott mehr gehorchen als dem Menschen.« Auch das Nationalgefühl, so schrieb er, ist der Herrschaft Jesu zu unterstellen. Und in deutlicher Bezugnahme auf die Auseinandersetzungen um den Kriegsschuldvorwurf im Versailler Vertrag formulierte Stöhr radikal: »Das Bewußtsein der eigenen Schuldhaftigkeit läßt keine Vergleiche mit anderen Völkern zu, man erkennt sich selbst als die schuldigste Nation.«
Die Liebe zum Vaterland war damit nicht ausgeschlossen, aber in den Grenzen der »Reichsgottesarbeit« zu sehen:
»Zuvor befreit von allem eingefleischten Nationalbewußtsein, leidenschaftslos – brennend nur im Dienst für eine höhere Welt –, vermag der einzelne wieder den Deutschen ein Deutscher zu werden, wie Paulus, innerlich vom Judentum frei, den Juden wieder ein Jude werden konnte (Apg. 21 23–26).«[25a]

Berufsarbeit

Von November 1923 bis Mai 1925 war Stöhr – ebenfalls in Berlin – als Hilfssekretär bei der Geschäftsstelle der ökumenischen Zeitschrift »Die Eiche« und gleichzeitig für den »Internationalen Versöhnungsbund Deutscher Zweig« hauptamtlich tätig. Daneben war er Mitarbeiter bei der »Sozialen Arbeitsgemeinschaft« in Berlin-Ost. Alle drei Tätigkeiten standen in enger personeller Beziehung zu Professor Siegmund-Schultze, dem damals führenden Kopf der auch in Deutschland wachsenden ökumenischen Bewegung.
1925 wechselte die Geschäftsstelle des Versöhnungsbundes nach Leipzig, Stöhr kehrte einige Zeit später nach Berlin zurück und gab seine hauptamtliche Tätigkeit beim Versöhnungsbund auf. Sie hatte ohnehin kein volles Gehalt abgeworfen. Nach mehreren vergeblichen Bemühungen um eine feste Anstellung bei kirchlichen und kommunalen Stellen, kam Stöhr schließlich bei der Wohlfahrtsabteilung des Centralausschusses für die Innere Mission in Berlin unter. Von April 1926 bis Dezember 1928 war er

dort als wissenschaftlicher Hilfsarbeiter mit einem Sonderauftrag zur Erforschung der »Wohlfahrtsgesetzgebung in den außerdeutschen Staaten Europas« beschäftigt. Seit November 1927 war er gleichzeitig Geschäftsführer und Dozent bei den Nachschulungskursen für Wohlfahrtspfleger an der Wohlfahrtsschule des Johannesstifts in Spandau.
Von Januar bis zum Spätsommer 1930 hielt sich Stöhr mit Hilfe eines Forschungsstipendiums in Amerika auf und sammelte Material für sein 1936 im eigenen Verlag veröffentlichtes Buch über »die Auslandshilfe der Vereinigten Staaten«.
Seit 1931 war Stöhrs ständiger Wohnsitz wieder Stettin, wo er in Wohngemeinschaft mit Mutter und Schwester in der Scharnhorststraße 7 und seit 1935/36 im Eigenheimreihenhaus Weberstraße 12 lebte.
Seit seiner Rückkehr aus Amerika scheint Hermann Stöhr nie mehr eine feste Anstellung gefunden zu haben. Mit dem offenen Bekenntnis zum Pazifismus handelte man sich schon in der ausgehenden Weimarer Zeit Schwierigkeiten bei der Stellensuche ein.
In den Gefängnisakten von Plötzensee ist als Beruf für Stöhr »Verleger« angegeben.[26] Soweit sich feststellen läßt, sind seit Bestehen des »Ökumenischen Verlags« 1936 dort nur drei Bücher erschienen, alle von Stöhr selbst geschrieben. Der Erlös aus dem Verkauf dieser, auf eigenes Risiko hin gedruckten Schriften und die Honorare aus den Aufsätzen, die Stöhr in den neun Jahren bis zu seiner Verhaftung in christlichen Zeitschriften und Sonntagsblättern hat unterbringen können, reichten sicher nur für einen recht bescheidenen Lebensunterhalt. Stöhr war darum ab jetzt immer wieder auf die Unterstützung seiner Familie angewiesen.

Ein Freund von Kindern

Stöhr muß einen starken Eindruck auf Kinder gemacht haben. Die Kinder von Alfred Peter erinnern sich besonders gut an ihn:

»Meine bewußten Erinnerungen an ›Onkel Hermann‹ gehen etwa in das Jahr 1927 zurück. Damals war ich fünf Jahre alt,« schreibt Hildemarie Streich geb. Peter. »Jedesmal, wenn er kam, brachte er für unser damaliges Empfinden die köstlichsten Süßigkeiten mit, stets dieselben großen rechteckigen, glasklaren, durchsichtigen Bonbons in verschiedenen Farben. Wir waren fünf Kinder, und es reichte stets für alle zur Genüge. Er konnte sehr schön erzählen, z. B. von seinen Reisen mit dem Schiff nach Amerika und er meinte, für eine Seereise müsse man unbedingt schwimmen können.
Jedesmal, wenn er uns besuchte, brachte er zudem auch seinen Photoapparat mit, ein großes Plattengerät, hinter dessen schwarzem Tuch er fast gänzlich verschwand. Onkel Hermann war nicht nur ein sehr guter, naher Freund der Eltern, er war auch

der Freund von uns Kindern. Wir mochten ihn sehr gern, denn er gehörte zu jenen Besuchern, die sich Zeit für Kinder nehmen. Er hatte eine stille und gute, behutsame und zugleich humorvolle Art, mit uns umzugehen und uns für alles Mögliche zu interessieren. Während ich dies schreibe, sehe ich ihn deutlich vor mir mit seinem leisen Lächeln in den Augen und ich erinnere mich zugleich lebhaft an den Klang seiner leisen, sanften und relativ hohen Stimme. Als wir größer waren, hatte er es gern, wenn wir musizierten und zusammen sangen.«[27]

Schriftstellerische Tätigkeit

Nur mit Mühe kommt man heute an die wenigen, noch vorhandenen Exemplare von Stöhrs Büchern. Nicht viel besser ist die Lage bei den von ihm veröffentlichten Zeitschriftenaufsätzen und Gemeindeblattbeiträgen. Hier teilt Stöhr das Schicksal der im Dritten Reich verfemten Wissenschaftler und Schriftsteller. Ein anschauliches Beispiel bietet die von Stöhr zwei Jahre lang betreute Zeitschrift »Die Eiche«. Sie war über zwei Jahrzehnte hinweg bis zu ihrem gewaltsamen Ende 1933 die einzige ökumenische Zeitschrift im deutschen Protestantismus. Für den an der Geschichte der Anfänge der ökumenischen Bewegung Interessierten bietet »Die Eiche« eine Fülle an Quellen und Einzeldaten. Freilich, nur in drei kirchlichen Bibliotheken der Bundesrepublik ist noch ein vollständiges Exemplar aller Jahrgänge zu finden. Der Herausgeber, Siegmund-Schultze, berichtete nach dem Kriege, die 21 Jahrgänge der Zeitschrift seien »fast ausnahmslos in der Zeit des ›Dritten Reiches‹ bei sämtlichen Empfangsstellen der ›Eiche‹ beschlagnahmt und anschließend vernichtet worden.« Mitarbeiter von ihm, die verhaftet wurden, hätten festgestellt, »daß im Polizeipräsidium zwei Räume mit beschlagnahmten Exemplaren der ›Eiche‹ fast vollständig gefüllt waren.«[28]

Ein Grund, warum politisch Verfolgte des Naziregimes heute in Vergessenheit geraten sind, ist sicher auch die fehlende Wiedergutmachung an ihren Büchern.

Stöhrs Publikationen waren typische Fleißarbeiten. Er arbeitete an jedem Buch jeweils mehrere Jahre. Alle Titel lassen sich unter sein großes Lebensthema stellen: Die Überwindung nationaler und sozialer Schranken im Geiste christlicher Einheit. Diesem Friedensziel waren alle seine Arbeiten verpflichtet: Die beiden Untersuchungen über die Auslandshilfe 1922 und 1936, die Darstellung der Wohlfahrtsgesetzgebung in den europäischen Staaten (1928), die kenntnisreiche Beschreibung der christlichen Einigungsbewegung (1930), wie sein letztes Buch »Vom Wesen und Wirken der Auslandskirchen« (1939).[29]

5. Berlin O 17, Fruchtstraße 64^II

Als Hermann Stöhr im Herbst 1923 seinen Dienst als Geschäftsführer der Zeitschrift »Die Eiche« und – damit verbunden – als »Hilfssekretär« des »Internationalen Versöhnungsbundes Deutscher Zweig« in der Fruchtstraße 64 ^II, Berlin O 17, begann, stieß er im dortigen Arbeiter- und Slumviertel in der Nähe des Schlesischen Bahnhofs auf ein weitverzweigtes soziales und kirchlich-ökumenisches Arbeitsfeld, das unlösbar mit der charismatischen Gestalt von D. Lic. Friedrich Siegmund-Schultze verbunden war. Einen ersten Eindruck von den vielseitigen Betätigungsmöglichkeiten, die für einen persönlichen Mitarbeiter hier geboten waren, vermittelt allein schon die Nennung der Ämter und Tätigkeiten, die Siegmund-Schultze damals wahrgenommen hat: Bis 1911 war er Pfarrer der preußischen Kirche, von 1914 bis 1946 Schriftführer des Weltbundes für internationale Freundschaftsarbeit der Kirchen. Von 1919 bis 1932 war er Präsident des Internationalen Versöhnungsbundes Deutscher Zweig und Mitglied des Rates des Internationalen Versöhnungsbundes. Außerdem war er Korrespondierender Sekretär der ökumenischen Bewegung für Praktisches Christentum (Life and Work) und Vorsitzender des deutschen Vorbereitungskomitees für die Weltkirchenkonferenz von Stockholm (1925), sowie – von 1920 bis 1937 – Mitglied des Vorbereitungs- und Fortsetzungsausschusses der Weltkirchenkonferenz für Glauben und Kirchenverfassung (Faith and Order). Auf der Basis dieser kirchlich-ökumenischen Arbeit war er seit 1913 Herausgeber der von ihm begründeten Vierteljahresschrift »Die Eiche«.[30]

Ohne ein kirchliches Amt zu begleiten, war Siegmund-Schultze unbestreitbar auf deutscher Seite die treibende Kraft für die nach dem Ersten Weltkrieg sich organisierende protestantische Weltkirchenbewegung, die – ihrem Selbstverständnis nach – immer zugleich Friedensbewegung war, so unterschiedlich das Wort »Friede« im einzelnen auch in Anspruch genommen wurde.

Leider gibt es nur noch wenige Zeugnisse, die Auskunft über Stöhrs Tätigkeit vom Herbst 1923 bis Mai 1925 in Berlin-Ost geben. Es lassen sich jedoch deutlich vier Arbeitsfelder erkennen, die in den folgenden Kapiteln in Form von Exkursen beschrieben werden sollen:

Lic. Friedrich Siegmund-Schultze an seinem Arbeitstisch in der Fruchtstraße 64 in Berlin-Ost, Mai 1918 *(Foto: EZA – 500 / P 521)*

D. F. SIEGMUND-SCHULTZE
Professor der Philosophie a. d. Universität Berlin

Berlin, den ....

Sprechstunden:

In der Universität:
Donnerstag 6 – 7 im Pädagogischen Seminar, Dorotheenstr. 6, v. II.

In der Sozialen Arbeitsgemeinschaft Berlin-Ost:
Dienstag und Freitag 11 – 1 in Berlin O 17, Fruchtstr. 64, II.

In der Siedlung Ulmenhof:
Mittwoch und Sonnabend 11 – 1 in Berlin-Wilhelmshagen, Bismarckstr. 24.

Briefanschrift:
Berlin O 17, Fruchtstr. 64, II.
Telefon: E 7 Weichsel 2349.

Briefkopf Ende der zwanziger Jahre: Die vielfältigen Ämter und Aufgaben machten eine klare Zeitplanung erforderlich.

Geschäftsführer von »Eiche« und Weltbundsekretariat

An erster Stelle ist die Geschäftsführung der »Eiche« und damit zusammenhängend die Tätigkeit für den Weltbund für internationale Freundschaftsarbeit der Kirchen zu nennen.[31] Die damals schon im elften Jahrgang erscheinende »Vierteljahrsschrift für soziale und internationale Arbeitsgemeinschaft« wurde zwar rechtlich nicht vom Weltbund, sondern von Siegmund-Schultze persönlich herausgegeben; es war jedoch praktisch das deutsche »Weltbundorgan«. Die Mehrzahl der Beiträge kamen aus diesem Kreis. Im ausführlichen Chronik- und Mitteilungsteil jedes Heftes stand neben anderen ökumenisch orientierten Vereinigungen jeweils der Weltbund mit seinen Nachrichten an erster Stelle.
Auch nach seinem Ausscheiden als hauptamtlicher Mitarbeiter bei Siegmund-Schultze in Berlin-Ost war Stöhr dieser Arbeit weiterhin verbunden. So sehen wir ihn z. B. im August 1928 als einen der 58 deutschen Delegierten des Weltkirchenkongresses für Friede und Freundschaft in Prag, den der Weltbund ausgerichtet hatte. Nach dem Einladungsschreiben war das Erkennungszeichen für den als Reiseleiter tätigen Dr. Stöhr beim Sammelplatz auf dem Anhalter Bahnhof bezeichnenderweise »Die Eiche«; eine Nebensächlichkeit gewiß, aber doch ein Hinweis auf die auch im tieferen Sinne sammelnde Wirkung, die diese Zeitschrift auf die ökumenische Bewegung in Deutschland über zwei Jahrzehnte ausgeübt hat.[32]
Stöhrs besonderes Interesse galt der Darstellung der Geschichte und Bedeutung des Weltbundes. In seinem 1930 erschienenen Buch über »Die christlichen Einigungsbewegungen« hat er ein langes Kapitel der Weltbundvereinigung gewidmet. Im Vorwort dieses Werks schreibt er:

»Es ist an der Zeit, daß wir uns über diese Dinge (sc. die kirchlichen Einigungsbewegungen) Rechenschaft geben. Handelt es sich doch um eine Bewegung, die Christen in aller Welt tief ergriffen hat. Zudem sind hier Tatsachen und Erkenntnisse zu verzeichnen, zu denen jeder einzelne Stellung nehmen muß. [. . .] Schließlich sind es dieselben Fragen des persönlichen und praktischen Lebens, die auf den Weltkirchenkonferenzen zur Verhandlung kamen. Und wie persönlich um die kirchliche Gemeinschaft an unserm Wohnsitz zu ringen ist, so haben dort Kirchenführer aus aller Welt um die eine Kirche Christi gekämpft gegen alle Widerstände.«[33]

Auch nachdem Siegmund-Schultze im Sommer 1933 Deutschland verlassen mußte und in der Schweiz politisches Asyl fand, ist der Kontakt zu Hermann Stöhr nicht abgebrochen. 1935 erhielt Stöhr eine Einladung von ihm in die Schweiz. Ob der Besuch zustande kam, ist nicht bekannt. Siegmund-Schultze schrieb damals: »Manche Erinnerung schmerzt heute, aber wir hoffen ja alle, daß die schönen Arbeiten, an denen wir beteiligt waren, wieder zu ihrem Recht kommen.«
Noch im Mai 1939 berichtete Stöhr an Siegmund-Schultze von fünf »inter-

Die Fruchtstraße in Berlin-Ost. Von 1923 bis 1925 war Hermann Stöhr hier hauptamtlich als Sekretär des Versöhnungsbundes und als Geschäftsführer der »Eiche« tätig.
(Foto: EZA: ohne Signatur)

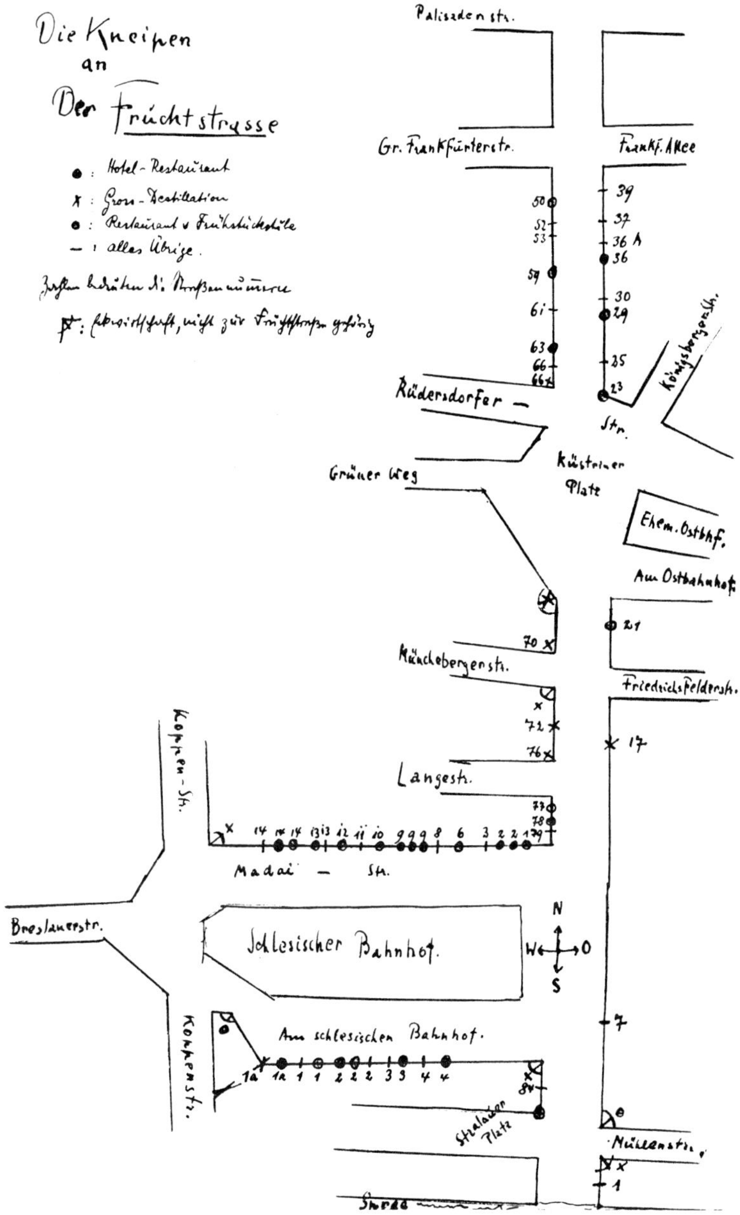

Die Fruchtstraße war das Hauptarbeitsgebiet der Sozialen Arbeitsgemeinschaft. Studenten, die in der SAG mitarbeiteten, legten Langzeitstudien über den Alkoholismus im Arbeiterviertel am Schlesischen Bahnhof an. (EZA: 626 / II 29,7)

denominationalen Edinburghabenden«, Abende, an denen über die Weltkirchenkonferenz von Edinburgh (1937) gesprochen wurde.
In einem Schreiben vom 26. August 1939, das Stöhr vermutlich gar nicht mehr erreicht hat – am 31. August war er schon verhaftet –, spricht sich Siegmund-Schultze lobend über Stöhrs letztes Buch »Vom Wesen und Wirken der Auslandskirchen« aus.[34]

Sekretär des Versöhnungsbundes

Das zweite Arbeitsfeld, die Tätigkeit als Hilfssekretär des Versöhnungsbundes, ist für uns wesentlich konkreter faßbar.[35] Regelmäßig erschienen in der »Eiche« Berichte über die Arbeit des Versöhnungsbundes. Schon als Stöhr im Wintersemester 1922 als junger Doktor der Staatswissenschaften nach Berlin kam, um ergänzend Theologie zu studieren, gab es dort eine sehr aktive Versöhnungsbundgruppe. Diese traf sich meist monatlich zu Vortrags- und Gesprächsabenden. Ähnliche, locker organisierte Gruppen mit je einigen Dutzend Mitgliedern gab es in einer Reihe von Großstädten und an Universitäten wie in Hamburg, Kassel, Göttingen, Leipzig, Dortmund. Die Themen, die besprochen wurden, wandelten sich. Man sprach über die Kriegsschuldfrage, über die Ruhrbesetzung, über die Kriegsdienstverweigerung in Ländern mit Wehrpflicht, über Gandhi und Tolstoi, über Probleme nationaler Minderheiten in Südosteuropa und über die soziale Not der Nachkriegszeit im eigenen Land. Die Versöhnungsbundmitglieder konnten aber auch – schon damals – über den Zusammenhang des Elends der Völker in der »Dritten Welt« mit dem Reichtum der Kolonialvölker diskutieren.[36]
Der Versöhnungsbund war in Deutschland zu jener Zeit eine zahlenmäßig sehr bescheidene Organisation. Nach einem Bericht über die Arbeit im Jahr 1925, in dem über einen großen Mitgliederschwund geklagt wird, betrug damals die Mitgliederzahl in ganz Deutschland 170, die Zahl der »Freunde« 60, nicht gerechnet ein größerer Kreis von Sympathisanten. Es wird dabei ausdrücklich festgestellt: »Die Art des Versöhnungsbundes verbietet große Werbeaktionen, um die Mitgliederzahl in der sonst üblichen Weise zu erhöhen. Wir haben nur Kraft, wenn wir Menschen zusammenschließen, die von unserem Ziele wirklich ›bewegt‹ sind und bereit sind zu persönlichem Dienst und Opfer.«[37]
Als wichtige Aufgabe wurde bezeichnet, das vom Generalsekretär des Internationalen Versöhnungsbundes in London herausgegebene »Internationale Nachrichtenblatt« zu übersetzen und im deutschen Sprachraum zu verteilen.
Es gab für den Versöhnungsbund offensichtlich kein festes Programm. Die einzelnen Mitglieder waren konfessionell nicht gebunden und parteipoli-

tisch nicht festgelegt, ähnlich der Jugendbewegung der 20er Jahre, zu der sich manches Versöhnungsbundmitglied hingezogen fühlte. Typisch dafür ist ein Aufsatz, den Hermann Stöhr im Mai 1924 für das überbündische Wochenblatt der Jugendbewegung »Junge Gemeinde« geschrieben hat. In diesem Artikel schwärmt er geradezu von einem »besseren Weg zur Volksgemeinschaft«, den die Jugendbewegung fördern könne, frei von Parteifesseln und Parteidogmen.
Recht idealistisch waren die Vorstellungen:

»Niemals wird die neue Gemeinde, das Reich Gottes in festen Formen zu finden sein, erst recht nicht in einem neuen Parteischema. Wo innere Kraft am Werke ist, wird sie umschaffen, alte Menschen umformen zu neuem Leben, alte Schichten zu neuer Bestimmung, alte Parteien zu neuer vertiefter Arbeit.«

Natürlich wußte man, daß die konkreten politischen Probleme, mit denen man sich beschäftigte, nur über den Weg von Institutionen zu lösen waren. »Nicht durch neue, sondern durch die alten Parteien hindurch geht der Weg der Versöhnung der feindlichen Gruppen«, schrieb Stöhr. Aber ohne grundlegende Neubesinnung auf den Geist radikaler christlicher Liebe wird es keine Zukunft geben. Der Kraft dieses Geistes vertrauten Hermann Stöhr und seine Freunde geradezu grenzenlos:

»Echte Jugend lebt in der Gegenwart und weiß hiermit etwas anzufangen. Sie läßt sich nicht verwirren durch Zukunftsphantasien. Sie muß da, wo sie steht, das Werk der Versöhnung treiben, und sei es auch im Lager der Deutschvölkischen oder der Nationalsozialisten.«[38]

Im Jahre 1924 konnte Stöhr sich nicht vorstellen, zu welchen Verbrechen die Nationalsozialisten fähig sein sollten und daß er selbst einmal eines ihrer Opfer werden würde.
Freilich, auch damals schon war ihm klar, daß nicht nur der Krieg, sondern auch der Friede Opfer verlangt. In seiner schon erwähnten Darstellung der »christlichen Einigungsbewegungen« faßte er das Ziel des Versöhnungsbundes und damit sein eigenes Lebensziel so zusammen:

»Daß die Arbeit für den Frieden ein Opfer wert ist, das mag als das Charakteristische des Versöhnungsbundes gelten. Daß Friedens- und Freundschaftsarbeit dem Geiste Christi und seines Evangeliums entsprechen, wird heute kaum noch bestritten. [...]
Aber bei Schwierigkeiten von Volk zu Volk vertrauen sich viele Kirchenführer doch noch lieber materiellen Mitteln wehrhafter Gewalt an als den Waffen des Geistes Christi.
Der Versöhnungsbund sucht hingegen die nationalen ebenso wie die sozialen und persönlichen Aufgaben mit dem gleichen Geiste des Friedens zu lösen. Auch religiösen Konflikten sucht er auf diesem Wege beizukommen. Gehören ihm doch Katholiken wie Evangelische an, als auch solche Menschen, die es mit ihrem Gewissen nicht

mehr vereinbaren konnten, in einer Kirche zu bleiben, die während des Krieges versagt hat und auch heute in nationalen und sozialen Fragen nicht der Sünde und Selbstsucht entgegenzutreten wagt.«[39]

Mitglied der »Sozialen Arbeitsgemeinschaft«

Das dritte Arbeitsfeld Stöhrs, die Mitarbeit in der »Sozialen Arbeitsgemeinschaft« (S. A. G.), ist in enger Verbindung zu den beiden bereits genannten zu sehen. Nicht zufällig war die Geschäftsstelle von »Eiche« und Versöhnungsbund in einem im Besitz der S. A. G. befindlichen Gebäude in der Fruchtstraße untergebracht.
Das Bild, das Kurt Böhme von Stöhrs dortiger Tätigkeit später entworfen hat, zeigt einen heiteren, geradezu entspannten Pädagogen und korrigiert so den Eindruck starker Verschlossenheit, den spätere Berichte und auch die wenigen Fotos, die wir haben, vermitteln:

»Hermann Stöhr eilte seiner Zeit weit voraus, als er schon damals anfing, im Rahmen der Sozialen Arbeitsgemeinschaft Berlin-Ost junge Arbeiter und Arbeiterjungen zu Sprachkursen zu sammeln. Diese Sprachkurse Hermann Stöhrs waren alles andere als trocken, lehrhaft und schulmeisterlich. Es ging sehr lebendig und heiter dabei zu. Es wurde viel gesungen. Durch Liedersingen führte Hermann Stöhr seine Arbeiterjungen in Geist und Form fremder Sprachen und Kulturen ein. Das alles aber trieb er nicht um seinen jungen Freunden – denn er war ihr Freund – Kenntnisse zu vermitteln, sondern um auf diesem Wege mitzuhelfen, Brücken zu schlagen zu gegenseitigem Verständnis, sie etwas innewerden zu lassen von ökumenischer Gemeinschaft »ut omnes unum sint!«, sie hinzuführen zur Versöhnungsarbeit im Letzten und Tiefsten.«[40]

Das gleichzeitige Engagement in der Nachbarschaftsarbeit im Berliner Proletarierviertel am Schlesischen Bahnhof stand für Stöhr wie für ihren Begründer Siegmund-Schultze in einem notwendigen Zusammenhang zur weltweiten ökumenischen Friedensarbeit. Damit war modellhaft der uns heute selbstverständlich gewordene Gedanke der Interdependenz verschiedener Friedensebenen schon damals vorweggenommen. Siegmund-Schultze beurteilte rückblickend 1962 dies selbst ebenso:

»Die ökumenische Sache wäre nie zu ihrer jetzigen Bedeutung emporgestiegen, wenn sich mit dem Sinn für die Einheit der Kirche Christi nicht jene zwei Wahrheitserkenntnisse verbunden hätten, ohne die der Verbindung der Kirchen miteinander die innere Wahrhaftigkeit fehlt: Der Sinn für soziale Gerechtigkeit und der Sinn für den internationalen Frieden. [. . .]
Für die Anfänge einer ökumenischen Bewegung in Deutschland ist der Tatbestand, daß die Christen, die den ökumenischen Gedanken vertraten, sich mit den Arbeitern der Großstadtviertel zusammenfanden, ohne doch parteipolitisch so oder so gebunden zu sein, von entscheidender Bedeutung gewesen. Das können die am besten

bezeugen, die in dieser Arbeit gestanden haben. Aber auch für Fernerstehende sollte es einleuchtend sein, daß der Wille zu einer rechten Volksgemeinschaft die Voraussetzung für den Willen zu einer rechten Völkergemeinschaft ist. Beides aber ist nach unserer Auffassung nicht denkbar ohne die tiefsten Motive christlicher Gemeinschaft.«[41]

Delegierter beim Deutschen Friedenskartell

Das vierte Arbeitsfeld, die Mitarbeit beim Deutschen Friedenskartell (DFK), erwuchs unmittelbar aus der Aufgabe als Sekretär des Versöhnungsbundes. Dieser hatte den Bund beim DFK zu vertreten.[42] Auf diese Weise bekam Hermann Stöhr Kontakt zu allen Friedensinitiativen in Deutschland. Das DFK war ein 1922 gegründeter lockerer Zusammenschluß von damals 14 Friedensverbänden (1928 waren es schon 22), die fast ausnahmslos erst nach 1918 als Reaktion auf die erschreckenden Kriegserlebnisse entstanden waren.[43]
Einen Eindruck davon, was das Friedenskartell zu jener Zeit besonders beschäftigt hat, bekommt man von einem Bericht Stöhrs in der »Eiche« über den 23. Weltfriedenskongreß im Oktober 1924, für den das DFK in Berlin Gastgeber war.[44] Als Themen waren für die verschiedenen Kommissionen vorgesehen: Rechts- und Völkerbundsfragen, das Thema Abrüstung, Wirtschafts- und soziale Fragen und Erziehungsfragen (Friedenserziehung in der Schule sowie die Ergebnisse einer Schulbuchkommission). Bei solchen Themen darf es nicht überraschen, daß die offizielle Kirche vom Weltfriedenskongreß damals betont keine Notiz genommen hat.[44]
Stöhrs persönliches Interesse galt vor allem den recht unterschiedlichen Interpretationen von Frieden. Er selbst vertrat den für einen deutschen Pazifisten damals noch seltenen Standpunkt der radikalen Kriegsdienstverweigerung.[45] Damit stand er den Quäkern sehr nahe. Es wundert darum nicht, daß er schon in dieser frühen Zeit im genannten Kongreßbericht mit besonderer Vorliebe dieses Thema hervorhebt. So, wenn er bis in die Einzelheiten hinein protokolliert, daß eine der Kommissionen einstimmig den Wunsch ausgesprochen habe, daß Schweden, Norwegen, Dänemark, Holland und Rußland den alternativen Zivildienst allgemein und nicht nur bestimmten Konfessionen gewähren. Fünfzehn Jahre später hat Stöhr – unter der Anklage der Fahnenflucht stehend – seine Richter damit verblüfft, daß er sie über die gesetzlichen Regelungen für Kriegsdienstverweigerer in anderen Ländern auf das genaueste unterrichten konnte. Nicht zufällig endet darum Stöhrs Artikel über den Weltfriedenskongreß 1924:

»Daß sich selbst ein verdienter General, v. Schönaich,[46] für Kriegsdienstverweigerung und für Ächtung des Verteidigungskrieges aussprechen konnte, muß auch vielen

Außenstehenden zu denken geben. Man kann nur wünschen, daß die auf dem 23. Weltfriedenskongreß herrschende Unbedingtheit und Radikalität von mehr Menschen betätigt wird, die die Friedenssache nicht nur als ein politisches Programm erfassen, sondern nach der Kraft suchen, auch ihr persönliches Leben ganz danach gestalten zu lassen.«

6. *Exkurs:* Der Weltbund für internationale Freundschaftsarbeit der Kirchen

Die erste »Weltkonferenz der Kirchen für den Frieden« in Konstanz am 2. August 1914

Die Geschichte der protestantischen Friedensbewegung reicht bis in die Anfänge unseres Jahrhunderts zurück. Die erste »Weltkonferenz der Kirchen für den Frieden«[47] fiel auf den Tag genau mit dem Beginn des Ersten Weltkrieges zusammen. Als am 1. August 1914 gegen Abend im Insel-Hotel in Konstanz die 90 Teilnehmer aus zwölf Ländern und dreißig Kirchen eingetroffen waren, hatte Deutschland bereits Rußland den Krieg erklärt. Der junge, 29jährige deutsche Organisator, der Berliner Pfarrer Friedrich Siegmund-Schultze,[48] hatte ursprünglich etwa 150 Gäste erwartet und die Versammlung sollte eigentlich erst am darauffolgenden Montag, dem 3. August, beginnen. Jetzt, da einige Grenzen schon geschlossen waren und viele Züge wegen der laufenden Mobilmachung gestrichen wurden, waren weitere Delegierte nicht mehr zu erwarten. Darum eröffnete der Vorsitzende, der englische Unterhausabgeordnete John Allen Baker, ein Quäker, die Konferenz schon am Sonntagmorgen. Es war die Geburtsstunde der protestantischen Weltfriedensbewegung.
Der schwedische Kirchenhistoriker Nils Karlström berichtet darüber:

»Es war keine Zeit mehr für Debatten und Beratungen. Nach ein paar kurzen Reden vereinten sich die Delegierten im Gebet für Europa, das sich nun einer furchtbaren Lage gegenübersah. Ein Amerikaner, ein Deutscher, ein Engländer, ein Franzose und ein Schweizer beteten nacheinander, jeder in seiner Sprache, aber alle in *einem* Geist. Darauf beschloß die Konferenz, einen telegraphischen Aufruf an die Staatsoberhäupter und Premierminister aller europäischen Länder und auch an den Präsidenten der Vereinigten Staaten zu schicken, mit der Bitte, ›einen Krieg zwischen Millionen von Menschen zu verhüten, unter denen Freundschaft und gemeinsame Interessen stetig gewachsen waren, und dadurch die christliche Zivilisation vor dem Verderben zu bewahren und die Kraft christlichen Geistes in menschlichen Angelegenheiten zur Geltung zu bringen‹.«[49]

Am Nachmittag nahm die Versammlung in aller Eile vier denkwürdige Entschließungen an. Die erste stellt die Gründungsurkunde eines neuen Kirchenweltbundes dar – es fehlte nur noch der endgültige Name der Vereinigung. In der Entschließung heißt es:

»Da die Versöhnungs- und Freundschaftsarbeit eine wesentliche christliche Aufgabe ist, ist es geboten, daß die Kirchen in allen Ländern ihren Einfluß auf die Völker,

Im Inselhotel in Konstanz wurde am 2. August 1914 der Weltbund für internationale Freundschaftsarbeit der Kirchen gegründet. Es war gleichzeitig die Geburtsstunde für den Internationalen Versöhnungsbund. (Foto: Gebrüder Metz, Bildverlag, Tübingen)

Volksvertretungen und Regierungen benutzen, um gute und freundschaftliche Beziehungen zwischen den Nationen herzustellen, so daß sie auf dem Wege friedlicher Durchdringung den Zustand allgemeinen gegenseitigen Vertrauens erreichen, den zu erstreben das Christentum der Menschheit gelehrt hat.«[50]

Die drei anderen Entschließungen bezogen sich auf die Fortsetzungsarbeiten, denn – das war der Wille – es sollte ein neues beginnen: Es sollten nationale Ausschüsse, eine zentrale Geschäftsstelle in London und ein internationales Leitungskomitee gebildet werden.
Es war gerade noch möglich, diese Absprachen zu treffen, da kam mitten in die Beratungen am Sonntagabend die Nachricht, daß ein von Seiner Majestät dem Kaiser persönlich auf Montagmorgen eingesetzter Sonderzug die letzte Sicherheitsgarantie für die ausländischen Gäste darstelle. Siegmund-Schultze begleitete seine Freunde bis nach Köln. Es war der 3. August. Deutschland hatte inzwischen auch Frankreich den Krieg erklärt. Und so fuhren die Mitglieder des ersten internationalen kirchlichen Friedenskon-

»Die Eiche« war lange Zeit die einzige deutschsprachige ökumenische Zeitschrift. Sie mußte 1933 ihr Erscheinen einstellen. *(WLB Stuttgart)*

gresses – während sie Deutschland verließen – quer durch die aufmarschierenden Truppen der deutschen Westfront.
Am 5. August trat ein Rest der Delegierten in London zu einer kurzen Schlußsitzung zusammen und legte den Namen der Vereinigung fest: »The World Alliance of Churches for Promoting International Friendship«. Trotz des in Europa entbrannten Krieges bildeten sich in zehn Ländern mehr oder weniger fest organisierte nationale Gruppen des Weltbundes: so in Großbritannien, Deutschland, Frankreich, Italien, den Vereinigten Staaten, Holland, der Schweiz, Dänemark, Norwegen und Schweden. Der »Weltbund für internationale Freundschaftsarbeit der Kirchen«, eine der Säulen der Weltkirchenbewegung, war damit endgültig ins Leben gerufen. Er stellte seine Arbeit erst 1948 mit der Gründung des Weltkirchenrats in Amsterdam ein.
Der Weltbund besaß von Anfang an in den verschiedenen Ländern eigene Publikationsorgane. In England war es die Zeitschrift »Peacemaker«, die nach Kriegsausbruch mit dem wesentlich harmloseren Titel »Goodwill« erscheinen mußte. Sie hatte die stattliche Auflage von 15 000 Exemplaren. In Deutschland stand die von Siegmund-Schultze bereits 1913 mit Hilfe der amerikanischen Carnegie-Stiftung gegründete Zeitschrift »Die Eiche« mit einer Auflage von 1200 Exemplaren zur Verfügung.[51] Die Eiche hatte bislang den Untertitel »Vierteljahresschrift zur Pflege freundschaftlicher Beziehungen zwischen Großbritannien und Deutschland« geführt. Sie war im Zusammenhang erster ökumenischer, bilateraler Kontakte zwischen den Kirchen Englands und Deutschlands entstanden. Zweimal hatte es auf dieser Ebene vor dem Krieg schon kirchliche »Friedensbegegnungen« gegeben – 1908 in London, 1909 in Berlin –, die dann zum Anstoß für die große Konstanzer Konferenz wurden.[52] Schon damals war Siegmund-Schultze – erst 23jährig – als Sekretär von deutscher Seite mit der entsprechenden Organisation betraut worden. Seit 1915 lautete der Untertitel der Eiche »Vierteljahresschrift für Freundschaftsarbeit der Kirchen. Ein Organ für soziale und internationale Ethik«.

Die Bewährungsprobe für den Weltbund im Ersten Weltkrieg

Die Bewährungsprobe kam – ohne Frage – für den Weltbund im Krieg. Die auf konkrete Hilfe angelegte Friedensarbeit, die von den deutschen Weltbundmitgliedern während des Krieges geleistet wurde, erstreckte sich vor allem auf die Betreuung von Ausländern in deutschen Internierungslagern, von alliierten Kriegsgefangenen in deutschem Gewahrsam und sie bestand auch in der Hilfe für deutsche Soldaten in Kriegsgefangenschaft. Siegmund-Schultze, der wegen einer Gehbehinderung nicht Soldat werden mußte,

organisierte in Deutschland unter der Weltbunddevise »Caritas inter arma« eine »Auskunfts- und Hilfsstelle für Deutsche im Ausland und Ausländer in Deutschland«. Er wurde zum Obmann der englischen Gefangenenseelsorge in Deutschland ernannt und begründete die deutsche Kriegsgefangenenhilfe. Dies bedeutete, daß mit Hilfe einer großen Zahl von Freiwilligen – meist Frauen, es war ja Krieg – Tausende von Nachrichten, Briefe und Päckchen über die Grenzen vermittelt wurden.
Daß diese »Feindkontakte« nicht bei allen Politikern und Militärs auf wohlwollendes Verständnis stießen, läßt sich leicht vorstellen. Siegmund-Schultze berichtete später, daß er gleich zu Beginn des Krieges im Zusammenhang der Kriegsgefangenenbetreuung nur mit knapper Not der standrechtlichen Erschießung durch ein rabiat gewordenes Armeeoberkommando entronnen ist. Man hatte ihn kurzerhand des Landes- und Hochverrats beschuldigt. Buchstäblich als letzte Rettung konnte er ein persönliches Schreiben Seiner Majestät des Kaisers vorlegen, in dem der Regent seine Bewunderung über die humanitären Leistungen seines früheren Hofpredigers zum Ausdruck brachte.[53]

Die erste Begegnung nach dem Kriege

Für die Friedensarbeit der Nachkriegszeit war es von unschätzbarem Wert, daß schon während des mörderischen Krieges einzelne mit ihrem Tun Zeichen der Versöhnung zwischen den Völkern gesetzt hatten.
Die erste Konferenz des Weltbundes nach dem Kriege fand vom 30. September bis zum 3. Oktober 1919 in Oud Wassenaer bei Den Haag in Holland statt.[54] Was in keinem anderen internationalen Gremium damals möglich war, gelang dem Weltbund: Zum ersten Mal gaben sich Christen aus kriegsführenden Ländern die Hand; aus 14 Ländern waren 60 Delegierte zusammengekommen.
Es kam sogar zu einer ersten Versöhnung zwischen Deutschen und Franzosen. Zunächst sah es freilich nicht danach aus. Für zwei im Weltbund führende Franzosen war die sogenannte Kriegsschuldfrage eine unüberwindliche Hürde. Der Präsident des französischen Komitees, Wilfred Monod, und der Herausgeber der »Revue du Christianisme Social«, des offiziellen Organs der französischen Weltbundgruppe, Elïe Gounelle, sagten die Teilnahme an der Konferenz ab, falls die deutsche Delegation nicht vorher schriftlich zusichern würde, daß die alliierte Behauptung der alleinigen Kriegsschuld Deutschlands begründet und die Härten des Versailler Vertrags gerechtfertigt seien. Auf ein solches Ansinnen konnte die deutsche Gruppe – zu ihr gehörten der Präsident des Centralausschusses der Inneren Mission, Friedrich Albert Spieker, die Theologieprofessoren Adolf Deiß-

Konferenz des Internationalen Arbeitsausschusses des Weltbundes vom 19.–22. August 1932 in Genf
Sitzend: Tennmann (Estland), Miss Marks (England-Genf), Paissy (Bulgarien), Henriod (Genf), Madame Jézéquel (Paris), Dickinson (London), Ammundsen (Dänemark), Atkinson (New York), Drummond (London), Unbekannt, Zilka (Tschechoslowakei), Richter (Berlin). Stehend 1. Reihe: Mlle. Toscoz (Henriods Sekretärin), Philipp (Indien), Comba (Rom), Paul (Indien), Gay (Italien), Frau Blau (Posen), Blau (Polen), Zankow (Bulgarien). Stehend 2. Reihe: Unbekannt, Unbekannt, de Boer (Ungarn), Siegmund-Schultze (Deutschland), Unbekannt, Maas (Heidelberg), Irbe (Litauen), Unbekannt, Fliedner (Spanien), da Silva (Portugal). Stehend oberste Reihe: Unbekannt, Fox (London), Unbekannt, Leiper (USA), Wissing (Holland), Karlström (Schweden), Toureille (Frankreich), Bonhoeffer (Berlin), Craske (England).
(Foto: EZA: 500/206)

Jahresversammlung der deutschen Weltbundvereinigung in Herrnhut, 1922

mann und Julius Richter sowie Siegmund-Schultze – auch bei bestem Willen nicht eingehen, ohne persönlich unglaubwürdig zu werden.
Die beiden Franzosen blieben daraufhin dem Treffen fern. Nach dem grauenhaften Krieg war es für sie noch nicht möglich, über ihre nationalen Empfindungen und über die Erinnerung an sehr persönliche Kriegserfahrungen einfach hinwegzuspringen. Beide hatten zur Gründergruppe von Konstanz gehört. Beide hatten im zurückliegenden Krieg ähnlich überzeugende Versöhnungs- und Friedensarbeit in ihrem Land geleistet wie die fünf deutschen Delegierten, denen zu begegnen sie sich jetzt außerstande sahen. Dennoch wurde die Konferenz zu einer »geistlichen Friedenskonferenz«, als die sie in die Geschichte des Weltbundes eingegangen ist.[55]
Als der abwesende Monod sich noch während der Konferenz noch einmal in einem Brief gemeldet hatte mit der abgemilderten Forderung, die Deutschen sollten wenigstens die Verletzung der belgischen Neutralität als ein moralisches Unrecht desavouieren, ergriff die deutsche Delegation die Initiative. Obwohl die anwesenden Engländer und Amerikaner eine förmliche deutsche Schulderklärung als eine unter Christen unannehmbare Forderung ablehnten, entschieden die Deutschen sich dazu und konnten damit das Eis brechen. Sie erklärten:

»Wir, die fünf deutschen Delegierten dieser Konferenz, betrachten die Verletzung der belgischen Neutralität im Jahre 1914 als ein moralisches Unrecht. [. . .] Wir bekennen, wir fassen unsere Hände, wir verurteilen den Krieg, wir verdammen die Idee einer Revanche.«

Schon am 7. Oktober gab es eine Antwort aus Paris:

»Im Vertrauen auf die Wahrhaftigkeit dieser Erklärung ist die französische Landesvereinigung bereit, wieder im Rahmen des Weltbundes brüderliche Beziehungen zu den deutschen Christen aufzunehmen, die diese Erklärung im gleichen Wortlaut und gleichem Geiste unterschreiben.«[56]

Versöhnung trotz Kritik

Mehr als zwei Jahrzehnte blieb die Kriegsschuldfrage das immer neu aufbrechende, unbewältigte Kontroversthema für die beiden Völker und auch für die Kirchen in diesen Ländern. So sahen sich auch die deutschen Weltbundvertreter alsbald zu Hause der Kritik von kirchlichen Kreisen ausgesetzt. Selbst ein für die Ökumene so aufgeschlossener Mann wie Missionsdirektor Schreiber, ein maßgebendes Mitglied des Kirchenausschusses im Deutschen Evangelischen Kirchenbund, distanzierte sich auf der Präliminarkonferenz für Life and Work in Genf im August 1920 öffentlich von der Schulderklärung »einiger deutscher Freunde«, die »in den weitesten Kreisen des evangelischen Deutschland den lebhaftesten Widerspruch gefunden« habe.[57] Für die Angegriffenen wog freilich das persönliche Erlebnis der Begegnung und der Vergebung zwischen den Kriegsgegnern, das auf dem Boden des Weltbundes möglich geworden war, mehr als solcher Tadel. Zumal sie sich sehr konkret mit den Wunden und den Opfern des vergangenen Krieges befaßt hatten: Die Bilanz des Schreckens – so mußten sie sich klarmachen – waren 10 Millionen Tote, 20 Millionen Verwundete und 6 Millionen Gefangene. Ebenso schwer aber wog jedes Einzelschicksal, wie sie es in ihren eigenen Reihen vor Augen hatten: Elie Gounelle, der Franzose, der schließlich doch noch zur Versöhnung bereit war, hatte im Krieg einen Sohn durch die Deutschen verloren. Und Monod schrieb: »Ich selbst habe Himmel und Hölle in Bewegung setzen müssen, um einem gefangenen Sohn, der in den besetzten Gebieten festgehalten wurde und systematisch dem Verhungern preisgegeben war, helfen zu können.«[58]

Aus dieser ersten Versöhnungsbegegnung sind alsbald viele geworden. Wenig später ist auch Hermann Stöhr in diesen Kreis eingetreten.

7. *Exkurs:* Der Internationale Versöhnungsbund

Der Internationale Versöhnungsbund besteht heute noch weltweit in 28 Staaten mit etwa 100 000 Mitgliedern. Ihm gehörten oder gehören eine ganze Reihe von Friedensnobelpreisträgern an wie I. Addams, E. Belch, A. Perez Esquivel, M. L. King, A. J. Luthuli. Auch andere bekannte Pazifisten sind Mitglieder wie die Patres Berrigan, Erzbischof Don Helder Camara, Danilo Dolci, Tullio Vinay, Martin Niemöller oder die Sängerin Joan Baez.[59]

Die Anfänge: Köln Hauptbahnhof

Begonnen hatte diese Bewegung auf dem Bahnsteig des Kölner Hauptbahnhofs an eben jenem 3. August 1914, als der kaiserliche Sonderzug mit den 84 Delegierten der Konstanzer Weltfriedenskonferenz einen Zwischenaufenthalt hatte. Friedrich Siegmund-Schultze mußte sich jetzt auch von einem seiner engsten Freunde trennen, dem britischen Quäker und Chinamissionar Dr. Henry Hodgkin. Beide versprachen sich, wie Hodgkin später berichtete: »Was auch geschehen mag, zwischen uns ändert sich nichts«.[60]
Derweil verkündeten die Zeitungsjungen auf Extrablättern den Einmarsch deutscher Truppen im neutralen (!) Belgien – genau wie es der Schlieffenplan vorgesehen hatte. Tags darauf war auch England im Krieg. Während ein Truppentransport nach dem andern den Kölner Bahnhof verließ, begleitet von den bei deutschen Soldaten üblichen Hurra-Rufen, formulierten Hodgkin und Siegmund-Schultze einen Friedensaufruf an ihre Kirchen.

50 Jahre später erinnerte sich Siegmund-Schultze an diesen nicht minder dramatischen Anfang des Internationalen Versöhnungsbundes:

»Wir waren gewiß, daß sich in unserer Friedensgesinnung während der folgenden Kriegsmonate nichts ändern würde, sondern daß wir mit gesteigerter Intensität die Friedensarbeit fortsetzen würden, die uns in Konstanz von neuem innerlich aufgetragen war. Es war so, daß Henry Hodgkin und ich in der Mitte eines Kreises Gleichgesinnter dieses Bekenntnis ablegten, bei dem wir uns bewußt waren, wie schwer die kommenden Zeiten sein würden. Wir mußten ja auch damit rechnen, daß es nicht leicht sein würde, den Verkehr zwischen uns aufrechtzuerhalten; in dieser Hinsicht erwiesen sich die Verbindungen, die wir durch unsere niederländischen und skandinavischen Freunde neu gefestigt hatten, als außerordentlich hilfreich.«[61]

Christi Revolutionsprinzip der Liebe

Ende Dezember 1914 verpflichteten sich in Cambridge die ersten 130 Mitglieder des Versöhnungsbundes – Angehörige verschiedener Konfessionen – »Christi Revolutionsprinzip der Liebe« zu übernehmen und legten den Namen ihres Bundes fest: »International Fellowship of Reconciliation«. (IFoR). Mit dieser Selbstbezeichnung wollte die englische Versöhnungsbundgruppe sich bewußt abgrenzen von der Londoner Peace Society.[62] Frieden war für die Versöhnungsbundleute mehr als nur Abwesenheit von Krieg. Arbeiten für den Frieden bedeutete für sie der Versuch, Feinde zu Freunden zu gewinnen, d. h. »Versöhnung«. In der Gründungsurkunde des Versöhnungsbundes heißt es darum auch:
»Die Liebe, wie sie sich im Leben und im Tode Christi offenbart und ausdrückt, [. . .] ist die einzige Macht, die das Böse bezwingen und das Übel besiegen kann.« Die Mitglieder des Versöhnungsbundes waren darum »entschlossen, die Folgen auf sich [zu] nehmen, die sich daraus ergeben, daß sie in einer Welt leben, welche dieses Grundgesetz noch nicht anerkennt.«[63]

Aus der Gründungsurkunde des Internationalen Versöhnungsbundes:

»Die Liebe, wie sie sich im Leben und im Tode Christi offenbart und ausdrückt, bedeutet weit mehr, als wir bisher erkannt haben. Sie ist die einzige Macht, die das Böse bezwingen und das Übel besiegen kann; die einzige dauernde Grundlage für die menschliche Gesellschaft.
Um eine Weltordnung aufzurichten, die auf die Liebe sich gründet, müssen jene, die an dieses Grundgesetz glauben, es selbst voll und ganz annehmen, für ihr eigenes Leben sowohl als für ihre Beziehungen zu den Nebenmenschen. Sie müssen entschlossen die Folgen auf sich nehmen, die sich daraus ergeben, daß sie in einer Welt leben, welche dieses Grundgesetz noch nicht anerkennt.
Deshalb ist es uns als Christen verboten, Krieg zu haben. Die Loyalität zu unserem Vaterland, zur Menschheit, zur universellen Kirche und zu Christus, unserem Herrn und Meister, fordert von uns vielmehr, unser Leben dem Sieg der Liebe im persönlichen, sozialen, wirtschaftlichen und nationalen Leben zu weihen.
Wir glauben, daß die Macht, Weisheit und Liebe Gottes unendlich weit über die Grenzen unserer gegenwärtigen Erfahrung hinausgeht und daß Er gleichsam immer darauf wartet, Seine Kraft im Leben der Menschheit in immer neuen und größeren Strömen zu offenbaren.
Da Gott sich durch die Menschen, Männer und Frauen, in dieser Welt betätigt, geben wir Ihm uns selbst hin, damit Er uns im Plane Seiner Erlösung nach Seinem eigenen Willen und Seiner Weisung gebraucht.«

Stationen in der Entwicklung der Ökumenischen Bewegung und der christlichen Friedensbewegung

Mission	Glaube und Kirchenverfassung (Faith and Order)	Praktisches Christentum (Life and Work)	Weltbund für intern. Freundschaftsarbeit der Kirchen	Intern. Versöhnungsbund
1910 Edinburgh Weltmissionskonferenz				
			1914 Konstanz Gründung des Weltbunds für intern. Freundschaftsarbeit der Kirchen	**1914** Köln Hbf. Versprechen zwischen Hodgkin und Siegmund-Schultze
			1919 Oud Wassenaar 1. Nachkriegskonferenz	**1919** Bilthoven Internat. Gründung
1921 Internat. Missionsrat				
		1925 Stockholm Weltkonf. für praktisches Christentum	**1925** Stockholm Weltkonf. des Weltbundes	
	1927 Lausanne Weltkonferenz GuK			
1928 Jerusalem WMK				
	1937 Edinburgh Weltkonferenz GuK	**1937** Oxford Weltkonferenz für prakt. Christentum		
1938 Tambaram WMK	**1938** Utrecht			
1947 Whitby WMK				
			Formelle Auflösung des Weltbunds 1948	
	1948 Amsterdam 1. Vollversammlung des Ökumenischen Rats der Kirchen			

1952 Willingen
WMK

1952 Lund
ÖRK: GuK

1954 Evanston
2. Vollversammlung des Ökumenischen Rats der Kirchen

1958 Accra
WMK

1961 Neu Dehli
3. Vollversammlung des Ökumenischen Rats der Kirchen

1963 Mexiko City
ÖRK: WMK

1963 Montreal
ÖRK: GuK

1964 Aarhus
ÖRK: GuK

1966 Genf
ÖRK: Kirche und Gesellschaft

1967 Bristol
ÖRK: GuK

1968 Uppsala, 4. Vollversammlung des Ökumenischen Rats der Kirchen

1970 Montreux
ÖRK: kirchl. Entwickl. pol.

1971 Löwen
ÖRK: GuK

1972/3 Bangkok
ÖRK: WMK

1974 Accra
ÖRK: GuK

1974 Nairobi, 5. Vollversammlung des Ökumenischen Rats der Kirchen

1978 Bangalore
ÖRK: GuK

1980 Melbourne
ÖRK: WMK

1982 Lima
ÖRK: GuK

1980 Vancouver, 6. Vollversammlung des Ökumenischen Rats der Kirchen

Abkürzungen: ÖRK Ökumenischer Rat der Kirchen · GuK Glaube und Kirchenverfassung · WMK Weltmissionskonferenz

Noch während des Ersten Weltkriegs bildeten sich in verschiedenen Ländern wie in England, den USA, Holland, Schweden und Dänemark Versöhnungsbundgruppen.[64] Soweit in diesen Ländern Kriegsrecht herrschte, hatten die Anhänger des Versöhnungsbundes oft einen schweren Weg. In England zum Beispiel saßen 600 ihrer Mitglieder, die den Kriegsdienst verweigert hatten, aus diesem Grund in Gefängnissen.

Versöhnung nach dem Krieg

Erst nach dem Krieg kam es auch in Deutschland zur Gründung eines nationalen Zweiges. Der Anstoß dazu ging von der ersten internationalen Konferenz vom 4. bis 11. Oktober 1919 in Bilthoven in Holland aus.[66] Diese Versammlung, auf der sich 40 Christen unterschiedlicher Konfession aus zehn Ländern trafen, folgte unmittelbar auf die große Weltbundkonferenz in Oud Wassenaer. Es waren teilweise dieselben Personen, die sich dort schon die Hand zur Versöhnung gereicht hatten. Auch in Bilthoven wurde – das war nicht anders denkbar – eine Art Schuld- und Versöhnungsbekenntnis gesprochen. Vergleicht man es mit dem vom Weltbund verabschiedeten Wort, dann fällt der noch freiere und persönlichere Ton in der Erklärung des Versöhnungsbundes auf:

»Der Weg, um Freude in die Welt zu bringen, ist, daß wir [. . .] unsere Herzen weit auftun für die Nöte, die die Herzen unserer Brüder und Schwestern in der ganzen Welt bedrücken.
Der Weg, um Sicherheit in die Welt zu bringen, ist der, daß wir uns allen Gefahren, die uns selbst und unsere Habe bedrohen, ruhig aussetzen und allen Menschen Vertrauen entgegenbringen, so wenig vertrauenswürdig sie uns auch zu sein scheinen. *Der Weg zur Aufrichtung des Reiches der Gerechtigkeit ist nicht der, daß wir die Schuldigen bestrafen, sondern der, daß wir das Böse mit Gutem überwinden und Vergebung üben, ohne auf Äußerungen der Reue zu warten.* Das ist der Weg Jesu, der ihn selber folgerichtig ging und so gerade in seinem Tode die Welt überwand. Es ist der Weg der Versöhnung, der Menschen zu ihrem Vater bringt und sie zu Brüdern einer Familie macht.
Wir sind diesen Weg nicht gegangen.
Wir sind dem Leiden und der Gefahr ausgewichen und haben dafür andere in Not und Verderben kommen lassen. Wir haben es so sehr an Liebe fehlen lassen, daß Gewalt das einzige Mittel der Verteidigung zu sein schien. [. . .]«[67]

Der Wille, »Brüder einer Familie« zu sein, wurde im Versöhnungsbund vor allem durch eine Vielzahl von bi- und multinationalen Begegnungen verwirklicht.

Französisch-deutsche Begegnungsfahrt im Sommer 1925

Ein Beispiel ist eine Versöhnungs- und Begegnungsfahrt von französischen und deutschen Theologiestudenten, die Hermann Stöhr und Waldus Nestler in Verbindung mit dem DCSV im Sommer 1925 organisiert hatten. In zwei Gruppen wanderten Deutsche und Franzosen quer durch Süddeutschland. Am Abend saß man in verschiedenen Städten mit gleichgesinnten deutschen Freunden zusammen, so in Tübingen, Stuttgart, Heidelberg, Darmstadt, Frankfurt und Marburg. Allein die Namen der Referenten – meist Professoren, die der Altherrenschaft der DCSV angehörten und zugleich der ökumenischen Bewegung verbunden waren – zeigen, wie anspruchsvoll das Unternehmen geplant war: Karl Heim, Friedrich Heiler, Rudolf Otto und Martin Rade, sowie von französischer Seite Alfred Quervain und Jules Rambaud hatten sich zu Gesprächen bereit gefunden.

Die beiden Höhepunkte der Fahrt waren ein Treffen mit katholischer Jugend auf Burg Rothenfels am Main und der feierliche Abschluß auf dem Habertshof, einer landwirtschaftlichen Siedlung der protestantischen Neuwerkjugend.

Waldus Nestler urteilte über die Fahrt:

> »Besonders stark empfanden wir die Kraft, die von lebendigen Gemeinschaften ausgeht, der Habertshofgemeinde Emil Blums, der Sannerzer Hausgemeinschaft Eberhard Arnolds, der Sonnefelder Gruppe Hans Klassens. Wir sprachen uns aus über die deutsche und französische Situation, suchten die besonderen Nöte beider Länder zu sehen: Die große Solidarität des Leidens, der Sünde, der Schuld, die nur durch größte Solidarität der Liebe aufzuheben sind.«[68]

Stöhrs Streit mit der DCSV

Nicht ganz so freundlich wie sein Freund Waldus Nestler hat sich Hermann Stöhr selbst über die deutsch-französische Begegnung in einem Bericht für die »Eiche« geäußert; das Manuskript ist allerdings wegen Stöhrs zu großer Offenheit nie gedruckt worden. Stöhr war verärgert, weil die Verantwortlichen bei der DCSV, auf deren Hilfe Nestler und er natürlich angewiesen waren, sie nur mit halbem Herzen unterstützt hatten. So waren die an den Universitäten vorgesehenen Veranstaltungen für eine Zeit geplant worden, in der die meisten Studenten schon in den Ferien waren. Vorausgegangen war eine jahrelange bewußte »Sabotage« – so der Ausdruck Stöhrs – durch die DCSV-Führung. Jedenfalls behauptete Stöhr in einem Brief vom 11. November 1924 gegenüber dem DCSV-Sekretär Joachim Müller, die DCSV-Zentrale verschweige hartnäckig ihren Mitgliedern den französischen Wunsch nach Begegnung mit den Deutschen, ja man plane gezielt ein deutsch-französisches Treffen nur außerhalb Deutschlands auf dem neutralen Boden der Schweiz. Verbittert warf Stöhr den Verbandsvertretern Rücksichtnahme auf ihr »sorgsam gehütetes ›deutsches‹ Christentum« und bewußten Antipazifismus vor. Stöhr schrieb:

»Man wird nicht untätig dem zusehen dürfen, wenn in der DCSV-Leitung der studentische Zeitgeist immer mehr Christus verdrängt, wenn in allen Fällen, wo die Ehre des Staatsgötzen auf dem Spiele steht, Gott abgetan wird, wenn die Ehre Gottes besudelt wird aus ›Liebe zum Volk‹, aus der Erkenntnis einer gottlosen ›Geschichtsphilosophie‹ oder aus der ›Liebe zu deutschnationalen Studenten‹ heraus.«[69]

Stöhr war im Ton so scharf geworden, daß in einem nachfolgenden Briefwechsel der von Müller zur Vermittlung angerufene Siegmund-Schultze – damals immer noch Stöhrs Arbeitgeber – es für gut fand, sich deutlich von dessen Unversöhnlichkeit zu distanzieren. Trotzdem stand Siegmund-Schultze in der Sache auf der Seite seines Freundes Stöhr:

»Mir erscheinen die Sätze [sc. Stöhrs] als ungeheure Vorwürfe, die ich schwer bedaure. Es kann dafür auch nicht als Entschuldigung dienen, daß diejenigen christlichen Kreise, die jede Friedensarbeit bekämpfen, sich so oft in ähnlichen Ausdrücken ergehen. Dr. Stöhr versichert mir aber, daß er gerade auch die letzten Sätze seines Briefes, die mir fast unverständlich erscheinen, nicht im Zorn geschrieben habe, sondern aufgrund einer Gewissensnötigung. Deshalb bitte ich doch herzlich, alles, was er schreibt, ernst zu nehmen.«[70]

Der »Service Civil International«

Die Arbeit des Versöhnungsbundes erschöpfte sich nicht in der Veranstaltung von internationalen Begegnungstreffen und in der persönlichen Verpflichtung zur Kriegsdienstverweigerung. Die einzelnen Gruppen suchten vielmehr immer auch in konkreten Projekten einen positiven Beitrag zum Frieden zu leisten. Ein anschauliches Beispiel dafür ist die Gründung des »Internationalen Zivildienstes« durch den Schweizer Pierre Cérésole.
Auf der zweiten internationalen Konferenz des Versöhnungsbundes in Bilthoven im August 1920 war Cérésole des Redens müde. Er machte den Vorschlag der Einrichtung einer Alternative zum Militär- und Kriegsdienst. Ein englischer Quäker, drei deutsche Studenten, ein ungarischer Musiker, Cérésoles Bruder – er war ein Schweizer Oberst gewesen – und er selbst taten sich zusammen. Als »Service Civil International« (SCI) begaben sie sich im Winter 1920/21 in das kriegszerstörte Gebiet bei Esne vor Verdun. Zur Verwunderung der dortigen Bevölkerung beseitigten sie in harter Arbeit die in den Äckern noch versteckten Kriegsminen. Und sie bauten für

die auf ihr Land zurückkehrenden Bauern vorläufige Unterkünfte. Anfangs gab es allerdings von Seiten der Franzosen Widerstand gegen die bei diesem freiwilligen Zivildienst beteiligten Deutschen. Die Ausdauer der Gruppe überwand jedoch den Haß.[71]

Drei Jahre später hatte Cérésole mit seiner Idee bereits ein so breites Echo gefunden, daß er mit einer großen Schar von Freiwilligen nach einem Lawinenunglück in den Waadtländer Bergen den dortigen Bergbauern ihre Hütten hatte wieder freilegen können.

Die große Bewährungsprobe kam für den Internationalen Zivildienst 1928. Am 25. September 1927 durchbrach der um 8 Meter gestiegene Rhein bei Schaan einen Damm in 250 Meter Länge und setzte drei Monate lang ein Drittel der landwirtschaftlich bebauten Fläche des Fürstentums Liechtenstein unter Wasser. Der SCI rief zu einem großangelegten Hilfsdienst Freiwillige aus allen Ländern zusammen. Ziel war wieder, neben der praktischen Arbeit – in diesem Fall der Beseitigung der Schuttmassen – im Vollzug des gemeinschaftlichen Hilfsdienstes fruchtbare Beziehungen zwischen Angehörigen ehemals verfeindeter Staaten zustande zu bringen. Cérésole hoffte darüber hinaus, daß es jetzt auch zu Begegnungen zwischen Pazifisten und Nichtpazifisten kommen würde; es waren auch Schweizer Soldaten im Noteinsatz.

Das Experiment des Versöhnungsbundes gelang. 759 Freiwillige aus 20 verschiedenen Ländern, viele Gymnasiasten, Studenten und Intellektuelle, aber auch Arbeiter, Landwirte und Handwerker, nahmen an den Aufbaulagern von April bis Oktober 1928 bei durchschnittlich 25 Arbeitstagen teil. Ähnliche Aufbaulager folgten auch in anderen Ländern.[72]

Friedrich Siegmund-Schultze schrieb 1928 in der Eiche über das Werk Cérésoles:

»Diese Schar begründet zu haben, an diesen Anfängen mitgeholfen zu haben, wird in der Geschichte der Kultur mehr bedeuten, als das erste stehende Heer aufgestellt zu haben. Vor allem aber wird es heute denen, die sich von der Vernichtungssehnsucht der modernen Kriegsführung hinsehnen zu einer inneren und äußeren Befreiung davon, zum aufbauenden Werk des Friedens, die Möglichkeit geben, sich da wirksam einzuordnen. Es handelt sich um die krasseste Umwandlung des Gegeneinander in ein Füreinander – Grund genug, daß die, die Christen sein möchten, sich darum bemühen!«[73]

Weltbund und Versöhnungsbund ergänzten sich

Zwischen Weltbund und Versöhnungsbund gab es vielfältige personelle Überschneidungen und doch waren beide in ihrer Zielsetzung und Organisationsform klar zu unterscheiden. Der Versöhnungsbund verzichtete in großer Unbekümmertheit fast völlig auf Grundsätze und Programme. Die Stärke seiner Mitglieder war deren radikale Überzeugungstreue verbunden mit Engagement und Opferbereitschaft. Die Zielvorstellungen des Versöhnungsbundes kommen denen des Quäkertums sehr nahe. Er zeichnete sich durch konfessionelle Offenheit aus, auch katholische Christen gehörten ihm an.

Der Weltbund dagegen suchte trotz der Bemühung um Unabhängigkeit immer auch eine Nähe zu den Kirchenleitungen. Die großen Konferenzen des Weltbunds bekamen ohne Zweifel erst durch die Mitwirkung führender Kirchenleute ihr eigentliches Gepräge. Im Gegensatz zur Wahl der Delegierten des Ökumenischen Rats für praktisches Christentum wurden jedoch die Ratsmitglieder des Weltbundes nie direkt von den Kirchenleitungen bestimmt.

Siegmund-Schultze, der zu den Begründern von Weltbund und Versöhnungsbund gehört, hat den Unterschied der beiden Vereinigungen folgendermaßen charakterisiert:

»Je stärker im Weltbund für Freundschaftsarbeit der Kirchen die kirchlichen Behörden mitarbeiteten, die ihrerseits die Zusammenarbeit mit den staatlichen Behörden nicht vermeiden konnten, und je mehr in der ökumenischen Arbeit mancher Länder nationalistische Einflüsse sich geltend machten, desto dringender wurde die Notwendigkeit, daß eine von nationalpolitischen Einflüssen unabhängige, ganz auf die neutestamentliche Haltung gegründete Vereinigung die radikale Verpflichtung der Christenheit zur Friedensarbeit in Wort und Werk verkörperte.«[74]

Es ist darum nicht verwunderlich, daß der deutsche Zweig des Versöhnungsbundes schon im November 1933 unter politischem Druck zur Auflösung gezwungen wurde.[75] Die deutsche Weltbundvereinigung bestand dagegen noch bis in den Zweiten Weltkrieg hinein.[76]

8. *Exkurs:* Die Soziale Arbeitsgemeinschaft Berlin-Ost (S. A. G.)

Die S. A. G. war das Herzstück der Friedensinitiativen, an deren Zustandekommen Siegmund-Schultze beteiligt war. Ihr Anfang liegt noch drei Jahre vor der Gründung von Weltbund und Versöhnungsbund. Zur Überraschung seiner Familie und vieler Freunde hat Siegmund-Schultze 1911 eine gesicherte Stellung als Hofprediger an der Friedenskirche in Potsdam aufgegeben und zog mit seiner jungen Frau und einigen Freunden in das größte Arbeiterviertel Deutschlands, in den Berliner Osten.[77] Sein Ziel war, nach dem Vorbild der Settlementsarbeit von Toynbee Hall in den Slumvierteln Ost-Londons der Vermassung des Arbeiterproletariats entgegenzuwirken.[78] In den englischen Nachbarschaftssiedlungen hatten schon seit 1884 angehende Akademiker in collegeähnlichen Lebensgemeinschaften zusammen mit Arbeitern gelebt und konnten auf einen wachsenden Lernerfolg blicken.
Die Devise, die Siegmund-Schultze für den Berliner Osten ausgegeben hatte, lautete darum: Erst wenn zwischen den Gebildeten und den Arbeitern eine »soziale Arbeitsgemeinschaft« gegründet ist, wird letzteren ein Zugang zu dem inneren Leben des deutschen Volkes wieder geöffnet werden.[79]
Wir haben noch eine ziemlich genaue Vorstellung von der weit über Berlin hinaus bekannt gewordenen Pionierleistung Siegmund-Schultzes und seiner Mitarbeiter, die – wie so vieles – 1933 jäh abgebrochen werden mußte und schließlich brutal von den Nazis zerstört wurde.[80]
Verließ man Mitte der zwanziger Jahre die S-Bahn beim Schlesischen Bahnhof (heute Ostbahnhof) und wanderte die Fruchtstraße (heute Straße der Pariser Kommune) oder die Koppenstraße in Richtung Norden, der Friedensstraße zu, dann war man mitten im Gebiet der S. A. G.
Die Soziale Arbeitsgemeinschaft, das waren zunächst einmal die Studenten. Sie holten Kinder von der Straße und betreuten diese in Jungenclubs und Mädchengruppen. Anfänglich traf man sich im traditionellen hinteren Vereinszimmer der vielen Eckkneipen dieser Gegend zu Erzähl- und Spielnachmittagen. Später standen ihnen in angemieteten Läden auch eigene Räume zur Verfügung. Studenten, die sich für eine mehrjährige Mitarbeit in der S. A. G. bereitfanden, konnten auch Schutzaufsichten über einzelne Jugendliche übernehmen, wie sie vom Jugendamt angeordnet waren.
Für Frauen und Mädchen war in der Fruchtstraße in einem ehemaligen Laden eine Lesehalle eingerichtet worden. Ein anderer Laden wurde zu

Prof. Siegmund-Schultze um 1926 *(Foto: EZA: 500 / P 520)*

Das Gebäude Am Ostbahnhof 17 in Berlin-O war Eigentum der S.A.G.; hier wohnten Mitarbeiter, die ihre Wohnungen für Zusammenkünfte kleinerer Gruppen zur Verfügung stellten. *(Foto: EZA: ohne Signatur)*

Seit 1922 besaß die Soziale Arbeitsgemeinschaft mit dem Ulmenhof in Wilhelmshagen vor den Toren Berlins eine ideale sozial-pädagogische Einrichtung. Auch der Ulmenhof wurde ein Opfer der nationalsozialistischen Gleichschaltungspolitik.
(Foto: EZA: 500 / B 2)

einer Kaffeehalle umgebaut, in dem es vor allem alkoholfreie Getränke zu niedrigen Preisen zu erwerben gab. Am Ostbahnhof 17 hatte die S.A.G. ein ganzes Haus erworben, in dem Mitarbeiter wohnten, die innerhalb ihrer Wohnungen ebenfalls Kommunikationsräume zur Verfügung stellten. Im Laufe der Jahre entwickelte sich eine ausgedehnte Arbeiter-Abendvolkshochschularbeit, an der – wie wir schon gesehen haben – auch Hermann Stöhr aktiv beteiligt war.
1922 erwarb die S.A.G. am Rande Berlins, in Wilhelmshagen, den Ulmenhof und baute das 22 Morgen große Grundstück zu einer Außensiedlung aus. Es entstanden dort nach und nach ein Dauerkinderheim für milieugefährdete Berliner Kinder, ein Heilerziehungsheim und eine Haushaltsschule für Kriegerwaisen, sowie eine zweite Abendvolkshochschule und schließlich noch zehn Mitarbeiterwohnhäuser. Seit 1928 wohnte Siegmund-Schultze selbst auf dem Ulmenhof.
Erstaunlich bleibt, mit wie wenig hauptberuflichen Mitarbeitern die S.A.G. auskam und wie viele, regelmäßig mitarbeitende, freiwillige Helfer es gab: 8 Frauen und 3 Männer waren hauptberuflich angestellt, von ihnen waren 8 durch zwanzig und mehr Jahre hindurch diesem Werk verpflichtet. Sie gaben sich mit minimalen Gehältern, im Durchschnitt 150 Mark im Monat, zufrieden. Etwa 70–80 Personen arbeiteten regelmäßig ehrenamtlich mit, unter ihnen auch Berufstätige, die in Berlin-Ost wohnten oder mit der S-Bahn täglich anfuhren.
Als geistige Mitte und unbestrittene Autorität wurde der Begründer und Leiter der S.A.G., Professor Siegmund-Schultze, von allen Mitarbeitern hoch verehrt. Trotzdem war jeder der an diesem Werk Beteiligten auf sich gestellt und die einzelnen Gruppen in Berlin-Ost, auf dem Ulmenhof, im Ledigenheim in Moabit wie auch in den S.A.G.-Gruppen im übrigen Deutschland konnten selbständig arbeiten; das gebot schon die Größe, die das Werk im Lauf der Zeit erreicht hatte.
Mit dem Einbruch der Gewaltherrschaft 1933 mußte diese einzigartige sozialpädagogische Ausbildungsstätte geschlossen werden. Die vielen Fürsorgeschülerinnen und Theologiestudenten, die aus ganz Deutschland nach Berlin gekommen waren, hatten nun nicht mehr die Gelegenheit, sich in einem solchen sozialen Friedensdienst zu üben und zu bilden. Am 14. Juni 1933 wurde durch Erlaß der Geheimen Staatspolizeileitstelle Berlin die S.A.G. mit der Begründung aufgelöst, daß eine Notwendigkeit für ihr Weiterbestehen nicht mehr gegeben sei, da die Tätigkeit des Vereins bereits hinreichend durch Organisationen der NSDAP wahrgenommen würden.[81]
Eine Woche später, am 21. Juni, überfiel ein Riesenaufgebot an SA-Leuten aus Köpenick den »Ulmenhof«.[82] Siegmund-Schultze wurde unter Hausarrest gestellt und am 25. Juni von der Gestapo unter dem Vorwurf der Hilfe für Juden in 93 Fällen und wegen umfassender Pläne zur Rettung des

gesamten deutschen Judentums aus Deutschland ausgewiesen. Erst 1946 konnte er aus dem Schweizer Exil zurückkehren. Das war das Ende der Clubs am Schlesischen Bahnhof – das Ende der Abendvolkshochschule und der Heimvolkshochschule – das schleichende Ende einer »Friedens«-Nachbarschaftsarbeit, wie sie nie mehr nach Berlin zurückkehren sollte. Erich Gramm schrieb darüber:

»Erhalten blieb, wenn auch in kleinerem Umfang, die Wohngemeinschaft der Mitarbeiter in Berlin-Ost. Und es blieben lebendig die zahllosen persönlichen Beziehungen von Mensch zu Mensch. Im Laufe der Zeit ergaben sich aus den nachbarlichen Beziehungen und mancherlei alten und neuen Nöten in der Nachbarschaft Anknüpfungspunkte für eine stille, aber intensive und langsam wieder wachsende praktische Arbeit, vor allem auf den Gebieten, die ›die Partei und ihre Gliederungen‹ wenigstens in Berlin-Ost noch nicht in Anspruch genommen hatten. Spiel- und Lesestuben für Kinder, Märchenabende, Büchereien mit Ausleihen und Leseraum, Nachbarabende, Mütterabende oder Singabende fanden wieder statt.«[84]

Alle sechs Wochen fanden sich ohne eigentliche Einladung sogar wieder 20–25 Personen aus allen Teilen Berlins zum traditionellen Teeabend zusammen.

Am 29. April 1940 – sechs Wochen vor Hermann Stöhrs Tod – griff die Gestapo endgültig zu. Die S. A. G. wurde verboten, das Vermögen beschlagnahmt, die Grundstücke unter staatliche Zwangsverwaltung gestellt und jeder Versuch einer Fortführung der Arbeit in irgendeiner Form mit schweren Strafen bedroht. Die letzten, noch verbliebenen Mitarbeiter wurden der Aufsicht des Staatssicherheitsdienstes unterstellt; ihnen wurde jede Betätigung auf sozialem, kulturellem, religiösem und pädagogischem Gebiet verboten.[85]

Arbeitsprogramm der S. A. G. in Berlin-Ost im Winter 1930/31

- Wöchentlich mindestens eine Zusammenkunft von in der Regel zweistündiger Dauer fand statt in:

27 Klubs für Jungen, Mädchen und Jugendliche,	2 Singgruppen,
	3 Turngruppen,
3 Klubs für Frauen und Mütter,	2 Gymnastikgruppen;

  ferner sonntagnachmittags an zwei Stellen je drei bis vier Stunden Spiele für Jugendliche.
- Die Büchereien, je zwei für Kinder und Erwachsene in der Fruchtstraße und am Ostbahnhof, hatten je zwei Ausleihen wöchentlich. Ihnen waren »Lesestuben« angegliedert, die viermal in der Woche für Erwachsene und zwölfmal für Kinder geöffnet waren.
- Zweimal wöchentlich war »Märchenstunde« (Märchenerzählen) für Schulkinder.

- Die »Werkstätte« (Tischlerei) stand mit Aufsicht und Anleitung Jungen, Jugendlichen und Erwachsenen täglich einige Stunden zur Verfügung. Jeden Mittwoch, 20.00 bis 22. 00 Uhr, tagte der »Diskussionsabend« für Arbeiter und Studenten.
- Außer diesen wöchentlichen Veranstaltungen sind zu vermerken:
  Am 2. Dienstag im Monat: Monatsversammlung aller Mitarbeiter;
  am 3. Dienstag im Monat: Klubleiterversammlung;
  am 1. Sonntag im Monat: »Hausgemeinde« (Gruppe junger Leute, die aus den Klubs hervorgegangen waren).
  Etwa alle sechs Wochen fand mit Ausnahme der drei Sommermonate eine »Sonntagsmusik« (Künstlerkonzert) statt.
- Die Abendvolkshochschule veranstaltete Kurse und Lehrgänge, wöchentlich stattfindend:

14 Sprachkurse,	1 Werkstatt für Möbeltischlerei,
5 Stenographiekurse,	1 Wanderführerlehrgang,
2 Nähkurse,	1 Gymnastikkurs,
1 Kochkurs,	1 Singabend.

  Sie hatte vornehmlich die Aufgabe, den zahlreichen arbeitslosen jüngeren Leuten der Nachbarschaft zu dienen; hieraus erklärt sich die verhältnismäßig große Zahl praktischer Kurse, für die eine Vorbildung nicht erforderlich war.
- Außer diesen Kursen bot die Volkshochschule in jenem Winter Vorträge bzw. Arbeitsgemeinschaften mit folgenden Themen an:
  1. Kriegsgefahr, Abrüstungsforderung und Weltfrieden,
  2. Einführung in politische Tagesfragen,
  3. Eigenart und Verbundenheit der Geschlechter, die mit 2 Stunden wöchentlich durchgeführt wurden,
  4. Neue russische Literatur,
  5. Kunst als Ausdruck der Zeit, je 2 Stunden vierzehntäglich,
  6. Kunst und Technik,
  7. Welche Möglichkeiten bieten sich dem Sozialismus in der gegenwärtigen Lage? je 2 Stunden monatlich.
- Zu Anfang des Semesters fanden im Rahmen der Volkshochschule in der Regel einige öffentliche Vorträge statt, durch die außer der engeren Nachbarschaft weitere Kreise, vor allem unter den damals so zahlreichen Erwerbslosen, auf die Kurse und Arbeitsgemeinschaften aufmerksam gemacht werden sollten. Diese Vorträge hielt zumeist Professor Siegmund-Schultze, so unter anderem über: »Der Klassenkampf, eine wirtschaftliche Notwendigkeit«, »Klassenhaß und Völkerversöhnung«, »Christentum und Klassenkampf«. *Gramm, 108 f*

Die Abendvolkshochschule bot ein umfangreiches Arbeiterbildungsprogramm an. ▶ *Während seiner Tätigkeit in Berlin-Ost beteiligte sich Hermann Stöhr mit originellen Fremdsprachkursen an dieser Einrichtung. (EZA: 626/Kasten 10)*

Abendvolkshochschule

der

Sozialen Arbeitsgemeinschaft Berlin-Ost

10. Semester — Oktober 1932 — März 1933

Der vorliegende Winterplan ist bestimmt durch Wünsche, die aus dem Kreise der früheren Kursbesucher hervorgegangen sind. Wir wenden uns mit seiner Bekanntgabe an die jungen Menschen unserer Nachbarschaft, die ihre Freizeit zu geistiger und praktischer Weiterbildung benutzen wollen; darüber hinaus gilt er auch weiteren Kreisen, die sich für die geplanten Kurse interessieren.

Einige Arbeitsgemeinschaften und Kurse sollen besonders denen dienen, die schon ein Volkshochschulheim besucht haben.

Unsere Arbeit ist nicht durch parteipolitische oder konfessionelle Bedingungen festgelegt. Jeder, ohne Unterschied von Partei und Konfession, kann sich beteiligen.

Ziel unserer Bildungsarbeit ist es, die Hörer durch Erweiterung ihrer Kenntnisse in ihrer Urteilsfähigkeit zu fördern. In gemeinsamer Arbeit zwischen Lehrer und Hörer, in gegenseitigen Aussprachen und selbstständigem Durchdenken der behandelten Fragen soll dies Ziel erreicht werden.

Die Teilnahme an einer Arbeitsgemeinschaft verpflichtet zu regelmäßiger Mitarbeit. Die Gebühren betragen pro Kursus, wenn nichts anderes vermerkt ist, 2.— M. Arbeitslose und Lehrlinge frei.

Anmeldungen erbitten wir sobald als möglich an Dr. Gerhard Fiedler, Fruchtstraße 64II (Weichsel 2349), der auch jede weitere Auskunft erteilt. Das Programm ist ferner zu erhalten bei:

Heinz Frost, Berlin NO 18, Palisadenstr. 72I,

Wenzel Holek, Berlin O 17, Am Ostbahnhof 17, Erdgeschoß,

Elisabeth Vedder, Berlin O 17, Fruchtstraße 63II.

Für die Soziale Arbeitsgemeinschaft:	Für die Teilnehmer:
Prof. D. Siegmund-Schultze	Käte Schmaeling
Dr. Gerhard Fiedler	Heinz Frost.

II. Arbeitsgemeinschaften.

1. Staatsformen und Staatsideale.

Donnerstag, 20 Uhr. Beginn 20. Oktober, Am Ostbahnhof 17, Erdg.
Detlef von der Schulenburg.

2. Was ist Marxismus?

An Hand von Karl Marx „Kapital" und kleineren Schriften sollen die Grundlagen des Sozialismus erarbeitet werden.

Freitag, 20 Uhr. Beginn 21. Oktober, Am Ostbahnhof 17, Erdg.
Dr. Hans Paechter.

3. Großstadtprobleme.

Geschichtliche Entwicklung, Gestalt, Wirtschaftsleben, Kultur und geistiges Leben der Großstadt.

Mittwoch, 20 Uhr, 14 tägig. Beginn 28. September, Am Ostbahnhof 17, Erdg. Dr. Gerhard Fiedler.

4. Erziehungsfragen.

Familienerziehung, Erziehung in der Jugendgruppe, Selbsterziehung. Das schwierige Kind und seine Einordnung in die Gemeinschaft. Strafe und Belohnung, Autorität und Freiheit in der Erziehung.

Donnerstag, 20 Uhr, 14 tägig. Beginn 13. Oktober, Am Ostbahnhof 17, Erdg. Heinz Paul.

5. Besprechung moderner Literatur, die in unserer Bücherei vorhanden ist.

(Döblin, Hans Grimm, Upton Sinclair, B. Traven, Sigrid Undset, Franz Werfel u. a.)

Montag, 20 Uhr, 14 tägig. Beginn 17. Oktober, Fruchtstraße 62 Erdg. Helene Siepmann.

6. Weltanschauungsfragen.

Mittwoch, 20 Uhr, 14 tägig. Beginn Anfang Januar, Am Ostbahnhof 17, Erdg. Prof. D. Siegmund-Schultze.

III. Sprachkurse.

1. Deutsch.

a) für Anfänger: Richtiges Sprechen und richtiges Schreiben.

Montag, 19½ Uhr. Beginn 17. Oktober, Am Ostbahnhof 17, Erdg.

b) für Fortgeschrittene: Ausdruck in Schrift und Rede.

Donnerstag, 19½ Uhr. Beginn 20. Oktober, Am Ostbahnhof 17, Erdg. Dr. Hanna Jarislowsky.

2. Englisch.

a) für Anfänger.

Montag, 20 Uhr. Beginn 17. Oktober, Am Ostbahnhof 17, Erdg.
Heinz Paul.

b) für Fortgeschrittene.
Freitag, 20 Uhr. Beginn 21. Oktober, Am Ostbahnhof 17, Erdg.
Anni Knobloch.

c) Englische Unterhaltung.
Mittwoch, 20 Uhr. Beginn 19. Oktober, Am Ostbahnhof 17, Erdg.
Gertrud Kießling.

3. **Französisch.**

a) für Anfänger.
Freitag, 20 Uhr. Beginn 21. Oktober, Am Ostbahnhof 17, Erdg.
Dr. Elisabeth Selver.

b) für Fortgeschrittene.
Montag, 19 Uhr. Beginn 17. Oktober, Am Ostbahnhof 17, Erdg.
Georg Zscheile.

4. **Russisch.** Berufstätige monatlich RM 1,50. Erwerbslose frei.
Montag und Donnerstag, 20 Uhr. Beginn 17. Oktober, Am Ostbahnhof 17, Erdg. Malwine Fischmann.

IV. Praktische Lehrgänge.

1. **Kursus für Sprech- und Bewegungschor.**
Freitag, 20 Uhr. Beginn 13. Januar, Fruchtstr. 62, Erdg.
Martin Gleißner.

2. **Einheitskurzschrift.**

a) für Anfänger.
Montag, 18 Uhr. Beginn 7. November, Am Ostbahnhof 17, Erdg.

b) für Fortgeschrittene.
Donnerstag, 18 Uhr. Beginn 20. Oktober, Am Ostbahnhof 17, Erdg. Irma Villar.

3. **Mathematik.**
Freitag, 20½ Uhr. Beginn 21. Oktober, Am Ostbahnhof 17, Erdg.
Charlotte Auerbach.

4. **Schachkursus.**
Donnerstag, 20 Uhr. Beginn 20. Oktober, Am Ostbahnhof 17, Erdg.
Dr. Gerhard Fiedler, Erich Geppert.

5. **Anfangsgründe der Musiklehre.** (Mit praktischen Übungen).
Nur für Teilnehmer, die ein Instrument spielen können.
Donnerstag, 20 Uhr. Beginn 10. November, Fruchtstr. 62, Erdg.

6. **Singabend.** (Ohne Teilnehmergebühr, Vorkenntnisse nicht erforderlich).
Dienstag, 20 Uhr. Beginn 11. Oktober, Fruchtstr. 62, Erdg.
Irm Gramm.

7. **Turnabend.**

a) für weibliche Teilnehmer.
Montag, 20 Uhr. Beginn 10. Oktober, Fruchtstr. 38, Turnhalle.
Hilde Johow.

b) für männliche Teilnehmer.
Mittwoch, 19 Uhr. Beginn 12. Oktober, Fruchtstr. 38, Turnhalle.
Erwin Mackaus.

8. **Gymnastik.** System Laban (Für weibliche Teilnehmer).
Berufstätige monatlich 2,-- RM, Erwerbslose 1,40 RM.
Donnerstag, 19—20 Uhr. Beginn 13. Oktober, Fruchtstr. 55, Aula.
Ursula Koven.

9. **Schwimmen.** (Für weibliche Teilnehmer). Sondergebühr 1 RM.
Mittwoch, 18½—20 Uhr. Beginn 12. Oktober, Stadtbad Schillingsbrücke. Hilde Stockfieck.

10. **Schneiderkurs.** Modische Frauenkleidung (Nach Bedarf).

a) für Anfänger.
Mittwoch, 20 Uhr. Beginn 19. Oktober, Fruchtstr. 62, Erdg.
Sigrid Stoll.

b) für Fortgeschrittene.
Freitag, 20 Uhr. Beginn 14. Oktober, Fruchtstr. 62, Erdg.
Gertrud Mintler.

V. Sonderkurse für Erwerbslose.

1. **Die Entwicklung der Malerei bis zur Gegenwart.**
Führungen durch die Berliner Gemäldegalerien.
1. Besprechung: Dienstag, den 18. Oktober, 10 Uhr, Fruchtstraße 62, Erdg.

2. **Politische Tagesfragen** an Hand von Zeitungen.
Freitag, 15 Uhr. Beginn 21. Oktober, Am Ostbahnhof 17, Erdg.
Dr. Gerhard Fiedler.

3. **Deutsch.** Richtiges Sprechen und richtiges Schreiben.
Mittwoch, 11 Uhr. Beginn 9. November, Am Ostbahnhof 17, Erdg.

4. **Englisch.**

a) für Anfänger.
Dienstag und Freitag, 11 Uhr. Beginn 18. Oktober, Fruchtstr. 62, Erdg. Anni Knobloch.

b) für Fortgeschrittene I.
Mittwoch und Sonnabend, 11 Uhr. Beginn 19. Oktober, Fruchtstr. 62, Erdg. Renate Lepsius.

c) für Fortgeschrittene II.
Montag und Donnerstag, 11 Uhr. Beginn 17. Oktober, Fruchtstr. 62, Erdg. Erich Gramm.

5. **Französisch.**
Dienstag und Freitag, 11 Uhr. Beginn 8. November, Am Ostbahnhof 17, Erdg.

6. **Nähkurs.**
Dienstag, 13 Uhr. Beginn 18. Oktober, Fruchtstr. 62, Erdg.
Almut Berg.

7. **Handarbeiten aller Art.**
Donnerstag, 13 Uhr. Beginn 14. Oktober, Fruchtstr. 62, Erdg.
Sigrid Stoll.

8. **Kochkurs.** Einfache Küche. Für Mädchen und Frauen.
Dienstag, 13 Uhr. Beginn 18. Oktober, Fruchtstr. 62, Erdg.

9. **Werkstattkurs** in Tischlerei und anderen Holzarbeiten.
1. Besprechung: Mittwoch, den 19. Oktober, 10 Uhr, Am Ostbahnhof 17, Erdg.

9. *Exkurs:* Die Friedensbewegung in der Weimarer Republik

Trotz der zunächst für die Friedensbewegung günstig erscheinenden Ausgangslage nach einem verlorenen Krieg und dem Zusammenbruch der Monarchie gab es für sie in Deutschland nur am Anfang zählbare Erfolge. Spätestens nach den ersten Reichstagswahlen im Juni 1920 sank die deutsche Friedensbewegung wieder in die politische Bedeutungslosigkeit zurück.[86]

Während der ganzen Weimarer Zeit konnte das Friedenskartell, der lockere Zusammenschluß aller Friedensverbände, nie mit mehr als 100 000 Anhängern rechnen; dies war eine ihrer entscheidenden Schwächen. Eine andere Schwäche war die Zersplitterung in die unterschiedlichsten politischen und religiösen Richtungen.[87]

Die stärkste Gruppe im DFK war die *»Deutsche Friedensgesellschaft«* (DFG), die mit etwa 30 000 Mitgliedern in 300 Ortsgruppen organisiert war (Stand 1927). Die DFG konnte auf eine lange Tradition zurückblicken. 1892 war sie von August Hermann Frieds und Berta von Suttner gegründet worden. Nur mit Mühe ließen sich die kontroversen Richtungen in diesem größten deutschen Friedensverband zusammenhalten. Ein gemäßigter Mehrheitsflügel vertrat etwa das, was auch insgesamt im Friedenskartell mehrheitsfähig war: Man war für die deutsch-französische Aussöhnung als Voraussetzung für eine vernünftige Revision des Versailler Vertrags. Man war gegen steigende Rüstungsausgaben und gegen die illegale Aufrüstung über das 100 000 Mann-Heer hinaus. Man war für eine aktive Friedenssicherung durch Entspannung, z. B. durch den Eintritt Deutschlands in den Völkerbund. Zum Streit in den eigenen Reihen kam es dann in Einzelfragen der Abrüstung wie z. B. beim Volksbegehren gegen den Panzerkreuzerbau und in der Frage einer radikalen Kriegsdienstverweigerung. Seit 1929 drängte der mitgliederstärkste Westdeutsche Landesverband der DFG immer mehr, die pazifistische Bewegung zu einer entschlossenen Kampforganisation gegen die befürchtete wachsende Militarisierung Deutschlands zu machen und leitete damit die Spaltung der DFG und die 1931 erfolgte Auflösung des Deutschen Friedenskartells ein.

Die anderen Friedensgruppen im Deutschen Friedenskartell waren entweder sehr kleine Organisationen mit wenigen hundert Anhängern wie die *Deutsche Liga für Menschenrechte,* der *Bund der Kriegsdienstgegner* und die *Gruppe revolutionärer* Pazifisten, alles Gruppen, die den Kriegsdienst radikal ablehnten; oder es waren Organisationen, für die der Pazifismus nur ein

Teilziel war, wie der *Bund entschiedener Schulreformer,* der *Deutsche Monistenbund,* der *Bund für radikale Ethik* (Tierschutz- und Vegetarieranhänger) und die *Internationale Frauenliga für Frieden und Freiheit.*
Ein letzter Block unter den Friedensgruppen zeichnete sich durch die religiös-christliche Orientierung ihrer Anhänger aus. Hierzu gehörten die *Jahresversammlung der Freunde in Deutschland* (Quäker), der *Friedensbund Deutscher Katholiken* mit etwa 45 000 Mitgliedern, der *Bund religiöser Sozialisten* mit etwa 20 000 Mitgliedern und der vergleichsweise kleine *Internationale Versöhnungsbund deutscher Zweig.*
Überblickt man das ganze Spektrum der deutschen Friedensbewegung der 20er Jahre dann fällt dreierlei auf:
1. Der sozialistisch und humanistisch orientierte Pazifismus war ideologisch und organisatorisch unsicher und zerstritten.
2. Die religiös orientierten Gruppen, die insgesamt innerhalb der Friedensbewegung den Zahlen nach durchaus Gewicht hatten, waren in ihren Kirchen eine als Linke und Schwärmer abgetane, kleine verlorene Minderheit, ohne Einfluß in kirchenleitenden Funktionen und ohne wesentliche Unterstützung in der kirchlichen Presse.[88]
3. Quer durch die ganze Friedensbewegung verteilten sich die wenigen Radikalpazifisten, die jeden Krieg, also auch den Verteidigungskrieg, ablehnten und entschieden den Standpunkt der Kriegsdienstverweigerung vertraten.[89]

Die Frage der Kriegsdienstverweigerung

Die Hermann Stöhr vor allem interessierende Diskussion über die radikale Kriegsdienstverweigerung und einen möglichen Ersatzdienst kam aus zwei Gründen in der Weimarer Republik in Deutschland nicht so richtig in Gang. Einmal konnte dies nur eine sehr theoretische Frage für die Deutschen sein in einem Land, das aufgrund des Versailler Vertrags am stärksten abgerüstet war und bei der auferlegten Maximalheeresstärke von 100 000 Mann auch keine Wehrpflicht kannte. Hinzu kam, daß gerade Deutschland neben Frankreich das Land in Europa war, das auf die älteste Tradition der Militärdienstpflicht zurückblicken konnte. Von 1814 bis 1918 bestand in Deutschland ununterbrochen die allgemeine Wehrpflicht.
Ganz anders war es zum Beispiel in England. Als dort 1916 notgedrungen eine allgemeine Erfassung zum Wehrdienst vorgesehen war, konnte die Regierung dies nur gegen den massiven Widerstand der Gewerkschaften stufenweise durchsetzen. Die Wehrpflicht, wie überhaupt die Erfassung von Personen, galt für die Engländer als Ausdruck der Tyrannei.[90] Es war darum in Großbritannien schon im Ersten Weltkrieg möglich, die gesetzlich

Veranstaltungsplakat des Deutschen Friedenskartells vom November 1922. Das Friedenskartell war ein Zusammenschluß aller Friedensgruppen in der Weimarer Zeit. Hermann Stöhr vertrat mehrere Jahre den Internationalen Versöhnungsbund Deutscher Zweig im Friedenskartell. (Foto: Archiv Prof. Karl Holl)

geregelte Anerkennung von Kriegsdienstverweigerern durchzusetzen. Andere Länder wie Holland, die USA und die nordischen Länder sind diesem Beispiel wenige Jahre später gefolgt.[91]

Wie schwierig es dagegen in Deutschland war, gewissermaßen im Vorgriff auf das befürchtete Verhängnis eines kommenden Krieges und der dann drohenden Wehrpflicht, jetzt schon Interesse zu wecken für den Gedanken der Dienstverweigerung, zeigen die wenigen Beiträge, die es aus den zwanziger Jahren dazu gibt. Waldus Nestler – er war eine Zeitlang mit Hermann Stöhr zusammen Sekretär des Versöhnungsbundes – schrieb in der »Eiche« 1929/3 eine solche »Warnung an alle«. In ihr ruft er die Flugzeugführer, die Arbeiter, die Männer von Handel und Industrie, die Beamten, alle, auch Väter und Mütter sowie Lehrer und Pfarrer auf, sich »geschlossen wie eine Mauer gegen den Dämon der Vernichtung« zu stellen.[92] Die auffallendste Äußerung kam ohne Zweifel von dem schon damals sehr bekannten Generalsuperintendent der Kurmark Otto Dibelius. Er hatte 1930 ein Buch unter dem Titel »Friede auf Erden?« veröffentlicht, »das gleichsam die außenpolitischen Ziele der Stresemann-Ära und die Friedensbotschaft des Neuen Testaments in einer aktuellen Synthese theologisch abspiegelte. In Abgrenzung gegen das ›audämonistische Ideal eines leichtgläubigen Pazifismus‹ und gegen verblendeten chauvinistischen Militarismus« wollte Dibelius ein »Plädoyer für den Frieden im Gewissen der Frommen«[93] sprechen: »Krieg soll nicht sein! Wir sagen es ohne Wenn und Aber [. . .] Krieg soll nicht sein, weil Gott den Krieg nicht will!«[94]

Persönlich vertrat Dibelius keineswegs den Standpunkt eines Kriegsdienstverweigerers und schon gar nicht kirchenamtlich. Für eine protestantische Kirche, die in der lutherischen Tradition am strikten Obrigkeitsgehorsam nach Römer 13 festhielt, war es ausgeschlossen – so seine Meinung – »zur Dienstverweigerung aufzurufen oder gar zur Sabotierung des Krieges«.

Trotzdem hat Dibelius damit gerechnet, daß es auch in der evangelischen Kirche »eine kleine Zahl von Menschen« geben wird, »die jede Mitarbeit am Kriege zu verweigern entschlossen sind«. »Die Kirche kann da nichts tadeln«, so fährt Dibelius fort, »geschweige denn verbieten. Sie kann nur sagen: Geht den Weg, den ihr gehen müßt! Geht ihn in Gottes Namen! Der Weg wird schwer genug sein!« Und er war noch 1930 davon überzeugt, daß »die deutschen Generalsuperintendenten und Landesbischöfe für die Glieder ihrer Kirche eintreten, die nichts weiter wollen, als Gott gehorsam sein. Und Schande über sie, wenn sie es nicht tun!«[95]

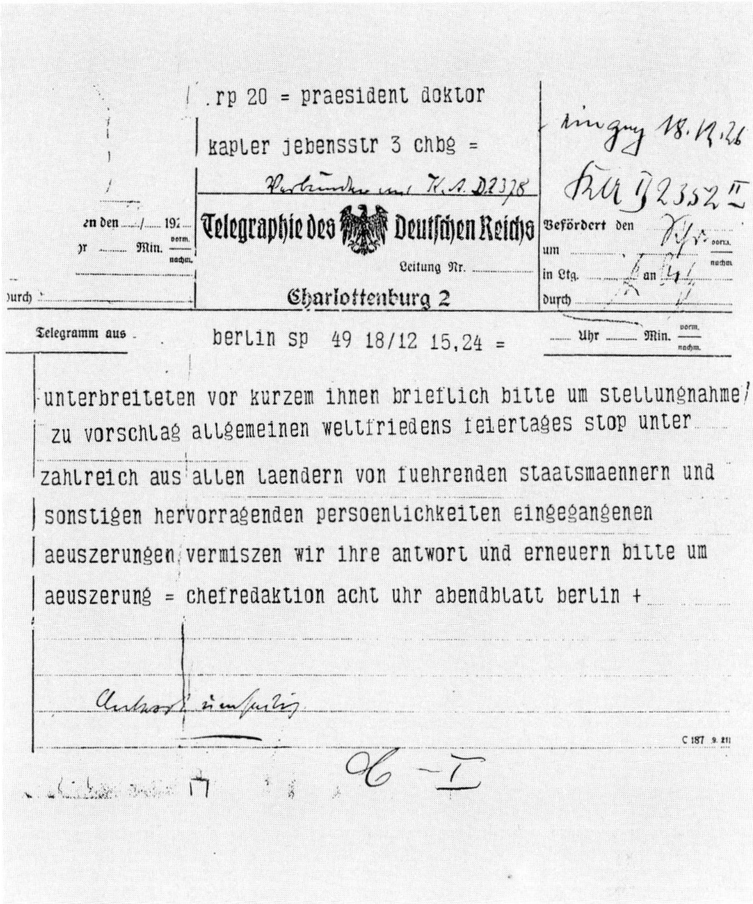

.rp 20 = praesident doktor
kapler jebensstr 3 chbg =

Telegraphie des Deutschen Reichs

Leitung Nr.

Charlottenburg 2

Befördert den
um
in Ltg. an
durch

Telegramm aus berlin sp 49 18/12 15,24 =

unterbreiteten vor kurzem ihnen brieflich bitte um stellungnahme zu vorschlag allgemeinen weltfriedens feiertages stop unter zahlreich aus allen laendern von fuehrenden staatsmaennern und sonstigen hervorragenden persoenlichkeiten eingegangenen aeuszerungen vermiszen wir ihre antwort und erneuern bitte um aeuszerung = chefredaktion acht uhr abendblatt berlin +

C 187 9. 211

Auf Vorschlag des Weltbundes für internationale Freundschaftsarbeit der Kirchen sollte jeweils der 2. Advent als kirchlicher Friedenssonntag gefeiert werden. Dieser Vorschlag wurde praktisch nur von den wenigen, der Friedensbewegung verpflichteten Pfarrern aufgegriffen. Das an den Präsidenten des Kirchenbundesamtes und des preußischen Oberkirchenrats gerichtete Telegramm zeigt, daß die offizielle Kirche in der Weimarer Zeit sich auf Distanz zur Friedensbewegung gehalten hat. Auch das Antwort-Telegramm an die Chefredaktion des 8-Uhr-Abendblattes bestätigt die politische Zurückhaltung führender Kirchenleute in der Friedensfrage. Es lautete:
»Präsident Kapler wird zu Weihnachten, dem uralten Friedensfest der Christenheit, den Sektionen der in der Weltkonferenz Stockholm zusammengeschlossenen Kirchen Segenswünsche übermitteln. Wortlaut wird demnächst bekanntgegeben. Kirchenbundesamt.« *(EZA: Bestand 5/2 – Kirchl. Außenamt)*

Otto Dibelius: Über evangelische Kriegsdienstverweigerer

Ein künftiger Krieg wird auch in Deutschland Dienstverweigerer in nicht geringer Anzahl sehen.
Gerade auch Dienstverweigerer aus Gewissensgründen. Das bringt die Trennung zwischen Staat und Kirche mit sich. Nie wieder wird die evangelische Kirche Deutschlands bereit sein, sich unbesehen und bedingungslos für staatliche Zwecke zur Verfügung zu stellen. [. . .]
Sie wird als Kirche gewiß niemals zur Dienstverweigerung aufrufen oder gar zur Sabotierung des Krieges – auch wenn sie den Krieg und sein Ziel für verwerflich hält. Dafür ist sie eben Kirche. Sie wird den Gehorsam gegen die Obrigkeit, der zu den Fundamenten des Christentums gehört, nicht aus dem Auge lassen. Und wo sie die Grenze finden wird, an der dieser Gehorsam nicht mehr vereinbar scheint mit dem Gehorsam gegen Gott, das ist nicht vorher und nicht allgemein zu sagen. Aber sie wird unter Umständen in größter Zurückhaltung und Neutralität verharren. In jedem Falle aber wird sie dafür eintreten, daß das Gewissen eines Christenmenschen nicht vergewaltigt werden darf. Wenn jemand sich weigert, die Waffe in die Hand zu nehmen, weil er das für unvereinbar hält mit den Pflichten eines Jüngers Jesu – dann wird sie fordern, daß sein Gewissen unbeschwert bleibe.
Daß wir in Deutschland religiöse Dienstverweigerer in Zukunft haben werden, läßt sich schon heute mit Bestimmtheit sagen. [. . .]
In der evangelischen Kirche ist schon heute eine kleine Zahl von Menschen da, die jede Mitarbeit am Kriege zu verweigern entschlossen sind. Von ihnen werden nicht ganz wenige auf ihrem Grundsatz auch dann verharren, wenn es ernst wird. Hier sind Kräfte des Gewissens wieder zum Leben erwacht, die unter der Geschichte der letzten vierhundert Jahre verschüttet waren.
Über diese christlichen Pazifisten wird die Kirche ihre Hände halten. Auch wenn sie ihre Stellungnahme nicht billigt. Denn noch einmal: Kein Staat hat das Recht, das Gewissen eines Menschen zu vergewaltigen. Was aus dem Glauben geht, hat höheres Recht als alle staatlichen Ordnungen und Gesetze. Es mag falsch sein, aber es hat sein Recht. Die Kirche kann da nichts tadeln, geschweige denn verbieten. Sie kann nur sagen: Geht den Weg, den ihr gehen müßt! Geht ihn in Gottes Namen! Der Weg wird schwer genug sein! [. . .]
Dann wird die Kirche die einzige Macht auf Erden sein, die für sie eintritt. Wie der Bischof von London und der Bischof von Durham für die englischen Conscientious Objectors [Gewissensverweiger] eingetreten sind, so werden auch die deutschen Generalsuperintendenten und Landesbischöfe für die Glieder ihrer Kirche eintreten, die nichts weiter wollen, als Gott gehorsam sein. Und Schande über sie, wenn sie es nicht tun! Der Staat wird wenig auf sie hören. Die Männer, die den Krieg zu führen haben, werden es nicht verstehen, daß man Gewissensbedenken hegen kann, wenn der Feind vor der Tür steht. Die große Masse wird es auch nicht verstehen. *Dibelius 98 ff.*

10. Vergeblich auf Arbeitssuche

Im Mai 1925 schied Hermann Stöhr aus der hauptamtlichen Arbeit als Sekretär der Geschäftsstelle der »Eiche« aus. Die bisher damit verbundene Geschäftsstelle des Versöhnungsbundes wurde auf Wunsch des Vorsitzenden Alfred Dedo Müller nach Leipzig verlegt.[96] Stöhr führte die Geschäfte als Hilfssekretär des Versöhnungsbundes eine Zeitlang noch weiter, zusammen mit Studienrat Waldus Nestler in Leipzig.[97]

Auch wenn uns über die zwei Jahre hauptamtlicher Tätigkeit in Berlin für den Versöhnungsbund und die »Eiche« nur wenig Einzelheiten bekannt sind, so darf man doch annehmen, daß diese Zeit der Mitarbeit in der deutschen Zentrale der ökumenischen evangelischen Friedensbewegung Hermann Stöhr für seinen weiteren Weg entscheidend geprägt hat. Ab jetzt hatte er sich voll dieser Bewegung verschrieben und er war auch bereit, die zu erwartenden persönlichen Anfeindungen und beruflichen Risiken als Pazifist in Kauf zu nehmen.[98]

Aus der Distanz von heute ist nicht mehr zu unterscheiden, welcher Anteil an der Außenseiterrolle, in die Stöhr zunehmend geriet, seiner religiös begründeten Friedenshaltung und welcher Anteil seinem persönlichen Charakter zuzuschreiben ist. Daß Stöhr in beider Hinsicht eine Ausnahme darstellte, hat schon damals seine Umgebung empfunden. Siegmund-Schultze, der zeitlebens mit Stöhr verbunden blieb, schrieb nach dem Zweiten Weltkrieg recht ungeschützt über jene Zeit der Zusammenarbeit mit Stöhr Mitte der zwanziger Jahre: »Die Arbeit des für die Friedenssache begeisterten und eifrig tätigen Hermann Stöhr brachte stets gewisse Verwicklungen mit sich, die mit seinem Charakter und Temperament zusammenhingen. [. . .] In den meisten Fällen der Verwicklung handelte es sich darum, daß Hermann Stöhr mit großer Intensität eine neue Aufgabe übernahm, die dann doch in der damaligen Zeit auf allerlei Schwierigkeiten stieß, die ihn entmutigten. Zu den guten Eigenschaften von Hermann Stöhr gehörte, daß er in solchen Fällen die Schuld des Versagens meist bei sich selbst suchte.«[99]

Wie Siegmund-Schultzes Bericht jedoch erkennen läßt, hatte die Auflösung von Stöhrs Arbeitsverhältnis auch einen rein finanziellen Grund: Weder der kleine Versöhnungsbund, noch »Die Eiche« waren nach der Inflation weiterhin in der Lage, eine volle Sekretärsstelle zu finanzieren.

Ende des Jahres 1925 finden wir darum Hermann Stöhr auf Arbeitssuche. Er bewarb sich Mitte Dezember zunächst beim EOK in Berlin mit einem »Gesuch zur Vermittlung einer Arbeitsmöglichkeit«:

»Es würde mich freuen, wenn ich mich an deutschen Arbeiten, die der Stockholmer Konferenz folgen, beteiligen und mit meinen englischen und französischen Sprachkenntnissen der Kirche meines Vaterlandes dienen könnte.«[100]

Der Hinweis auf eine besondere patriotische Gesinnung (»der Kirche *meines Vaterlandes* dienen«) überrascht, zumal in einem Schreiben an die Leitung der eigenen Kirche. Es war der Tribut, den ein Pazifist in Stöhrs Lage zu leisten hatte gegenüber dem allgemeinen Vorurteil, die Treue zum Vaterland sei bei seinesgleichen zunächst grundsätzlich in Zweifel zu ziehen bis zum ausdrücklichen Beweis des Gegenteils.
Ein beigefügtes Zeugnis über die letzte Tätigkeit bei der »Eiche« und beim Versöhnungsbund aus der Feder von Prof. Siegmund-Schultze sollte dem Gesuch den entsprechenden Nachdruck verleihen.[101] Nicht ohne Grund: Siegmund-Schultze war kein Unbekannter bei der preußischen obersten Kirchenbehörde. Und es gab kaum jemand in Deutschland, der am Zustandekommen der »Weltkonferenz für praktisches Christentum« in Stockholm im August 1925 aktiver beteiligt war als Siegmund-Schultze. Er war Vorsitzender des deutschen Vorbereitungskomitees für Stockholm gewesen und gehörte nun auch dem Stockholmer Fortsetzungsausschuß an, in dessen Umkreis Hermann Stöhr sich eine sinnvolle berufliche Betätigung erhoffte.
Der Gedanke lag durchaus nahe. »Die Eiche«, deren Geschäftsführer Stöhr in den zurückliegenden Jahren war, hatte die inhaltliche Vorbereitung für Stockholm in Deutschland übernommen. Das der Weltkirchenkonferenz gewidmete Heft 3/1925 mit Beiträgen von Adolf Schlatter, Adolf Deißmann, Adolf Jülicher, Adolf von Harnack, Friedrich Loofs und anderen, hatte beim verantwortlichen Organisator, dem Erzbischof von Uppsala, Nathan Söderblom, eine so starke Zustimmung gefunden, daß für alle Konferenzteilnehmer ein Sonderdruck in deutscher und englischer Sprache in Berlin angefordert worden war. Söderblom schrieb damals:

»Die Programmschrift, die Sie für Juli vorbereiten, übertrifft die kühnsten Erwartungen.«[102]

Auch Stöhrs persönliche Eignung für eine entsprechende Hilfstätigkeit stand außer Zweifel. Er beherrschte die englische und französische Sprache und war in die Materie der ökumenischen Bewegung bestens eingearbeitet, wie ihm Siegmund-Schultze bescheinigen konnte:

»Zu den Arbeiten, die er hier ausgeführt hat, gehören: Vorbereitung von Vorträgen und Konferenzen, Vertretung des Versöhnungsbundes bei anderen Vereinigungen, Berichterstattung auf Sitzungen und Tagungen, Führung des diesbezüglichen Briefwechsels mit inländischen und ausländischen Stellen, Übersetzungen aus dem Französischen und Englischen, Durchsicht englischer und amerikanischer Zeitschriften und sonstige Hilfsarbeiten für die Leitung der Geschäftsstelle.
Dr. Stöhr hat sich bei der Leistung aller dieser Arbeiten durch ein tiefes Interesse an

13. JAHRGANG/NR. 4 4. VIERTELJAHR 1925

DIE EICHE

VIERTELJAHRSSCHRIFT FÜR SOZIALE UND INTERNATIONALE ARBEITSGEMEINSCHAFT

In Verbindung mit zahlreichen Mitarbeitern
herausgegeben von

F. SIEGMUND-SCHULTZE

INHALTSVERZEICHNIS

CHR. KAISER / Verlag in München / Verlagsort Herrnhut

Nach der Stockholmer Konferenz widmeten sich die folgenden Nummern der Eiche ausführlich den Ergebnissen. (Bibliothek des Diakonischen Werks der EKD, Stuttgart)

allen internationalen Fragen, durch gute Kenntnisse auf nationalökonomischem und politischem Gebiet, durch Bereitwilligkeit zu den verschiedensten ihm aufgetragenen Arbeiten und durch Gefälligkeit in der Arbeit ausgezeichnet.«[103]

Trotzdem hatte Stöhr mit seiner Bewerbung keinen Erfolg. Am 9. März 1926 erhielt er vom Vorsitzenden des Deutschen Evang. Kirchenausschusses, Präsident Kapler, eine abschlägige Antwort:

»Ihre unter dem 17. Dezember v. J. an den Evangelischen Oberkirchenrat hierselbst gerichtetes und mir übersandtes Gesuch hat mir zu verschiedenen, leider vergeblichen Bemühungen Veranlassung gegeben. [. . .]«[104]

Auch der Versuch um Anstellung beim Internationalen Presse- und Austauschdienst des Evang. Presseverbandes schlug fehl. Es gibt Gründe, anzunehmen, daß in all diesen Fällen die Empfehlung durch Prof. Siegmund-Schultze für den Bewerber eher ein Nachteil als ein Vorteil war. Die Hintergründe, die zu dieser Vermutung Anlaß geben, bekommt man ein wenig in den Blick, wenn man bestimmten Vorgängen während und nach der Stockholmer Weltkirchenkonferenz näher nachgeht.

11. *Exkurs:* Die Wende nach der Stockholmer Weltkirchenkonferenz 1925

Hermann Stöhr konnte an der Stockholmer Weltkirchenkonferenz nicht teilnehmen; er interessierte sich jedoch lebhaft für deren Verlauf. Ausführlich beschrieb er in seinem Buch »Die christlichen Einigungsbewegungen« die Ergebnisse von Stockholm[105] und er kam auch noch bei anderen Gelegenheiten auf die beeindruckende Abschlußbotschaft zurück.[106] Stöhrs Wunsch, sich beruflich im Rahmen der Stockholmer Fortsetzungsarbeit zu betätigen, entsprang darum einer starken persönlichen Identifikation mit der »Bewegung für praktisches Christentum«.

Es gibt zwei Gründe, warum im folgenden Exkurs auf die Stellung der deutschen Kirchenvertreter zu Stockholm eingegangen wird:
1. An Vorgängen während und nach Stockholm, in die Siegmund-Schultze verwickelt war, läßt sich eine Verschärfung in der Friedensdiskussion im deutschen Protestantismus ablesen.
2. In diesem Zusammenhang begegnete Hermann Stöhr zum ersten Mal Schwierigkeiten in seinem beruflichen Fortkommen.

In Stockholm, wo Siegmund-Schultze auf einen Höhepunkt seiner bisherigen ökumenischen Bemühungen zurückblicken konnte, wurden die vorwärtsdrängenden, jüngeren Ökumeniker deutlich von der kirchlichen Reaktion eingeholt. Um der Versammlung ein entsprechendes Gewicht zu verleihen, wurden zum ersten Mal die Delegierten für eine weltweite Kirchenkonferenz von den offiziellen Kirchen selbst ernannt.[107] Besonders in der deutschen Gruppe fehlten darum einige der erfahrenen ökumenischen Experten, die ihren Platz ergrauten Kirchenführern einräumen mußten. So waren namhafte Theologen wie Adolf von Harnack, Rudolf Otto und Martin Rade nicht mitgereist. Siegmund-Schultze geißelte diesen Vorgang nachträglich in einer »kritischen Würdigung« in der von ihm herausgegebenen Zeitschrift »Die Eiche«, und damit in aller Öffentlichkeit:

»Über ein Drittel der Delegation bestand aus Kirchenpräsidenten, Landesbischöfen und Generalsuperintendenten. [. . .] Es waren lauter Generale ohne Adjutanten, Heerführer ohne Generalstäbler, Exzellenzen, die an entsprechender Stelle der geistigen und leiblichen Speisetafeln berücksichtigt werden mußten, Gestalten, die infolge jahrelanger Gewohnheit nur in den Mittelpunkt von Veranstaltungen passen, nicht aber in die Ecken oder an die Zäune.«[108]

Siegmund-Schultze muß tief verletzt gewesen sein – wie ließe sich sonst

Der Erzbischof von Uppsala, Nathan Söderblom, war Präsident der Stockholmer Konferenz und einer der führenden Vertreter der ökumenischen Friedensbewegung. Vergeblich hatte sich Hermann Stöhr bemüht, eine Tätigkeit im Zusammenhang der Folgearbeiten von Stockholm zu bekommen.
(Foto aus: Siegmund-Schultze, 1966, 2)

dieser bissige Ton erklären? Er war enttäuscht, daß die bisherige ökumenische Basisarbeit, in der er und andere sich jahrelang verzehrt hatten, von der offiziellen Kirche in Deutschland bei der Auswahl der Delegierten so wenig berücksichtigt worden war. Hinzu kam, daß die deutsche Arbeitsgruppe, seiner Meinung nach, ziemlich unvorbereitet nach Stockholm gereist war:

»Nachweislich hatten die meisten Mitglieder der deutschen Delegation nie vorher irgendeine Berührung mit ausländischen Kirchen gehabt. Den meisten war der Gebrauch auch nur einer fremden Sprache unbekannt. Irgendwelche nähere Kenntnisse des fremden Volkstums besaßen sie nicht. Vollends war ihnen Wesen und Bestand der anderen Kirchen terra incognita. Das brachte es mit sich, daß in fast allen Reden, die gehalten wurden, irgendwelche Worte oder Sätze enthalten waren, die bei ausländischen Delegierten Anstoß erregen mußten ohne daß die betreffende Stellungnahme für den deutschen Standpunkt von Wert gewesen wäre.«[109]

Hinter der bitteren Kritik verbargen sich wohl nicht nur die verletzten Gefühle einer Gruppe von ausgesprochenen Fachleuten in ökumenischen Begegnungen, sondern – wie meist in solchen Fällen – auch Richtungskämpfe.

Siegmund-Schultze sprach in der »Eiche« vom »Terrorismus einer nationalistischen Gruppe« innerhalb der deutschen Delegation, der er und andere ausgesetzt waren. Gemeint war eine Gruppe von deutschnationalen Parlamentariern, die sich von der mit viel Aufsehen verbundenen internationalen Konferenz politische Schützenhilfe versprochen hatten und zwar besonders mit der allgemeinen Verurteilung des im Versailler Friedensvertrag festgeschriebenen Alleinschuldvorwurfes gegen die Deutschen. Tatsächlich war man sich auch in diesem Punkt innerhalb der deutschen Delegation völlig einig. Der deutsche »Weltbund« hatte bei seiner letzten Jahresversammlung im September 1924 in Stuttgart eine mehr als eindeutige Resolution verfaßt, die mit Unterstützung des Auswärtigen Amtes sogar als Sonderheft der »Eiche« in alle Welt gegangen war und in Stockholm noch einmal jedem Delegierten in drei Sprachen auf dem Tisch lag. In ihr hieß es:

»3. Die christlichen Kirchen Deutschlands sind der einmütigen Überzeugung, daß die Beantwortung der Schuldfrage durch das Diktat politisch interessierter Mächtegruppen unrichtig ist. [. . .]

4. Die christlichen Kirchen Deutschlands stehen unter dem schmerzlichen Eindruck, daß die diktatorische Beantwortung der Schuldfrage noch immer die seelische Atmosphäre der Menschheit vergiftet, einem freundschaftlichen Zusammenarbeiten der Völker im Wege steht und insbesondere durch die moralische Ächtung eines großen Volkes auch die Einheitsbewegung der christlichen Kirchen lähmt.«[110]

In Stockholm sah die Sache freilich noch etwas anders aus: Erzbischof Söderblom hatte als Präsident der Konferenz angesichts der noch immer bestehenden unüberwindlichen Kontroverse zwischen Franzosen und Deutschen ausdrücklich um Ausklammerung des Themas gebeten. So kam es nicht zu der von den Deutschen erwünschten Erklärung. Der verdrängte Streit kam jedoch an anderer Stelle, beim Stichwort »Anerkennung des Völkerbunds«, voll zum Austrag. Denn in dieser Frage war sich die deutsche Gruppe nicht einig.

Siegmund-Schultze sollte auf ausdrücklichen Wunsch seines Freundes Söderblom in Stockholm ein Referat zum Thema »Kirche und Frieden« halten,[111] in dem er entschieden für den Völkerbund eintreten wollte. Der Vortrag fand jedoch nie statt. Noch vor Siegmund-Schultze hatte der rheinische Generalsuperintendent Klingemann, Mitglied der rechtsgerichteten DNVP-Landtagsfraktion in Düsseldorf, sich in einem aufsehenerregenden Beitrag entschieden gegen die Bejahung des Völkerbunds durch die Konferenz ausgesprochen:

»Ich bin außerstande, in der gegenwärtigen Gestalt des Völkerbundes irgendeine religiöse Kraft, irgendeine innere Verbindung mit dem Reich Gottes zu erkennen. Für uns ist zur Zeit der Völkerbund der Wächter und Bürge eines Zustandes, der für uns unerträglich ist.«[112]

Klingemann und seine Freunde – und zu ihnen zählte auch der Präsident des preußischen Oberkirchenrats Kapler – sahen im Völkerbund nichts anderes als ein Instrument der Siegermächte, unfähig, das aus dem »Diktat« resultierende fortwährende Unrecht gegen die Deutschen zu beseitigen.

Siegmund-Schultze befand sich nun in einer schwierigen Lage. Hielt er jetzt noch sein Referat, riskierte er die vorzeitige Abreise der deutschen Delegation und damit möglicherweise den Abbruch der ganzen Konferenz. Bengt Sundkler beschrieb den dramatischen Vorgang später so:

»Mitglieder der deutschen Delegation, besorgt über die Wirkung von Siegmund-Schultzes bekannter pazifistischer Haltung, drohten die Konferenz zu verlassen, wenn ihr radikaler Landsmann sprechen sollte. Siegmund-Schultze ging zu Söderblom und eröffnete ihm, er habe seine Entscheidung getroffen: ›Ich halte meine Rede nicht.‹ Söderblom umarmte ihn und sagte: ›Sie haben die Konferenz gerettet.‹«[113]

Und Nathan Söderblom schrieb im September 1925 im Rückblick auf Stockholm an seinen Freund in Deutschland:

»Niemand hat, menschlich gesehen, für die soeben abgeschlossene Weltkonferenz mehr geleistet als Sie. Es war eine Enttäuschung, daß Sie Ihren Vortrag nicht gehalten haben. Aber ich habe Ihre Gründe gut verstanden, und ich glaube, daß Sie richtig gehandelt haben.«[114]

Gleiche Anerkennung konnte Siegmund-Schultze freilich in Deutschland für seinen selbstlosen Schritt nicht erwarten. Im Gegenteil, mit der unglücklichen Nachlese zu Stockholm in der »Eiche« hatte er die Spitze der evangelischen Kirchen in Deutschland, den Deutschen Evangelischen Kirchenausschuß (DEKA), erst recht gegen sich aufgebracht. In der DEKA-Sitzung vom 4./5. März 1926 stand denn auch der »Fall Siegmund Schultze« auf der Tagesordnung.[115] Es fielen harte Worte. Man sprach von »Vertrauensbruch«, »Disziplinlosigkeit« und »Verhöhnung«. Ein Schweigen des DEKA erscheine nicht mehr gerechtfertigt. Die Vertretung aller evangelischen Kirchen in Deutschland ließ darum eine Gegendarstellung veröffentlichen und stellte die Weichen gegenüber Siegmund-Schultze neu: In derselben Sitzung wurde eine von Siegmund-Schultze schon länger beantragte Unterstützung der Zeitschrift »Die Eiche« ohne lange Begründung abgelehnt. Der Kirchenbund wollte in Zukunft sein Interesse stärker auf eine neu in Genf erscheinende ökumenische Zeitschrift mit dem Namen »Stockholm« konzentrieren.[116]

Vier Tage später schrieb Präsident Kapler in seiner Eigenschaft als Präsident des DEKA den schon zitierten Brief an Hermann Stöhr mit der Absage für eine Tätigkeit im Zusammenhang des Fortsetzungsausschusses der Stockholmer Bewegung.[117] Das recht knapp gehaltene Protokoll des DEKA vom 4./5. März 1926 enthält zwar keine Notiz über eine diesbezügliche Beratung. Es ist jedoch nicht auszuschließen, daß neben dem Fall Siegmund-Schultze auch der »Fall Stöhr« zur Sprache kam. Jedenfalls kann man sich vorstellen, daß Siegmund-Schultzes Empfehlungsschreiben für Hermann Stöhr beim DEKA-Vorsitzenden Kapler keinen besonders positiven Eindruck mehr gemacht hat.

Die Lehre, die Siegmund-Schultze und seine Freunde für ihre weitere ökumenische Arbeit in Deutschland aus den Erfahrungen im Umfeld der »Ersten Weltkirchenkonferenz für praktisches Christentum« ziehen konnten, läßt sich in zwei Punkten zusammenfassen:

1. Der ökumenische Gedanke hatte jetzt endgültig auch die deutsche kirchliche Öffentlichkeit erreicht.

In einem Rückblick in der »Eiche« stellte Siegmund-Schultze mit deutlicher Befriedigung fest:

»Trotz aller Kritik muß gelten: Stockholm bedeutet einen ungeheuren Schritt vorwärts im Einigungswerk. Was bis dahin eine Sache der Einsamen, dann der kleinen Gruppen, erst neuerdings der größeren Vereinigungen war, ist nun Sache der offiziellen Kirchen geworden.«[118]

2. Je mehr die offizielle Kirche sich die Sache der Weltkirchenkonferenz zu eigen machte, um so mehr schwanden die Chancen auf Einfluß für Männer und Frauen[119] mit pazifistischen Vorstellungen, wie sie Siegmund-Schultze und Stöhr vertraten. Die Stockholmer Schlußbotschaft blieb darum in dieser Hinsicht doch sehr blaß:

»Wir bitten die Kirchen, mit uns ein Gefühl zu haben für die Schrecken des Krieges, wie auch für seine Unzulänglichkeit für die wirkliche Lösung internationaler Streitfragen, und dafür zu beten und zu arbeiten, daß unter dem Szepter des Friedefürsten ›Güte und Treue einander begegnen, Gerechtigkeit und Friede sich küssen.‹«[120]

Der kurmärkische Generalsuperintendent Otto Dibelius, selbst Mitglied der deutschen Delegation in Stockholm, schrieb 1930 durchaus treffend in einem Rückblick auf die Weltkirchenkonferenz: »Es war noch nicht die Stunde, die Frage nach Krieg und Frieden kirchlich und christlich zu diskutieren.«[121]

12. Im Dienst der Inneren Mission

Von April 1926 bis Ende Dezember 1928 war Hermann Stöhr als wissenschaftlicher Hilfsarbeiter beim Centralausschuß für die Innere Mission in Berlin tätig. Die Empfehlung kam vom Präsidenten der deutschen Weltbundvereinigung, Friedrich Albert Spieker, der viele Jahre auch Präsident und jetzt Ehrenpräsident des CA war.[122]

Stöhr bekam eine Aufgabe in der von Johannes Steinweg geleiteten Abteilung Wohlfahrtspflege im Centralausschuß übertragen. Nach dem Krieg erinnerte sich Steinweg an den früheren Mitarbeiter Stöhr:

»Er war ein ausgesprochener Pazifist und im Versöhnungsbund tätig. Da er aber zum Leben mehr Geld verdienen mußte, als er dort bekam, meldete er sich bei mir, und ich habe ihn auch eingestellt. Er war ein etwas eigenartiger Mensch und gewann leider keinen Kontakt zu den anderen Mitarbeitern der Wohlfahrtsabteilung. Um ihn zu beschäftigen, gab ich ihm die Aufgabe, eine Schrift über die Fürsorgegesetzgebung der europäischen Staaten zu verfassen, die in der Schriftenreihe »Der Evangelische Wohlfahrtsdienst« erschienen ist. Zwar teilte ich seine politischen Anschauungen nicht, aber wir standen trotzdem in einem freundlichen Verhältnis zueinander. Er brauchte viel menschliches Verständnis. Nach einigen Jahren ist er wieder aus dem CA ausgeschieden. [. . .] In den dreißiger Jahren hat ihn dann ein national-sozialistisches Kriegsgericht zum Tode verurteilt, [. . .] weil er den Waffendienst konsequent ablehnte. Ich habe stets sehr große Achtung vor ihm gehabt.«[123]

Die Sonderaufgabe, die Stöhr in der Zentrale der Inneren Mission bekam, war für beide Teile ein Glücksfall.

Der CA der Inneren Mission war damals noch ein kleines, überschaubares Büro im Reichensteiner Weg in Berlin-Dahlem.[124] Mit dem Gespür für die besonderen Fähigkeiten eines Einzelgängers hatte Johannes Steinweg Hermann Stöhr einen für ihn interessanten Auftrag verschafft. Umgekehrt hat Hermann Stöhr sicher auch die an ihn gestellten Erwartungen zur Zufriedenheit erfüllt.

In den zwei Jahren wissenschaftlicher Arbeit beim CA trug Stöhr mit einem Bienenfleiß für dreizehn europäische Staaten die gesetzlichen Regelungen für die Jugendwohlfahrtspflege, für die Armenpflege, für die Sozialversicherung, für die Kriegsopferfürsorge und für die Sozialhygiene (Prostitution und Alkoholismus) zusammen. Die von Steinweg abschließend herausgegebene 100seitige Publikation nennt im Literaturverzeichnis nicht weniger als 502 Titel, nicht selten fremdsprachige.[125]

Der Auftrag war keine Verlegenheitsarbeit, sondern entsprach einem drin-

Der Evangelische Wohlfahrtsdienst

Herausgegeben von D. J. Steinweg

Direktor im Central-Ausschuß für Innere Mission

Heft 16

Die Wohlfahrtsgesetzgebung in den außerdeutschen Staaten Europas

von

Hermann Stöhr

Doktor der Staatswissenschaften

Wichern-Verlag G. m. b. H. / Berlin-Dahlem

genden Bedürfnis. Auch auf dem Gebiet der Inneren Mission und der Diakonie drängten Kräfte zu ökumenischen Begegnungen. 1922 war in Kopenhagen eine »Europäische Zentralstelle für kirchliche Hilfsaktionen« beschlossen worden. Die Leitung wurde dem Schweizer Adolf Keller übertragen, der gleichzeitig dem Forschungsinstitut der Stockholmer Bewegung in Genf vorstand. Ein Jahr später kam es in Wittenberg zum Zusammenschluß aller protestantischen diakonischen Verbände auf dem europäischen Kontinent im »Internationalen Verband für Innere Mission und Diakonie«. Dessen Geschäftsführung lag beim Centralausschuß für Innere Mission in Berlin-Dahlem.[126] Schon bei den ersten Zusammenkünften auf internationaler Ebene hatte sich herausgestellt, daß das fachliche Gespräch unter den Verbandsvertretern verschiedener Länder kaum möglich war, solange man nicht voneinander die im jeweiligen Land gültige Wohlfahrtsgesetzgebung kannte. Dem sollte mit einer vergleichenden Übersicht Abhilfe geschaffen werden.

Diakonie als Friedensarbeit

Hermann Stöhr hat auch diesen Forschungsauftrag in der für ihn typischen Grundhaltung als Teil seiner Friedensarbeit verstanden. Seinem Selbstverständnis nach hatte er nur die Arbeitsstelle, nicht auch das Arbeitsfeld gewechselt. Ein Großteil der Not, mit der es die Wohlfahrtsverbände in Europa zu tun hatten, das zeigten ihm seine Studien, war eine unmittelbare Folge des katastrophalen Krieges. Die Orientierung der kirchlichen Werke der Nächstenliebe über die nationalstaatlichen Grenzen hinaus war in ähnlicher Weise ein Schritt in Richtung Frieden wie die auf dem Boden der S.A.G. betriebene Arbeit des Internationalen Versöhnungsbundes. Mit Bedacht zitierte Stöhr in der ein Jahr später geschriebenen Geschichte der christlichen Einigungsbewegungen im Kapitel »Innere Mission« die Schlußkundgebung des ersten Kontinentalen Kongresses des »Internationalen Verbandes für Innere Mission und Diakonie« in Amsterdam 1926. Präsident Prof. Reinhold Seeberg hatte ausgeführt:

> »Wir haben hier ein großes Friedenswerk anfangen können, das auch in der Zukunft sich weiter entwickeln möge. Ein Friedenswerk gemeinsamer Liebe.«[127]

Eine weitere Aufgabe, die Stöhr während seiner Tätigkeit bei der Inneren Mission übernehmen konnte, war die Geschäftsführung für die Nachschulungskurse für Wohlfahrtspfleger an der Wohlfahrtsschule des Johannesstifts in Spandau. In diesen, seit September 1928 stattfindenden Kursen konnten Berufsarbeiter der Inneren Mission und des kirchlichen Gemeindedienstes in einem halbjährigen Vollzeit-Nachschulungskurs mit abschlie-

ßender Prüfung die staatliche Anerkennung als Wohlfahrtspfleger erhalten. Nach den Kurslehrplänen führte Stöhr nicht nur die Geschäfte, sondern er war auch Dozent für das Fach »Einführung in die Rechtswissenschaft und in die Reichsverfassung«.[128]
Stöhr verdiente bei der Inneren Mission monatlich 300 Mark, was etwa dem Gehalt eines Verwaltungsinspektors oder Reallehrers entsprach. Hinzu kamen noch Honorare aus der Tätigkeit im Johannesstift.[129] Es war für Stöhr das höchste Einkommen, das er je erreicht hat. Die Arbeit bei der Inneren Mission war zugleich seine letzte regelmäßige Beschäftigung.
Nach zwei Jahren »ist er wieder aus dem CA ausgeschieden«, schreibt Johannes Steinweg in seinen Lebenserinnerungen über Stöhr sehr zurückhaltend.[130] Wir haben Grund anzunehmen, daß bei der Beendigung des Arbeitsverhältnisses politische Gründe eine Rolle gespielt haben. Pazifist zu sein, kostete seinen Preis.[131]

13. Im Streit für eine Aussöhnung mit Polen

In den Jahren seiner Tätigkeit beim Centralausschuß für die Innere Mission in Berlin war Hermann Stöhr nebenbei auch noch journalistisch tätig. Er schrieb Beiträge für kirchlich-theologische Zeitschriften und Gemeindeblätter.

Ein Thema beschäftigte ihn besonders: Die Aussöhnung mit Polen und die Klärung der deutsch-polnischen Kirchenbeziehungen.[132] Um sich darüber ein genaues Bild zu machen, reiste Stöhr im Sommer 1928, ohne besonderen Auftrag, während der Ferien einen Monat lang durch Polen und besuchte evangelische, ehemals deutsche Gemeinden.[133] Da er mit festen Vorstellungen kam und der von ihm anschließend entworfene, sehr kritische Bericht »Zur Lage der Evangelischen in Polen« von einer ganzen Reihe von Blättern in Deutschland übernommen wurde, kam es zu einer heftigen, teils auch öffentlich ausgetragenen Kontroverse.

Mit der Abtretung der Provinzen Posen und Westpreußen an den wieder neu entstehenden polnischen Staat war der deutsch-polnische Konflikt nicht beendet worden; vielmehr wurde er jetzt mit umgekehrtem Vorzeichen fortgesetzt. Die Auseinandersetzungen zwischen Deutschen und Polen waren eng verbunden mit dem uralten Gegensatz von preußisch-deutschem Protestantismus und nationalpolnisch-orientiertem Katholizismus. Hatte 150 Jahre lang der preußische Staat die ihm in den polnischen Teilungen von 1772 und 1793 zugefallenen, ehemals polnischen Gebiete nicht nur preußischer Verwaltung und preußischem Recht unterworfen, sondern sie auch systematisch germanisiert, so drohte jetzt das Umgekehrte in Gestalt einer kulturellen Repolonisierung.[134]

Protestantische Kirchen in Polen

1918 lebten im neuen Staatsgebiet von Polen etwa zwei Millionen Protestanten, die fast ausschließlich deutsch sprachen.[135] 1921 zählte man nach Ausweisung und Abwanderung noch die Hälfte. Die evangelischen Christen Polens teilten sich deutlich in zwei Lager. Obwohl die Situation einer konfessionellen Minderheit (Gesamtbevölkerung Polens 1921: 27 Millionen) ein Zusammengehen der sechs protestantischen Einzelkirchen nahegelegt hätte, dauerte es Jahre, bis eine zwischenkirchliche Zusammenarbeit möglich war.[136] Das Trennende lag auf politischer Ebene:

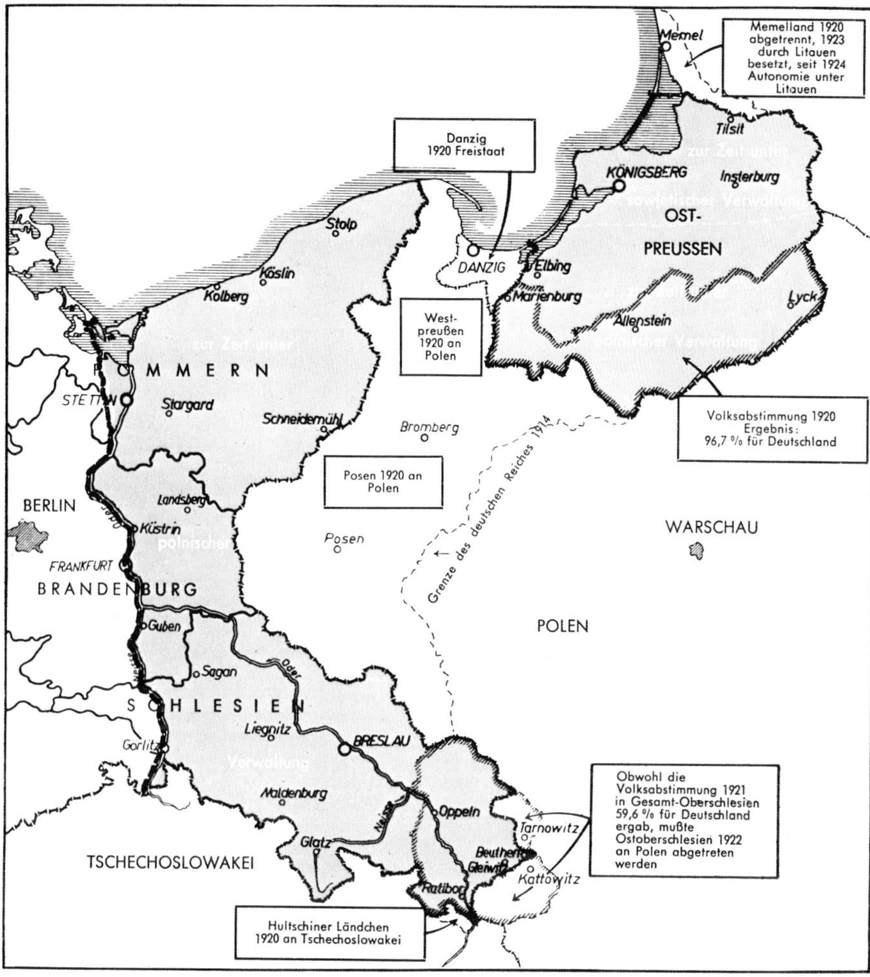

Ehemals deutsche Reichsgebiete östlich der Oder-Neiße-Linie nach dem Ersten und nach dem Zweiten Weltkrieg (Stand 1945).
Hermann Stöhr war schon 1929 der Meinung: »Ungesühnt ist der große deutsche Schuldanteil an den vier Teilungen Polens.« Und: »Weil wir Deutschen diese unvergebene Schuld mit uns herumtragen, haben wir während des vergangenen Jahrhunderts nicht in ein rechtes Verhältnis zu unsern östlichen Nachbarn kommen können.«
(Karte: Verlag Vandenhoeck & Ruprecht, Göttingen)

Die *»Unierte evangelische Kirche in Polen«,* ein Zusammenschluß der jetzt in Polen liegenden Gemeinden der Provinzen der Evang. Kirche der Altpreußischen Union in Westpreußen, Ostpreußen und Mittelschlesien, vertrat den Standpunkt, eine Änderung der Staatsgrenzen dürfte nicht auch die Änderung der Kirchengrenzen nach sich ziehen. Dies war ein absolutes Novum im Bereich deutscher evangelischer Landeskirchen, die jahrhundertelang vom »landesherrlichen Kirchenregiment« geprägt worden waren. Die unter der Führung von Generalsuperintendent *Paul Blau* stehende Kirche kämpfte darum um den Erhalt deutschsprachiger evangelischer Gemeinden und deutscher evangelischer Schulen. Sie richtete 1921 in Posen ein deutsches Predigerseminar und eine eigene theologische Schule ein, um von den kirchlichen Ausbildungsstätten in Warschau unabhängig zu sein; und sie suchte die Verbindung mit der deutschen Mutterkirche so eng wie möglich aufrechtzuerhalten.
Im Gegensatz dazu waren die in der *»Evangelisch-Augsburgischen Kirche in der Republik Polen«* zusammengeschlossenen Protestanten der Auffassung, daß sie ihren Missionsauftrag und ihre politische Verantwortung in Polen auf Dauer nur erfüllen könnten, wenn das Evangelium in polnischer Sprache verkündet würde. Ihr geistiger Führer, Generalsuperintendent *Julius Bursche,* hatte schon im Februar 1919 als Sachverständiger der Regierung auf der Friedenskonferenz in Paris die Forderung nach einer unabhängigen polnisch-evangelischen Kirche, frei von deutschen politischen Einflüssen, erhoben.[137]
In diesen, auf beiden Seiten mit stark nationalistischen Gefühlen ausgetragenen Streit, suchte schon sehr früh der Weltbund für internationale Freundschaftsarbeit der Kirchen helfend einzugreifen.[138] 1921 fand in Uppsala unter Leitung des schwedischen Erzbischofs Nathan Söderblom eine internationale kirchliche Konferenz zur Klärung der anstehenden Probleme statt, an der Blau und Bursche, die Exponenten beider Lager, beteiligt waren. Zwei Jahre später kam es zur Bildung einer Landesvereinigung des Weltbundes in Polen, aus der 1926 in Wilna der *»Rat der Evangelischen Kirchen in Polen«* hervorging, einem lockeren Zusammenschluß aller Evangelischen in Polen.
Es lag darum nahe, daß ein im Weltbund und im Versöhnungsbund Engagierter wie Hermann Stöhr sich für diesen höchst explosiven Krisenherd aus kirchlicher Sicht interessierte.

Die Polenberichte

Stöhrs Aufsätze über Polen zeichneten sich durch eine Mischung von Sachbericht und leidenschaftlicher Parteinahme aus. So konnte Stöhr wie viele

Berichterstatter damals auch vom großen Aderlaß für das Deutschtum im Osten erzählen. In der Stadt Posen zum Beispiel ging der Anteil der Deutschen in wenigen Jahren von 60 000 – der Hälfte der Einwohner – auf 6000 zurück. Die Zahl der deutschen Schulkinder reduzierte sich durch die Abwanderung vor allem der jungen Deutschen (sie wollten keinen polnischen Militärdienst leisten) so stark, daß vielerorts die für die Einrichtung einer deutschsprachigen Schule erforderliche Zahl von 40 Kindern nicht mehr erreicht wurde. »Man muß sich diese Verhältnisse einmal gehörig vergegenwärtigen«, so schrieb Stöhr im weitverbreiteten liberalen Kirchenblatt »Die Christliche Welt«, »um daran zu ermessen, was es heißt, in einer solchen Lage das Deutschtum zu bekennen und, nachdem es Jahrzehnte hindurch die Polen waren, die unter einer ungerechten Behandlung durch die Deutschen zu leiden hatten, jetzt deren Erbschaft anzutreten.«[139]
Trotz dieser, die Leidenssituation der Protestanten in Polen anerkennenden Lagebeurteilung konnte freilich kein Leser im Zweifel sein, daß Stöhr alles andere im Sinn hatte als den unter den Deutschen verbreiteten Revanchismus noch zu verstärken. Vielmehr kritisierte er seine ehemaligen Landsleute:

»Einzelne Deutsche in Posen glauben, ein bei ihnen entstehendes Minderwertigkeitsgefühl dadurch ausbalancieren zu müssen, daß sie sich fortgesetzt in liebloser Kritik am polnischen Staat ergehen. Daß sich seit 1918 die neuen Machthaber auch zu vielen Ungerechtigkeiten gegenüber den Deutschen hinreißen lassen, ist der traurige, wenn auch erklärbare Tatbestand. Tiefer ist es jedoch zu beklagen, wenn evangelische Deutsche aus diesem Tatbestand nichts Besseres zu machen verstehen, als gegen diese ›häßlichen‹ Polen Klage- und Kampflieder anzustimmen.«[140]

Im Halleschen Gemeindeblatt »Mut und Kraft« schreibt Hermann Stöhr um dieselbe Zeit:

»Zu unseren östlichen Nachbarn haben wir weithin noch kein rechtes Verhältnis gewonnen. Das kommt zu einem großen Teil daher, daß viele Zeitungen in ihrer Berichterstattung das Sensationelle und Schlechte, Räubergeschichten, Vertreibungen und andere Bosheiten polnischer Kreise bevorzugen und uns so den Blick verdunkelt haben. Nur wenige Zeitungen und Deutsche wagen es, mit evangelischer Einstellung nach Osten zu blicken und ein Interesse an der Sache des Evangeliums zu nehmen.«[141]

Der Pressestreit

Ob Hermann Stöhr es so empfunden hat oder nicht, ist schwer zu sagen: seine Polenartikel wirkten auf die Betroffenen nicht nur provozierend, sondern auch verletzend. Es setzte eine richtige Pressekampagne gegen ihn ein.

Als erster meldete sich Pfarrer Richard Kammel, verantwortlicher Herausgeber und Reakteur des Posener Evangelischen Kirchenblatts und Geschäftsführer des Luther-Verlags, zu Wort. Er bekleidete seit 1921 gleichzeitig das einflußreiche Amt des Leiters des Evang. Landesverbandes für Innere Mission in Posen. Kammel ging zunächst den »kleinen Dienstweg«. Noch ehe der erste Artikel Stöhrs überhaupt erschienen war, suchte der in Kirchenpolitik nicht unerfahrene Mann das in seinen Augen drohende Unheil dadurch abzuwenden, daß er sich direkt an Stöhrs Vorgesetzten in Berlin, Direktor Steinweg, wandte. Ihm sei Stöhrs »unverbesserlicher Pazifismus« schon von früheren Begegnungen her bekannt, so schrieb Kammel. Da nun Stöhr bei seinem Besuch in Polen sich stets auch auf den Central-Ausschuß für Innere Mission berufen habe, müsse er »noch mehr Schaden befürchten, wenn etwa Herr Stöhr seine Eindrücke irgendwie veröffentlichen würde.« Kammel machte dann seinem Kollegen in der Zentrale der Inneren Mission einen für einen seriösen Journalisten (Kammel war auch noch Geschäftsführer des Evangelischen Preßverbands in Polen) nicht gerade üblichen Vorschlag. Er bat Steinweg, als Dienstvorgesetzter dafür zu sorgen, »daß Dr. Stöhr über seine Reise nichts veröffentlicht, was Sie nicht gelesen haben, oder von dem Sie sich nicht vergewissert haben, daß es unserer deutschen evangelischen Sache in Polen keinen Schaden bereitet.«[142]

Stöhr wurde von Steinweg zur Rede gestellt; er dachte jedoch nicht daran, die von ihm geschriebenen Artikel nicht zu veröffentlichen oder zu verändern. Sie erschienen. Darum suchte Kammel Mitte September 1928 direkt mit Stöhr das Gespräch:

»Ich kann durchaus nicht zustimmen, daß jeder Reichsdeutsche, der einen Sommermonat in Polen zubringt, die Pflicht habe, seine wesentlichen Beobachtungen öffentlich mitzuteilen; am allerwenigsten, wenn dieser Reichsdeutsche mit derartigen vorgefaßten Meinungen über ›die höheren Ziele und Aufgaben, zu dem das Deutschtum in Polen berufen ist‹, hier herkommt.« Den Hauptmangel in Stöhrs Ausführungen sah Kammel »nicht so sehr in dem was Sie sagen, als viel mehr in dem, was Sie nicht sagen. Sie verschweigen so gut wie all unsere Not und das Unrecht, das unserer evangelischen Kirche angetan wird. Von Internierungen, Ausweisungen, Liquidationen und sonstigen Verdrängungen, um von vielem andern zu schweigen, schreiben Sie kein Wort und darum müssen wir gegen das falsche Bild, das Sie zeichnen, Einspruch erheben.«[143]

In einem Antwortschreiben versuchte Stöhr zu klären, daß er sich um eine sachliche Darstellung der Gegenwartssituation in Polen bemüht habe und es ihm nicht um eine Aufrechnung der Vergangenheit gegangen sei; keineswegs lasse ihn – wie Kammel behauptete – die Lage der deutschen Schulen kalt und kühl. Das Gespräch war abgebrochen. Kammel an Stöhr am 4. Oktober:

»Der Ton Ihres Briefes macht es mir unmöglich, mich auf einen weiteren Briefwechsel mit Ihnen einzulassen. Ich werde die Angelegenheit jetzt öffentlich in der Presse behandeln.«[144]

Ohne daß Stöhr je Gelegenheit bekam, einen eigenen Beitrag oder auch nur eine Erwiderung zu veröffentlichen, besprach Kammel in dem von ihm verantworteten Posener Kirchenblatt in mehreren Beiträgen den Fall des »Reichsdeutschen« Stöhr, der »im Kampf für unsere deutsche Sprache und unseren evangelischen Glauben [. . .] einen Dolchstoß aus der sicheren Etappe« geführt hatte.[145]
Zu allem Überfluß wurde Kammel auch noch recht persönlich:

»Dr. Stöhr ist seines Zeichens Nationalökonom und wird beim Central-Ausschuß für Innere Mission beschäftigt. Seine Auffassungen werden in keiner Weise von dem Central-Ausschuß für Innere Mission geteilt, bei dem wir immer sehr viel Verständnis für unsere Lage gefunden haben. Immerhin hat die Berufung auf den Centralausschuß Dr. Stöhr viele Türen geöffnet bei seiner Reise durch die verschiedenen Kirchengebiete Polens.«[146]

Kammel war nicht allein. Er fand einen Bundesgenossen in Superintendent Ludolf Müller in Heiligenstadt, der 1921 von den Polen als mißliebiger Deutscher aus Schönsee in Westpreußen ausgewiesen worden war. Er nahm zu dem in »Mut und Kraft« veröffentlichten Polenbericht Stöhrs streitbar Stellung: »Um unserer schwer ringenden evangelischen Brüder in Polen willen« dürfe Stöhrs Beitrag nicht unwidersprochen bleiben. Seine tendenziösen Nachrichten über die evangelische Lage in Polen seien ein Schulbeispiel für »die Unart jenes deutschen Pazifismus [. . .], der unter der Maske evangelischer Unvoreingenommenheit immer dem eigenen Lande und den eigenen Volksgenossen Unrecht gibt.« Müller sprach Stöhr die Kompetenz ab, aufgrund einer Reise von wenigen Wochen durch Polen jetzt Ratschläge von außen erteilen zu wollen. Er sei ein Opfer der Gespräche mit der Warschauer Kirchenleitung und den führenden Männern im polnischen Westmarkenverein geworden, die »ihre kirchliche Führerstellung dazu benutzen, die ihnen anvertraute Kirche zu einem Instrument der Polonisierung von 500 000 deutschen Kolonisten zu machen«.[147]
Andrerseits bekam Stöhr auch Unterstützung. So ergriff der Herausgeber von »Mut und Kraft«, Pfarrer Fritz Holtz, ausdrücklich für ihn Partei:

»Es ist wohl in einer solchen Auseinandersetzung nicht nötig, einen den Gegner persönlich herabsetzenden Ton anzuschlagen, wie es in der vorstehenden Zuschrift [sc. von Superint. Müller] geschieht. ›Pazifismus‹ – da haben wir es, das herrliche moderne Schimpfwort!«[148]

Und Martin Rade, der Schriftleiter der »Christlichen Welt«, schrieb im März 1930 im Rückblick auf die Presseauseinandersetzung mit Bezug auf Stöhrs Beitrag:

»Wir hätten ihn nicht aufnehmen sollen. Noch nicht. So nicht. [. . .] Ein Teil unsrer Deutschen im Posenschen hat sich dadurch verkannt und beschwert gefühlt. Und obwohl wir den Bericht noch eben wertvoll finden, weil eine Seite der Situation beleuchtend, bedauern wir heute doch ihn aufgenommen zu haben. Denn beschwert fühlten sich davon [. . .] Einheimische, die als gute Deutsche und gute Evangelische Tag und Nacht unter schwerem Druck ihren Mann stehen und die etwaigen Vorwürfe, die jener Artikel enthielt, nicht verdient haben.«

Nachdem Rade noch einmal beteuerte, daß niemand Stöhr die grundchristliche Gesinnung aberkennen dürfe, ging er kritisch auf eine der Leserzuschriften ein. Ein evangelischer Pfarrer habe es einen Unsinn genannt,

»›daß Deutsche und Polen sich jemals würden vertragen können‹. Dafür habe ich als Christ« – so Rade – »keinen Pardon. Schwer mag es sein. Erleben werde ich es nicht. Aber soll man auch sonst nicht schnell sagen: ›niemals‹, so als Christ jedenfalls kein solches Niemals. Der Schreiber des Briefes beruft sich auf die Geschichte. Ach wie oft haben ›Erbfeinde‹ sich vertragen gelernt!«[149]

Der Streit um Schuld und Versöhnung

Im Kern ging es in der ganzen Auseinandersetzung zwischen Stöhr und seinen Widersachern um die für die Kirche wie für den Staat zentrale Frage, wie Angehörige der immer noch feindlich sich gegenüberstehenden Völker – in diesem Fall Polen und Deutsche – mit der sie aus der Vergangenheit belastenden Schuld umgehen und zu einem neuen Anfang finden konnten. Kenntnisreich hatte darum Hermann Stöhr in einem Beitrag für die »Christliche Welt« an die Botschaft der »Weltkonferenz für praktisches Christentum« erinnert. Wie weit war diese – so wollte er vier Jahre nach der großen Stockholmer Konferenz wissen – für die Beteiligten noch verbindlich? Es waren doch beide Seiten des polnischen Protestantismus durch ihre Hauptkontrahenten, die Generalsuperintendenten Bursche und Blau, in Stockholm vertreten gewesen. Hatten nicht beide die »Botschaft an die Christenheit« mitgesprochen, die Stöhr wörtlich zitiert: »Wir bekennen vor Gott und vor der Welt die Sünden und Versäumnisse, deren die Kirche sich durch Mangel an Liebe und mitfühlendem Verständnis schuldig gemacht hat.«?[150]

Hartnäckig, fast zynisch, wies Pfarrer Kammel in seiner Erwiderung im Posener Evangelischen Kirchenblatt die Forderung nach einem öffentlichen Schuldbekenntnis für die Opfer der Sieger ab:

»In das Gebets- und Bußkämmerlein gehören auch die Schuldfrage und das Schuldbekenntnis, das Dr. Stöhr für die deutsche Schuld von den Teilungen Polens an bis 1918 in seinen Veröffentlichungen immer wieder fordert. Die Polenpolitik ist in Berlin und nicht in Posen gemacht worden, gerade wir hier waren mit dieser Zick-

zackpolitik nie einverstanden. Schließlich können wir ja die Weltgeschichte weiter rückwärts revidieren, was das alte Polen seit der Zeit der Gegenreformation den evangelischen Deutschen bis zum Thorner Blutbad angetan hat. Ist das alles auch noch ungesühnte Schuld nach Dr. Stöhr?
Mit unserer Schuld wollen wir in die Stille gehen und an unsere Brust schlagen wie der Zöllner, der von ferne stand, und nicht auf die Straßen und Gassen uns dabei stellen. Noch weniger brauchen wir Dr. Stöhr als Beichtvater, der sich berufen fühlt, gerade uns Deutschen in Polen Buße zu predigen. Wir wollen unsere Schuld und unser Recht vor Gott selbst vertreten.«[151]

Nicht anders argumentierte Superintendent Ludolf Müller im Halleschen Gemeindeblatt »Mut und Kraft«:

»Er [sc. Stöhr] hat in der Geschichte etwas von den Teilungen Polens gehört, und noch heute legt sich diese deutsche Schuld ihm als evangelisch Denkenden schwer auf das Gewissen. Man kann darüber auch anders denken. Hätte sich Preußen nicht an der Teilung des an innerer Fäulnis zugrunde gehenden Polen beteiligt, dann wäre ganz Polen dem Moskowitertum zum Opfer gefallen, und in Posen und Westpreußen sähe es aus, wie jetzt noch jenseits der ehemaligen russischen Grenze.«

Ehe die Hand zur Versöhnung zwischen Christen in Polen gereicht werden könne, so Müller, gebe es

»heute für die evangelischen Deutschen in Polen nur eine Aufgabe, das ist die Pflicht der Selbstbehauptung um jeden Preis, der Selbstbehauptung in Volk, Amt und Kirche. Erst wenn um dieses Recht der Selbstbehauptung nicht mehr gestritten zu werden braucht, dann wird die Zeit gekommen sein, wo die Deutschen die ihnen von Gott gegebenen besonderen Gaben freudig auch in den Dienst des polnischen Staates und der polnischen Kultur stellen werden. Bis dahin aber sollten unberufene Ratgeber, besonders solche, die die Dinge doch gar zu oberflächlich kennen, besser schweigen. Denn sie schaden mehr, als sie nützen.«[152]

Stöhrs Antwort auf diese Angriffe liest sich wie eine Vorwegnahme von Thesen aus der evangelischen Denkschrift »Die Lage der Vertriebenen und das Verhältnis des deutschen Volkes zu seinen östlichen Nachbarn« (1975), die nach dem Zweiten Weltkrieg zum lösenden Wort zur Versöhnung von Deutschen und Polen geworden ist.[153] In »Mut und Kraft« schrieb Stöhr:

»Wenn die evangelischen Deutschen vorerst lediglich die Pflicht der Selbstbehauptung um jeden Preis kennen sollten, so verfällt ihr Volkstum und ihre Kirche notwendig einer Gruppenselbstsucht. Wer unfruchtbar nur um sich selbst und seine eigene Not kreist, dem ruft Jesus zu: Wer sein Leben erhalten will, der wird es verlieren. [. . .]
Die ersten Christen, die mehr als andere Generationen das Evangelium in alle Welt trugen, waren großenteils Sklaven, die nicht sagten, erst müsse ihre Gleichberechtigung sichergestellt sein. [. . .]
Wehe, wenn wir das uns anvertraute Pfund so lange vergraben, bis wir erst Gleichberechtigung haben. Uns im Reiche hat diese verkehrte Einstellung zu unseren westli-

Lic. Kammel
Direktor
des Landesverbandes für Innere Mission in Polen
und des Evangelischen Preßverbandes in Polen.

Posen, am 21. Januar 1929.
Briefanschrift: POZNAŃ, ul. Szamarzewskiego 3
Fernsprecher Nr. 6970

Central-Ausschuß
22. JAN. 1929

An den

Central-Ausschuss für Innere Mission,

Berlin - Dahlem.

Herr Dr. Stoehr versendet weiter seine wenig sachgemässen Schilderungen der "Evangelischen und Deutschen Lage in Polen" an evangelische Gemeindeblätter und hat in Schlesien und Pommern Aufnahme gefunden. Soeben schreibt mir Lic. Benrath, dass Dr. Stoehr an einem politischen Kursus "des Christlichen Volksdienstes" in Karlsruhe den Hauptvortrag hat, und dass Dr. Spiecker sein Protektor sei. Auch hat Herr Dr. Stoehr der "Christlichen Welt" einen Artikel übersandt, der sich auch mit meiner Person beschäftigt. Unter diesen Verhältnissen wäre ich sehr dankbar für eine freundliche Mitteilung, ob Dr. Stoehr sich noch im Dienst des Central-Ausschusses für Innere Mission befindet.

Mit bester Empfehlung

sehr ergebenst

Kammel

Hermann Stöhr hatte eine längere Presseauseinandersetzung über die »Versöhnung der Deutschen mit Polen« entfacht. Als der obige Brief vom Leiter des Posener Landesverbands für Innere Mission in Berlin eintraf, war Stöhr schon nicht mehr beim Central-Ausschuß beschäftigt. *(ADW, CA 600 a Bd. I)*

chen Nachbarn lange Zeit gelähmt. Wir haben unser Pfund bereits zu lange vergraben gehalten und sind daher ein Schuldner sowohl der Franzosen als auch der Polen. Wir haben das unserer Nation anvertraute Gut sogar zu widerevangelischen Zielen benutzt. Ungesühnt ist der große deutsche Schuldanteil an den vier Teilungen Polens. Dem Urteil Gottes über diese Schuld wird unser Volk nicht dadurch entzogen, daß man vorgibt: Sonst wäre Polen verfault, oder sonst hätten es die Moskowiter zugrunde gerichtet; da sei es schon eine deutsche Liebestat gewesen, 1795 Polen bis einschließlich Warschau zu annektieren (und nach der ›Heiligen Alliance‹ mit dem Moskowitertum lieber die nähere Ostgrenze vorzuziehen, die bis 1918 galt). – Für diese Schuld hat weder die Kirche noch unser Volk Buße getan. Und doch hätten wir allen Grund, mit Augustin und Luther zu bekennen: Mein ist die größte Schuld. Weil wir Deutschen diese unvergebene Schuld mit uns herumtragen, haben wir während des vergangenen Jahrhunderts nicht in ein rechtes Verhältnis zu unsern östlichen Nachbarn kommen können. Daß die Polen auf deutschem Gebiet zu größerem Wohlstand gelangten als auf russischem Gebiet, weil wir das reichere und kulturell entwikkeltere Land waren, kann unsere Schuld nicht vermindern; im Gegenteil wird sie dadurch größer, weil wir als reicheres Volk eine größere Verantwortung hatten als das östlich von Polen wohnende Russenvolk.«[154]

». . . infolge seiner Haltung arbeitslos«

Als Hermann Stöhr im September 1929 diesen Artikel über das »rechte Verhältnis zu unseren östlichen Nachbarn« veröffentlichte, war er inzwischen nicht mehr bei der Inneren Mission tätig, sondern arbeitslos. Richard Kammel konnte zufrieden sein. Noch am 21. Januar 1929 hatte er in einem geharnischten Brief an den CA sich erneut über Stöhr beschwert und damit unzweideutige Erwartungen verbunden:

»Herr Dr. Stoehr versendet weiter seine wenig sachgemäßen Schilderungen der ›Evangelischen und Deutschen Lage in Polen‹ an evangelische Gemeindeblätter und hat in Schlesien und Pommern Aufnahme gefunden. [. . .] Auch hat Herr Dr. Stoehr der ›Christlichen Welt‹ einen Artikel übersandt, der sich auch mit meiner Person beschäftigt. Unter diesen Verhältnissen wäre ich sehr dankbar für eine freundliche Mitteilung, ob Dr. Stoehr sich noch im Dienst des Central-Ausschusses für Innere Mission befindet.«[155]

Die Protokolle und Akten des CA schweigen sich darüber aus, warum im Januar 1929 der befristete Auftrag für Stöhr nicht verlängert wurde. Ein mit »streng vertraulich« gekennzeichnetes Schreiben des Stettiner Konsistorialrats Ulrich für den EOK in Berlin vom Oktober 1933 wird deutlicher:

»Er [sc. Stöhr] war früher m. W. im Zentralausschuß für Innere Mission beschäftigt, mußte aber, wie ich hörte, dort wegen seiner unbesonnenen polenfreundlichen Aktionen ausscheiden.«[156]

Fast ein Jahrzehnt später bestätigte diesen Umstand ein Jugendfreund Stöhrs, Pastor Klütz, damals Vorsteher einer pommerschen diakonischen Anstalt, also auch ein Mann der Inneren Mission. Er schrieb im Oktober 1939 an das Kriegsgericht, vor dem sich Stöhr zu verantworten hatte:

»Soweit ich mich entsinne, wurde Dr. Stöhr bereits trotz seiner guten Examina 1931 infolge seiner Haltung [sc. als Pazifist] arbeitslos und hat seit der Zeit auch eine ordnungsmäßige Beschäftigung nicht mehr gehabt.«[157]

14. Ein Jahr Amerika

Im Jahre 1930 bot sich für Hermann Stöhr – er war jetzt 32 Jahre alt – die Chance eines längeren Aufenthaltes in Amerika, um zwei Bücher über die Auslandshilfe der Vereinigten Staaten und über die amerikanische Wohlfahrtsgesetzgebung zu schreiben. Das halbjährige Stipendium, mit dem er seine Amerikareise finanzieren konnte, reichte allerdings nur für das erste, nicht auch für das zweite Buch. Das Amerikabuch wurde jedoch Stöhrs umfangreichste Untersuchung.[158]

Ein Jahr dauerte es, bis Hermann Stöhr in der wirtschaftlich und politisch turbulenten Zeit des Jahres 1929 die notwendigen Zusagen der verschiedenen Geldgeber zusammen hatte. Professor Reinhold Seeberg, Präsident der Inneren Mission, der Stöhr inzwischen kennen und schätzen gelernt hatte, setzte sich für ihn bei den verschiedensten Stellen ein, so bei der Deutschen Liga der freien Wohlfahrtspflege, beim Reichsinnenministerium, beim preußischen Ministerium für Wissenschaft, Kunst und Volksbildung und bei der Notgemeinschaft Deutscher Wissenschaft.

In den USA wohnte Hermann Stöhr eine Zeitlang bei einem Bruder seines Vaters in Chicago. Dort erreichte ihn schon Ende Juni die Mitteilung, daß das Kultusministerium nicht mehr in der Lage war, eine weitere Beihilfe zu gewähren. Im Oktober ist Stöhr wieder in Stettin.[159]

Das Thema der amerikanischen Auslandshilfe hatte ihn schon lange beschäftigt, erstmals in seiner Dissertation 1922. Hatte er sich damals auf die »Auslandshilfe« für die Hungergebiete Mittel- und Osteuropas zwischen 1919 und 1921 beschränkt, so konnte er jetzt über den Zeitraum von mehr als 100 Jahren – 1812 bis 1930 – die Ströme von Hilfsgütern aus den USA in die Notstandsgebiete der ganzen Welt studieren und darstellen.[160] Wichtig war Stöhr dabei die mit solcher Hilfe verbundene emotionale Zuwendung von Volk zu Volk.

Man staunt, mit welcher Leidenschaft Stöhr die amerikanischen Bibliotheken und Archive durchforstet, wieviel Zeitschriften und Zeitungsnotizen, wieviel Flugblätter und Schreibmaschinenaufzeichnungen er sich besorgt hat. In einer langen geschichtlichen Darstellung protokollierte er Hilfsaktion um Hilfsaktion: Für die Erdbebenopfer in Venezuela 1812, für die Opfer des griechischen Unabhängigkeitskampfes 1920, für Hungernde in Irland 1847, für die Freiheitskämpfer in Ungarn 1852, für Arbeitslose in Großbritannien und Irland, für die Opfer des Deutsch-Französischen Krieges 1870, um nur einige zu nennen. Es waren vor allem Hungersnöte,

Erdbebenkatastrophen und das Kriegsunglück, die die Hilfsbereitschaft vieler immer wieder geweckt hat. Soweit es ihm möglich war, ist Stöhr allen diesen Aktionen nachgegangen. Selbst die Hilfen für die Opfer eines Vesuvausbruches und für die Opfer beim Untergang der »Titanic« hat er aufgespürt. Das Schwergewicht der Darstellung liegt bei der Hilfe für die Menschen in den europäischen Kriegs- und Notgebieten während und nach dem Ersten Weltkrieg. Wer weiß noch, daß große Hilfsgütersendungen damals nach Frankreich, Serbien, Polen, Litauen, Rußland, Griechenland, Italien, Deutschland, die Tschechoslowakei und Irland gingen? Wichtig für Stöhr war freilich auch, von wem die Hilfe im einzelnen kam. Er führt sie alle auf, die von Amerika aus geholfen haben: Die Juden, die Katholiken, die Lutheraner, die Reformierten, die Anglikaner, die Baptisten, die Methodisten, die Quäker, die Mennoniten, die Mitglieder des amerikanischen Kirchenbundes, den CVJM, den Christlichen Verein Junger Frauen und die verschiedenen Missionsgesellschaften. Stöhr nennt nach Mark und Dollar den Wert jeder einzelnen Unterstützung, eine eindrückliche Bilanz der Caritas! Man hat den Eindruck, das sind für ihn Seite um Seite und Zeile um Zeile unwiderlegbare Argumente für den Gedanken, daß es eine Alternative zum nationalen Egoismus und zum Krieg als »natürliche« Form des Völkerwettstreits gibt. Darum nennt Stöhr auch nicht nur Tatsachen und Zahlen, sondern er führt seinen deutschen Lesern die Motive vor Augen, die die amerikanischen Helfer hundert Jahre und länger bewogen haben, andern Nationen, die in Not geraten waren, beizustehen. Es waren nicht immer nur edle Beweggründe; aber Stöhr glaubte daran, daß es – wie man es bei den Amerikanern lernen könnte – eine Art nationaler Dankespflicht gegenüber Gott gibt, die »zum verständnisvollen Beobachten des Schicksals anderer Nationen« und zu entsprechenden Hilfsaktionen führt.[161]

Als Stöhr von Amerika zurückkam, hatte die NSDAP bei den Reichstagswahlen im September 1930 gerade den Sprung von einer unbedeutenden Splittergruppe zur zweitstärksten Fraktion geschafft.[162] Die Zeit für die Veröffentlichung eines Buches unter der Devise der internationalen Verständigung war nicht günstig. Ende 1932 hatte Stöhr das umfangreiche Manuskript endlich abgeschlossen, 328 Druckseiten stark. Ein Verleger fand sich jetzt nicht mehr. Vergeblich hatte Stöhr versucht, eine finanzielle Unterstützung durch die Beteiligung an einem Amerikabuchwettbewerb zu bekommen.[163] Drei Jahre später – die Nazis hatten inzwischen ihre großen Bücherverbrennungen inszeniert – erschien das Buch – in hellgrünes Leinen gebunden – im eigenen »Ökumenischen Verlag« in Stettin. Es bleibt ein Rätsel, wie Stöhr dies wirtschaftlich möglich war.[164] Es scheint so, daß er sich – unter Aufbietung aller Kräfte – damit seinen größten Lebenswunsch erfüllen wollte und erfüllt hat.[165]

Stöhrs erstes Buch im eigenen Verlag *(WLB Stuttgart)*

Welch große Bedeutung der längere Auslandsaufenthalt für Stöhr im Blick auf die vor ihm liegenden einsamen Jahre gehabt hat, kann man nur ahnen. Wie wichtig ihm die »Welt draußen« geworden war, hat Stöhr selbst zum Ausdruck gebracht im Vorwort zu dem im Verlag Paul Müller in München bei seiner Rückkehr aus Amerika gerade erschienenen Buch »Die christlichen Einigungsbewegungen«:

»Niemand wird heute unter uns zu behaupten wagen, daß uns die Welt draußen nichts anginge oder daß es uns genügt, mit ihr lediglich wirtschaftliche Beziehungen zu pflegen. Jeder, der heute mit seinem Volk lebt, steht mitten drin im Kampf der Geister dieser Welt.

In diesem Kampf haben wir Stellung zu nehmen und unsere Aufgabe zu erkennen. Soweit wir mit dem dritten Artikel an die eine heilige allgemeine christliche Kirche glauben, haben wir in dem Kampf der Geister diese Stellung zu beziehen. Diesen Standort uns deutlich zu machen, darum geht es in der Weltkirchenbewegung.«[166]

15. *Exkurs:* Hitlers Aufrüstungspolitik

Nach Hitlers Machtantritt gab es für einen Pazifisten wie Hermann Stöhr zwei elementare Fragen:

1. Werden die Nationalsozialisten, wie sie es propagandistisch angekündigt hatten, tatsächlich so stürmisch aufrüsten und dann Europa in einen neuen Krieg treiben? Werden sie die teils versteckt, teils unverhohlen geäußerten Drohungen gegenüber Pazifisten und Internationalisten wahr machen? Dann – das war klar – dann hatten die wenigen Anhänger der Friedensbewegung in Deutschland nichts zu lachen.
2. Wird die evangelische Kirche die bescheidenen Ansätze einer evangelischen Friedensethik, wie sie vom Weltbund, von einzelnen Religiösen Sozialisten und von dem einen und anderen liberalen Theologen vertreten wurden, als theologische und kirchliche Herausforderung angesichts der drohenden Gefahr ernst nehmen? Werden die Kirchen radikale Pazifisten in ihren Reihen noch dulden und sie schützen, wenn – wie zu erwarten war – der nationalistische und militante Druck zunahm?

Eines der ersten politischen Ziele Hitlers war es, den Deutschen wieder eine gleichrangige Armee zu verschaffen. Nur so konnten sie – im wehrhaften Kampf – die ihnen von der »Vorsehung« bestimmte Führung in Europa übernehmen. In seinem Buch »Mein Kampf« schreibt Hitler:

»Als im Jahre 1919 der Friedensvertrag dem deutschen Volk aufgebürdet wurde, da wäre man berechtigt gewesen, zu hoffen, daß gerade durch dieses Instrument maßloser Unterdrückung der Schrei nach deutscher Freiheit mächtig gefördert werden würde. [. . .]

Wie konnte man jeden einzelnen dieser Punkte dem Gehirn und der Empfindung dieses Volkes so lange einbrennen, bis endlich in sechzig Millionen Köpfen, bei Männern und Weibern, die gemeinsam empfundene Scham und der gemeinsame Haß zu jenem einzigen feurigen Flammenmeer geworden wäre, aus dessen Gluten stahlhart ein Wille emporsteigt und ein Schrei sich herauspreßt: *Wir wollen wieder Waffen.*«

Um dieses Ziel zu erreichen, so schreibt Hitler weiter,

»muß allerdings, von der Fibel des Kindes angefangen bis zur letzten Zeitung, jedes Theater und jedes Kino, jede Plakatsäule und jede freie Bretterwand in den Dienst dieser einzigen großen Mission gestellt werden, bis daß das Angstgebet unserer heutigen Vereinspatrioten ›Herr, mach uns frei!‹ sich in dem Gehirn des kleinsten Jungen verwandelt zur glühenden Bitte: ›*Allmächtiger Gott, segne dereinst unsere Waffen; sei so gerecht, wie du es immer warst; urteile jetzt, ob wir die Freiheit nun verdienen; Herr, segne unseren Kampf!*‹«[167]

Clement Moreau: Das 1000jährige Reich. Gezeichnet im argentinischen Exil 1941. (Clement Moreau, Mit dem Zeichenstift gegen den Faschismus. LitPol Verlagsgesellschaft, Berlin 1980, 66)

Hitler ließ keinen Zweifel daran, daß er zur Errichtung eines »Großdeutschen Reiches« auch einen Angriffs- und Eroberungskrieg für gerechtfertigt hielt:

» Die Grenzen des Jahres 1914 bedeuten für die Zukunft der deutschen Nation gar nichts. In ihnen lag weder ein Schutz der Vergangenheit, noch läge in ihnen eine Stärke für die Zukunft. [. . .]
Demgegenüber müssen wir Nationalsozialisten unverrückbar an unserem außenpolitischen Ziele festhalten, nämlich dem *deutschen Volk den ihm gebührenden Grund und Boden auf dieser Erde zu sichern.* Und diese Aktion ist die einzige, die vor Gott und unserer deutschen Nachwelt einen Bluteinsatz gerechtfertigt erscheinen läßt: Vor Gott, insoferne wir auf diese Welt gesetzt sind mit der Bestimmung des ewigen Kampfes um das tägliche Brot, als Wesen, denen nichts geschenkt wird, und die ihre Stellung als Herren der Erde nur der Genialität und dem Mute verdanken, mit dem sie sich diese zu erkämpfen und zu wahren wissen; vor unserer deutschen Nachwelt aber, insofern wir keines Bürgers Blut vergossen, aus dem nicht tausend andere der Nachwelt geschenkt werden. Der Grund und Boden, auf dem dereinst deutsche Bauerngeschlechter kraftvolle Söhne zeugen können, wird die Billigung des Einsatzes der Söhne von heute zulassen, die verantwortlichen Staatsmänner aber, wenn auch von der Gegenwart verfolgt, dereinst freisprechen von Blutschuld und Volksopferung.
Ich muß mich dabei schärfstens gegen jene völkischen Schreiberseelen wenden, die in einem solchen Bodenerwerb eine ›Verletzung heiliger Menschenrechte‹ zu erblicken vorgeben und demgemäß ihr Geschreibsel dagegen ansetzen. [. . .]
Denn kein Volk besitzt auf dieser Erde auch nur einen Quadratmeter Grund und Boden auf höheren Wunsch und laut höherem Recht. So wie Deutschlands Grenzen Grenzen des Zufalls sind und Augenblicksgrenzen im jeweiligen politischen Ringen der Zeit, so auch die Grenzen der Lebensräume der anderen Völker.«[168]

Es wäre zu billig, diese programmatischen Gedanken als Phantastereien des damaligen Festungshäftlings abzutun, die 1933 nicht weiter ernst genommen werden mußten. Dem steht entgegen, daß auch andere, angesehene Politiker und Militärs der Weimarer Zeit Hitlers Vorstellungen im Kern geteilt haben. Repräsentanten der Militärelite wie die Generäle Groener, Blomberg und Beck – um nur einige Namen zu nennen – waren sich im Prinzipiellen einig, »trotz relativer Schwäche der Armee bei einer außenpolitisch günstigen Konstellation, das militärische Machtmittel zur Durchsetzung des deutschen Großmachtanspruchs dennoch einzusetzen. Ein nicht provozierter offensiver Einsatz der Reichswehr wurde nicht ausgeschlossen, wenn das Risiko kalkulierbar blieb.«[169] Unterschiede gab es bei den Generälen nur im Grad der Risikobereitschaft. Die Militärs konnten sich darin ohne Zweifel getragen wissen von weiten Kreisen des Volkes und auch von den großen Kirchen. Anders wäre die breite Zustimmung zu Hitlers Aufrüstungspolitik später auch gar nicht erklärbar gewesen.
Die Kehrseite war, daß alle pazifistischen und internationalen Bestrebun-

gen unter das Verdikt mangelnder Vaterlandstreue gerieten. Hitler gab dafür ein Beispiel in einer Rede vor Parteiführern im September 1928, in der er gegen den »hoffnungslos wirren Internationalismus «, gegen den »Irrsinn der Demokratie« und den »Unsinn des Parlamentarismus« wetterte und für einen »fanatischen Nationalismus« eintrat. Er faßte schließlich zusammen:

»Wir werden, indem wir das Volk von dem jämmerlichen Glauben an Völkerversöhnung, Weltfrieden, Völkerbund und internationale Solidarität befreien, diese Ideen zerstören. Es gibt nur ein Recht in der Welt, und dieses Recht liegt in der eigenen Stärke.«[170]

Mit solchen Sätzen hatte Hitler so ungefähr alles verneint und allem den Kampf angesagt, was für Hermann Stöhr Inhalt seines Lebens und Verpflichtung in der Nachfolge Jesu Christi geworden war. Seine Hoffnung bestand gerade darin, daß die Völker, bei Anerkennung der jeweiligen Eigenart des anderen Volkes, ihren fanatischen Nationalismus als eine der Ursachen von Kriegen endgültig aufgeben. Was Hermann Stöhr in vielen persönlichen Begegnungen mit ausländischen Freunden in den zurückliegenden Jahren selbst erfahren hatte, das müßte sich doch auch auf die Völker im ganzen übertragen lassen, so war der Gedanke.

Antipazifismus auch in der Kirche

Wie sich schon in den ersten Monaten des Dritten Reiches gezeigt hat, konnten evangelische Pazifisten von ihrer Kirche keine öffentliche Unterstützung gegen die Angriffe des Hitler-Regimes erwarten. Oft fanden sie bei den Kirchenbehörden noch nicht einmal Respekt oder Verständnis für ihre Lage, wie an einer ganzen Reihe von Beispielen aus dem Leben von Hermann Stöhr noch zu zeigen sein wird.
Es verwunderte weiter nicht, daß die »Deutschen Christen«, die Hitler bei der Gleichschaltung der evangelischen Kirche behilflich waren, Hitlers Kampfziele wortwörtlich in ihre kirchlichen Richtlinien aufgenommen haben:

» Wir wollen, daß unsere Kirche in dem Entscheidungskampf um Sein oder Nichtsein unseres Volkes an der Spitze kämpft. [. . .] Wir wollen eine evangelische Kirche, die im Volkstum wurzelt, und lehnen den Geist eines christlichen Weltbürgertums ab.

Rheinisches Gemeindeblatt aus dem Jahr 1934: Die Bekennende Kirche wehrte sich damit gegen den Verdacht mangelnder Staatsloyalität und pazifistischer Unterwanderung. ▶ *(LKA Düsseldorf)*

Kirche im Aufbau

Diese evangelische Kirche in Berlin-Dahlem hat für die jüngste Geschichte unserer evangelischen Kirche besondere Bedeutung erlangt. In ihr wurde die Synode der deutschen Bekenntniskirche feierlich eröffnet und in ihr die Botschaft der Synode an die evangelischen Gemeinden verkündet, durch die sich die Bekenntniskirche eine eigene Leitung gab und der Neubau der Deutschen Evangelischen Kirche in starkem Glauben begonnen wurde.

Präses D. Dr. Koch, Oeynhausen, der als westfälischer Präses die bewährte kirchliche Ordnung seiner Heimatkirche und die des Rheinlands tapfer verteidigte; Präses der deutschen Bekenntnissynode. Vom westfälischen Konsistorium in den Ruhestand versetzt

Pfarrer D. Paul Humburg, Barmen, bekannt als langjähriger Führer des westdeutschen Jungmännerbundes. Wegen seiner Treue zur kirchlichen Ordnung disziplinarisch bestraft. Präses der rheinischen Bekenntnissynode

Pfarrer Otto Wehr, Saarbrücken, der Vertreter des Saargebietes in dem deutschen Reichsbruderrat und dadurch Bürge für die sturmbewährte Treue der Saargemeinden zum deutschen Vaterland

Pfarrer Martin Niemöller, Berlin-Dahlem, Mitglied des Bruderrats der Deutschen Evangelischen Kirche. Der Typus der die Zukunft tragenden Pfarrerschaft der Bekenntniskirche. Im Kriege U-Boot-Kommandant (Bild oben). Dann Kampfjahre als Bauer, Bankbeamter und Rottenarbeiter. Heute Pfarrer in Dahlem bei Berlin (Bild unten). Alle diese Pfarrer in der Kampffront der bekennenden Gemeinden waren Flieger, Sturmtruppführer, Offiziere: die Frontgeneration erobert sich ihre Kirche!

Pfarrer Lic. Dr. Joachim Beckmann, Düsseldorf, Mitglied des Bruderrats der Deutschen Evangelischen Kirche. Bekanntgeworden durch seine Untersuchungen über die Bekenntnisgrundlagen unserer Kirche. Vom rheinischen Konsistorium disziplinarisch bestraft

Pfarrer Karl Lücking, Dortmund, der Leiter des Bruderrates der westfälischen Bekenntniskirche und Mitglied des Reichsbruderrats der Deutschen Evangelischen Kirche

Pfarrer Heinrich Held, Essen, Mitglied des rheinischen Bruderrats und unermüdlicher Vorkämpfer für eine wahrhaft evangelische Kirche. Vom rheinischen Konsistorium disziplinarisch bestraft

Bildnachweis. Seite 1: phot. Hübschmann (Mauritius). Seite 2: phot. Hölldorf. — phot. v. Perckhammer (Mauritius). Seite 3: phot. G. Jonas. Seite 4 und 5: phot. Hans Retzlaff, Berlin. — phot. G. Jonas. — phot. von Szigethy. Seite 6: phot. B. Lohse. Seite 7: phot. Staatl. Bildstelle. Seite 8: phot. G. Jonas.

Verlag der Essener Druckerei Gemeinwohl, G.m.b.H., Essen.
Verantwortlicher Schriftleiter:
Direktor Lic. Ludwig Seiler, Essen

Wir wollen die aus diesem Geiste entspringenden verderblichen Erscheinungen wie Pazifismus, Internationale, Freimaurertum usw. durch den Glauben an unsere von Gott befohlene völkische Sendung überwinden.«[171]

Doch auch die Bekennende Kirche tat sich in diesem Punkt äußerst schwer. Bei aller Feindschaft gegen die nationalsozialistische Weltanschauung waren ihre Mitglieder dennoch aus tiefer Überzeugung patriotisch eingestellt; auf keinen Fall wollten sie sich Staatsfeindschaft oder mangelnde Wehrbereitschaft nachsagen lassen. Und so kam es – um ein Beispiel zu nennen – zu einer uns heute grotesk anmutenden Bildblattwerbung für die »Männer« der Bekennenden Kirche in einem rheinischen Gemeindeblatt im Frühjahr 1934. Als Aufmacher wurde ein Foto von Martin Niemöller in Uniform als U-Bootkapitän gewählt. Der Bildkommentar zu den übrigen Porträtbildern von Karl Koch, Paul Humburg, Otto Wehr, Joachim Beckmann, Karl Lücking und Heinrich Held spricht für sich: »Alle diese Pfarrer in der Kampffront der bekennenden Gemeinden waren Flieger, Sturmtruppführer, Offiziere; die Frontgeneration erobert sich ihre Kirche!«[172]

16. Ein Nein zum kirchlichen Flaggenerlaß aus Anlaß der Schlageterfeiern am 26. Mai 1933

Nur wenige Zeugnisse gibt es, die uns darüber Auskunft geben, wie Hermann Stöhr den Einbruch des Faschismus in Deutschland erlebt und bewertet hat. Sie genügen freilich, um das Bild eines Mannes zu gewinnen, der unerschrocken der staatlichen, noch mehr freilich der kirchlichen »Obrigkeit« ins Gewissen geredet hat, wann immer ihm dies geboten schien.

Die zufällig im Archiv entdeckten Dokumente, von denen im folgenden die Rede ist, sind Briefe an den alten und an den neuen Präsidenten des EOK in Berlin, sowie an den von Hitler bestimmten Reichsbischof. Jeder Brief erregte damals beim jeweiligen Empfänger Widerspruch. Und jeder Brief ist geeignet, uns an recht dunkle Stunden in der Geschichte der evangelischen Kirche im ersten Jahr der Hitlerherrschaft zu erinnern.

Drei Themen beschäftigten Stöhr während des Jahres 1933 in seinen Eingaben:

1. Der auflebende Revanchismus gegen Frankreich in Staat und Kirche;
2. Das Schweigen der Kirche, besonders seiner evangelischen Kirche, zu den Gewaltakten und Menschenrechtsverletzungen an den politischen Gegnern des Nationalsozialismus und an den Juden;
3. Der Austritt Deutschlands aus dem Völkerbund und die dabei zutage tretende politische Parteilichkeit der Kirche.

Alle drei Vorgänge waren für Stöhr Zeichen eines neuen Gewaltimperialismus und einer wachsenden Wehr-, ja Kriegsbereitschaft in Deutschland, denen sich die evangelische Kirche nicht genügend oder meist überhaupt nicht widersetzt hatte.

Das erste Protestschreiben ist ein Brief an den Präsidenten des EOK in Berlin, Kapler, vom 27. Mai 1933. Er richtet sich gegen eine von diesem in seiner Eigenschaft als Vorsitzender des DEKA getroffenen Empfehlung zur Vollmastbeflaggung der kirchlichen Gebäude »aus Anlaß der zehnjährigen Wiederkehr des Tages, an dem Albert Leo Schlageter sein Leben für die Befreiung der Rheinlande geopfert hat«.[173] Kaplers Schreiben in dieser

Zu Seite 108/109:
Der Schnellbrief ist ein typisches Beispiel staatlicher Gleichschaltungspolitik am Anfang des Dritten Reiches. ▶

Der Deutsche Evangelische Kirchenausschuß war die Versammlung der Vertreter aller Landeskirchen in Deutschland, die sich im Deutschen Evangelischen Kirchenbund zusammengeschlossen hatten. Der Kirchenbund konnte gegenüber den Landeskirchen allerdings nur Empfehlungen aussprechen. (EZA: Gen XVIII/27, Bd. 1) ▶

801 7368-33

Der Preußische Minister
für Wissenschaft, Kunst und Volksbildung

B Nr. 1470

Bei Beantwortung wird um Angabe der Geschäftsnummer gebeten.

Berlin W 8, den 22. Mai 1933

Evang. Oberkirchenrat
Eing.: 23. MAI 1933

Schnellbrief

Laut Staatsministerialbeschluß haben alle staatlichen und kommunalen Dienstgebäude, die Gebäude der übrigen Körperschaften des öffentlichen Rechts sowie die Gebäude der öffentlichen Schulen zu Ehren von Leo S c h l a g e t e r am Freitag dem 26. Mai 1933, aus Anlaß der 10 jährigen Wiederkehr des Tages, an dem dieser deutsche Held sein Leben für die Befreiung der Rheinlande geopfert hat, die Fahne schwarz-weiß, die Hakenkreuzflagge und die schwarz-weiß-rote Fahne auf Vollmast zu setzen.

Für die Art der Beflaggung gilt die im Beschluß des Staatsministeriums vom 24. April 1933 in der Fassung des Runderlasses des Ministers des Jnnern vom 25. April 1933 (MBliV. I S.483, 484) getroffene Anordnung.

Jch bitte das hiernach Erforderliche umgehend zu veranlassen.

Jn Vertretung

gez. Lammers.

An die nachgeordneten Behörden.

Abschrift übersende ich ergebenst zur Kenntnisnahme und mit dem Anheimstellen, auch die kirchlichen Gebäude zu beflaggen.

In Vertretung

gez. L a m m e r s.

An

den Evangelischen

Oberkirchenrat

in

Berlin-Charlottenburg.

Preussisches Ministerium für Wissenschaft, Kunst und Volksbildung – Kanzlei

BEGLAUBIGT.

MINISTERIAL-KANZLEIOBERSEKRETÄR.

Deutscher
Evangelischer Kirchenausschuß.

K.-A. No. I 1512

Bei Beantwortung wird um Angabe der vorstehenden Nummer gebeten.

Konten der Kasse des Deutschen Evangelischen Kirchenbundes:
Postscheckkonto: Berlin Nr. 43897
Bankkonto: 103831 bei der Preuß. Staatsbank (Seehandlung) Berlin W

Berlin-Charlottenburg 2, den 22. Mai 1933.
Marchstr. 2
Fernsprecher: C 1 Steinplatz 5236
Telegr.-Adr.: Kirchenbund Berlin

7565-33

Evang. Oberkirchenrat
Eing.: 23. MAI 1933

Wie bereits durch Presse und Radio bekannt gegeben, setzen die Behörden des Reiches, der Länder und Gemeinden am Freitag, den 26. Mai aus Anlaß der zehnjährigen Wiederkehr des Tages, an dem Albert Leo Schlageter sein Leben für die Befreiung der Rheinlande geopfert hat, die Flaggen auf Vollmast. Unter der Voraussetzung, daß diese Nachricht zutreffend ist, erscheint es erwünscht, daß sich die Kirchen diesem Vorgehen anschließen und möglichst einheitlich in der üblichen Weise die Kirchenflagge zeigen.

Der Präsident

gez. K a p l e r .

Beglaubigt

Konsistorial-Obersekretär.

An

die obersten Kirchenbehörden der im Deutschen Evangelischen Kirchenbund zusammengeschlossenen Landeskirchen

----

Evang. Oberkirchenrat - Gen XVIII 27

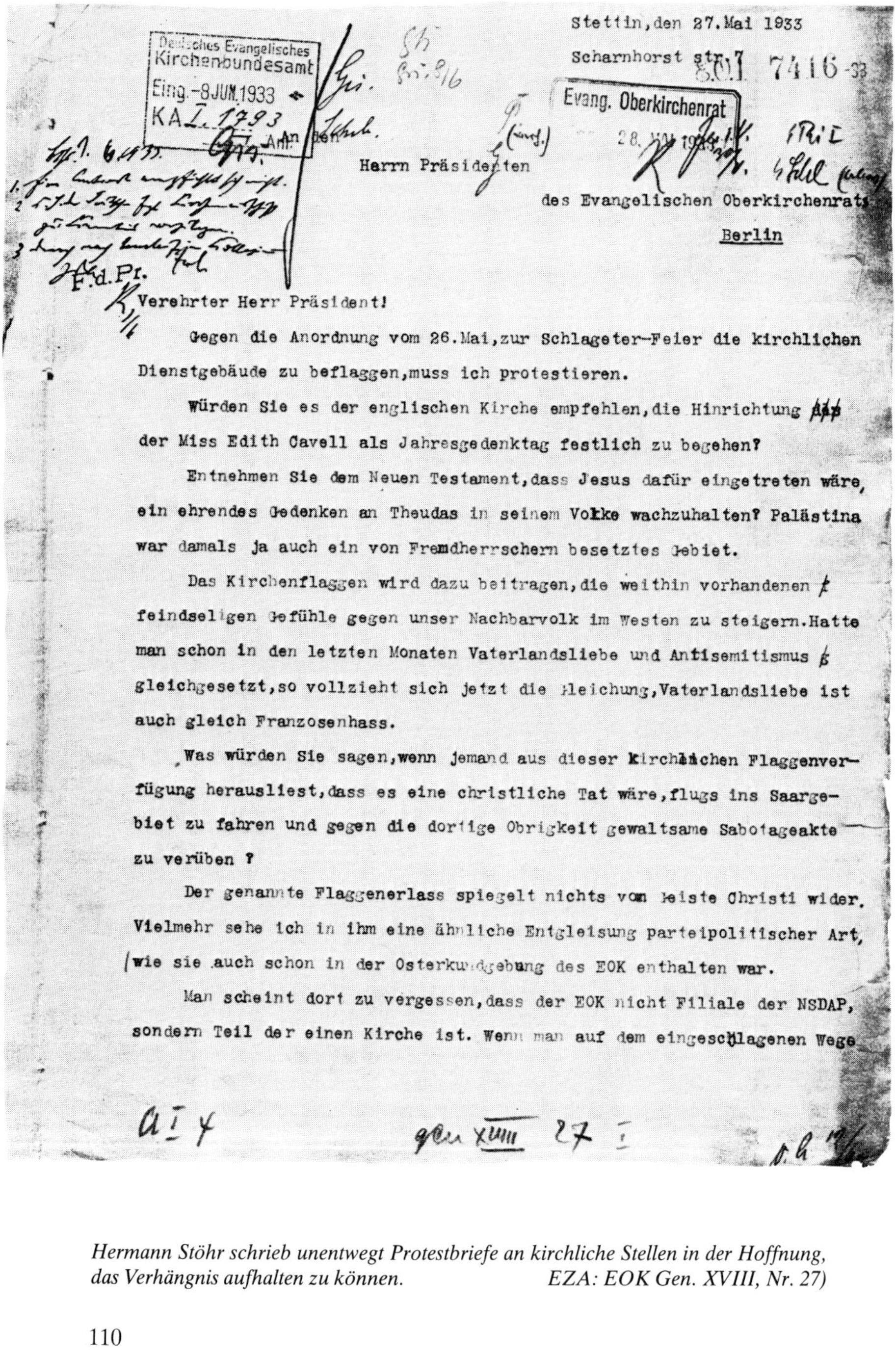

Stettin, den 27. Mai 1933

Scharnhorst str. 7

E.O. I 7416-33

Deutsches Evangelisches Kirchenbundesamt
Eing. -8 JUN. 1933
KA I. 1793

Evang. Oberkirchenrat
28. MAI 1933

An den

Herrn Präsidenten

des Evangelischen Oberkirchenrats

Berlin

F.d.Pr.

Verehrter Herr Präsident!

Gegen die Anordnung vom 26. Mai, zur Schlageter-Feier die kirchlichen Dienstgebäude zu beflaggen, muss ich protestieren.

Würden Sie es der englischen Kirche empfehlen, die Hinrichtung der Miss Edith Cavell als Jahresgedenktag festlich zu begehen?

Entnehmen Sie dem Neuen Testament, dass Jesus dafür eingetreten wäre, ein ehrendes Gedenken an Theudas in seinem Volke wachzuhalten? Palästina war damals ja auch ein von Fremdherrschern besetztes Gebiet.

Das Kirchenflaggen wird dazu beitragen, die weithin vorhandenen feindseligen Gefühle gegen unser Nachbarvolk im Westen zu steigern. Hatte man schon in den letzten Monaten Vaterlandsliebe und Antisemitismus gleichgesetzt, so vollzieht sich jetzt die Gleichung, Vaterlandsliebe ist auch gleich Franzosenhass.

Was würden Sie sagen, wenn jemand aus dieser kirchlichen Flaggenverfügung herausliest, dass es eine christliche Tat wäre, flugs ins Saargebiet zu fahren und gegen die dortige Obrigkeit gewaltsame Sabotageakte zu verüben?

Der genannte Flaggenerlass spiegelt nichts vom Geiste Christi wider. Vielmehr sehe ich in ihm eine ähnliche Entgleisung parteipolitischer Art, wie sie auch schon in der Osterkundgebung des EOK enthalten war.

Man scheint dort zu vergessen, dass der EOK nicht Filiale der NSDAP, sondern Teil der einen Kirche ist. Wenn man auf dem eingeschlagenen Wege

A I 4

Gen XVIII 27

Hermann Stöhr schrieb unentwegt Protestbriefe an kirchliche Stellen in der Hoffnung, das Verhängnis aufhalten zu können. EZA: EOK Gen. XVIII, Nr. 27)

fortfährt,nichts gegen den unchristlichen Antisemitismus zu sagen wagt, uns gar nächstens noch einen Horst Wessel - Tag für die Kirche beschesrt, wird manches Kirchenmitglied auch darauf verzichten,seiner Kirche in einem Briefe seine Bedenken kundzutun.

Die gegenwärtige Leitung der Kirche macht es ihren Gliedern heute immer schwerer,in der Altpreussischen Kirche einen Teil der Una Sancta zu sehen.

In der Hoffnung,dass sich diese Kirche zu evangelischen Bekenntnissen angesichts der Nöte und Verführungen unserer Zeit zurückfindet, zeichnet

Hochachtungsvoll

Ihr Ihnen sehr ergebener

Hermann Stöhr

Deutscher
[Ev]angelischer Kirchenausschuss
Kirchenbundesamt
K.A.I 1793

Berlin-Charlottenburg 2, den 17. Juni 1933
Marchstr.2

Kenntnis genommen.

Im Auftrage

Gisevius

Sache, von dem Stöhr über die Presse erfahren hat, war in aller Eile auf Druck des preußischen Kultusministers zustande gekommen. Es trägt die für die evangelische Kirche in jenen Tagen typische Note von Unsicherheit und Hektik.[174]
Fast wie in Kriegszeiten hatte das Staatsministerium per Eilbrief eine allgemeine öffentliche Beflaggung an einem bis dahin völlig unbekannten Gedenktag angeordnet und damit auch die Kirchen überrascht. Obwohl die oberste protestantische Behörde in Deutschland, der DEKA, nur durch Presse und Radio – wie Kapler schreibt – von der staatlichen Absicht gehört hatte, traf der Präsident seine Empfehlung mit einem wahrhaft entlarvend formulierten Bedingungssatz: »Unter der Voraussetzung, daß diese Nachricht zutreffend ist, erscheint es erwünscht, daß sich die Kirchen diesem Vorgehen anschließen und möglichst einheitlich in der üblichen Weise die Kirchenflagge zeigen.«
Im Wunsch, auch als evangelische Kirche beim Aufbau des neuen nationalistischen Staatswesens nicht abseits zu stehen, stimmte sicher die Mehrzahl der evangelischen Christen damals mit Präsident Kapler überein. Hinzu kam, daß die in jenen Tagen und Wochen von den Deutschen Christen mit Macht betriebene Gleichschaltung der evangelischen Kirche mit dem NS-Staat jeden,[175] der mit seiner Zustimmung zögerte, in überraschender Weise in den Verdacht mangelnder Vaterlandstreue brachte. Auch sonst zog damals jedermann seine Hausfahne – das unverbrüchliche Zeichen bejahender Gesinnung – lieber einmal zu viel als einmal zu wenig auf.
Kaplers Übereifer mit der Beflaggungsempfehlung war ganz sicher mehr taktischer Art und ist nicht einfach als Zustimmung zu Hitlers Politik, schon gar nicht zu dessen Kirchenpolitik zu deuten. Man muß sich vor Augen halten, am selben Tag, als Stöhr seinen Brief schrieb, entschied sich die Mehrheit der Leiter der Landeskirchen für Kaplers Vorschlag, Friedrich von Bodelschwingh und nicht Hitlers Vertrauten, Ludwig Müller, als kommenden Reichsbischof zu wählen. Dies war ein deutliches Zeichen für den Willen zur kirchlichen Unabhängigkeit auch im NS-Staat.
In dieselbe Richtung weist auch Kaplers nur scheinbar selbstverständlicher Hinweis, »möglichst einheitlich in der üblichen Weise die Kirchenflagge« zu zeigen. Nur aus der damaligen Situation heraus ist zu verstehen, daß sich dahinter eine Kampfansage verbarg. Nach dem Staatsministerialbeschluß waren natürlich die Hakenkreuzflagge oder die wiedereingeführte schwarz-weiß-rote ehemalige Reichsflagge auf Vollmast zu setzen und nicht die weiß-lila Kirchenfahne.[177]
Ob nun Hermann Stöhr von solchen taktischen Überlegungen und womöglich noch von der feinen Unterscheidung nach Staats- und Kirchenfahnen wußte oder nicht mag dahingestellt bleiben; ihm ging es in seinem Protest um Grundsätzlicheres:

Die weiß-lila Kirchenfahne wurde 1926 als Ausdruck für die 1919 erfolgte Trennung der Kirche vom Staat eingeführt. 1933 gab es Bestrebungen, die Kirchenfahne wieder abzuschaffen. In Kreisen der Bekennenden Kirche hielt man bewußt an ihr fest. Seit 1935 war die Hakenkreuzfahne alleinige Staatsflagge. (Foto: privat)

»Der genannte Flaggenerlaß spiegelt nichts vom Geiste Christi wider. Vielmehr sehe ich in ihm eine ähnliche Entgleisung parteipolitischer Art wie sie auch schon in der Osterkundgebung des EOK enthalten war. Man scheint dort zu vergessen, daß der EOK nicht Filiale der NSDAP, sondern Teil der einen Kirche ist.«

Mit Recht stellte Stöhr die Frage – gewiß in einem kaum zu überbietenden aggressiven Ton –, wie die Kirche überhaupt auf einen solchen Tiefstand hatte kommen können und aus Anlaß eines Leo Schlageter-Tages kirchliche Gebäude beflaggen ließ.
Wer war überhaupt Schlageter? Heute ist er vergessen. Damals kannte ihn jedes Schulkind. Das zeigt der Blick in eines der kirchlichen Gemeindeblätter aus jener Zeit. So widmete zum Beispiel das in Deutschland weit verbreitete pietistische Wochenblatt »Licht und Leben« (Auflage: 18 000) in seiner Ausgabe vom 29. Mai 1933 von den üblichen 16 Seiten Umfang allein fünf Seiten Albert Leo Schlageter: Schlageter, so erfährt man da, war ein Bauernsohn aus dem Schwarzwald, Kriegsfreiwilliger und Offizier des Weltkrieges, der sich an der Planung einer gegen die französische Besatzungsmacht gerichteten, allerdings mißlungenen, Sprengung einer Eisenbahnbrücke im Ruhrgebiet beteiligt hatte. Er wurde von einem französischen Kriegsgericht – es tagte fünf Jahre nach Kriegsende auf deutschem Boden! – zum Tode verurteilt. Am 26. Mai 1923 – dies das Gedächtnisdatum – wurde das Urteil auf der Golzheimer Heide bei Düsseldorf durch Erschießen vollstreckt.
Pfarrer Joseph Gauger, der Herausgeber von »Licht und Leben«, veröffentlichte zum zehnjährigen Todestag von Schlageter ein von ihm verfaßtes Lebensbild, das er ein Jahrzehnt zuvor schon einmal in seinem Wochenblatt abgedruckt hatte. Es lohnt sich, die Begründung für den Wiederabdruck des Artikels im Mai 1933 nachzulesen:

»Wir dürfen bei dieser Gelegenheit daran erinnern, und der vorstehende Aufsatz ist Zeugnis dafür, daß es bei uns evangelischen Christen und ganz besonders auch bei ›Licht und Leben‹ und seiner Leserschaft stets eine aufrechte nationale Haltung gab, und daß solche nationale Haltung keineswegs erst durch den Nationalsozialismus aufkam. Nur Stärke und Nachdruck gewann sie dadurch. ›Licht und Leben‹ war nicht umsonst von den Franzosen und den Belgiern verboten für das von ihnen besetzte Gebiet. Wie ganz andere Töne werden jetzt von unserer Regierung angeschlagen als damals vor zehn Jahren! Reichskanzler Adolf Hitler hat mit seiner jüngsten Reichstagsrede am 17. Mai dem deutschen Volke aus dem Herzen gesprochen.
Auch der Schlageter-Tag wird dazu helfen, daß sich unser durch den Internationalismus irregeleitetes Volk wiederfindet.«[178]

Die Annahme Stöhrs war also doch nicht so falsch, daß die Schlageterfeiern geeignet waren, den Haß gegen Frankreich wach zu halten: »Der genannte Flaggenerlaß spiegelt nichts vom Geiste Christi wider«, so schrieb Stöhr. Vermutlich empfand die Berliner Kirchenbehörde Stöhrs Vergleiche aus

Bibel und Geschichte als naiv und schwärmerisch. Originell waren seine Fragen in jedem Fall:
1. *Hatte Jesus einen Theudastag ausgerufen?* Theudas wird in Apostelgeschichte 5, 36 genannt; er war Anführer einer revolutionären messianischen Befreiungsbewegung, der das jüdische Volk vom Joch der Römer befreien wollte. Nach Josephus wurde er vom damaligen Statthalter enthauptet.[179]
2. *Feiert die englische Kirche einen Edith-Cavell-Gedenktag?* Edith Cavell, eine englische Krankenpflegerin, half im Ersten Weltkrieg während der deutschen Besetzung zahlreichen militärpflichtigen Belgiern über die Grenze. Sie wurde deswegen 1915 in Brüssel standrechtlich erschossen. Zur Erinnerung an ihre Tat wurden in London und Brüssel nach dem Krieg öffentliche Denkmäler errichtet. Aber – so ist Stöhrs Vergleich zu interpretieren – kein Mensch in England oder Belgien kam auf die Idee, ebensolche in den Kirchen aufzustellen.[180]
3. *Soll uns gar nächstens,* so fragt Hermann Stöhr schließlich voller Ironie, *ein Horst-Wessel-Tag in der Kirche beschert werden?* Horst Wessel, ein nationalsozialistischer Student und Pfarrerssohn, starb im Februar 1930 in Berlin an den Folgen einer Fehde zwischen Nationalsozialisten und Kommunisten, manche sprechen auch von einer Eifersuchtsgeschichte. Wie Schlageter so wurde auch Wessel im Dritten Reich als Märtyrer regelmäßig gefeiert. Ihm verdankte die Partei eine Art zweite Nationalhymne, ein Marschlied der SA mit dem Titel »Die Fahne hoch«. Nicht zufällig waren unter den ersten Opfern unkontrollierter Vergeltungswut, wenige Tage nach Hitlers Regierungsantritt, auch Horst Wessels Mörder zu finden.[181]
Stöhr schloß seinen Brief nach Berlin mit den Worten:

»Die gegenwärtige Leitung der Kirche macht es ihren Gliedern heute immer schwerer, in der Altpreußischen Kirche einen Teil der Una Sancta zu sehen. In der Hoffnung, daß sich diese Kirche zu evangelischen Bekenntnissen angesichts der Nöte und Verführungen unserer Zeit zurückfindet.«

Mit einer Antwort auf seinen Protest durfte Stöhr nicht rechnen.
Eine Aktennotiz besagt: »Antwort empfiehlt sich nicht.« Die Mitglieder des Evangelischen Oberkirchenrats und des Kirchenbundesamts in Berlin hatten ohnehin in diesen Tagen andere Sorgen. Die meisten von ihnen waren vier Wochen später schon nicht mehr im Amt. Auf ihren Stühlen hatten Deutsche Christen Platz genommen.

17. Fürbitte für Verfolgte

Der zweite, uns bekannte Brief, der im Jahr der Machtergreifung an die Kirchenleitung in Berlin ging, hatte nur fünf Zeilen. Es ist das Begleitschreiben zu einem Gebet – Stöhr sprach von »Gemeinsamen Gebetsanliegen« –, das die »Spitze der Kirche« sich zu eigen machen sollte. Stöhr fügte dieser Bitte noch eine knappe, aber nicht unverfängliche Frage an: »Ist für evangelische Seelsorger unter den 18 000 Insassen der Konzentrationslager des Deutschen Reiches gesorgt?«[182]

Die Anfrage wie das Gebet lösten in Berlin große Unsicherheit aus. Im preußischen Oberkirchenrat in der Jebensstraße am Bahnhof Zoo residierten inzwischen andere Herren, nicht mehr die, an die Stöhrs Protest gegen den Flaggenerlaß gerichtet war. Sie vorzustellen ist für das Verständnis des noch zu beschreibenden Geschehensablaufs nicht unwichtig. Der vom preußischen Kultusminister Rust am 24. Juni eingesetzte Staatskommissar für die evangelischen Kirchen Preußens, August Jäger, hatte Ende Juni kurzerhand die Mehrzahl der Mitglieder des EOK beurlaubt. Er wollte in der Gleichschaltung der evangelischen Kirche endlich einen Schritt weiterkommen. Auf dem Stuhl des schon Anfang des Monats in den Ruhestand getretenen Präsidenten Kapler saß jetzt der Berliner Rechtsanwalt Friedrich Werner. Geistlicher Vizepräsident des EOK war der Reichsleiter der 1932 gegründeten Glaubensbewegung Deutsche Christen (DC), Pfarrer Joachim Hossenfelder, geworden. Zum weltlichen Vizepräsident wurde der bisherige Konsistorialrat Günther Fürle aus Breslau ernannt. Ihnen zur Seite standen als Oberkonsistorialräte die Pfarrer Friedrich Peter und Albert Freitag. Sie waren allesamt an der Gründung der Glaubensbewegung DC beteiligt gewesen und alle besaßen das Mitgliedsbuch der NSDAP. Diese, buchstäblich über Nacht eingesetzte, junge Führungsmannschaft sollte die preußische Kirche im nationalsozialistischen Geist neu erstehen lassen.[183]

Hermann Stöhr hatte vom Wechsel in der obersten Kirchenbehörde in Berlin gewiß Kenntnis und er konnte sich auch die geringen Chancen ausrechnen, die er mit seiner Bitte haben wird. Was Stöhr aussprach, war den neuen Herren im EOK durchaus bekannt. Daran lag es nicht.

Konzentrationslager im Jahr der Machtergreifung

Im Sommer 1933 wurde die Existenz von Konzentrationslagern – gemeint sind nicht die späteren Vernichtungslager! – längst öffentlich diskutiert.

Gemeinsame Gebetsanliegen

1. Unserm Gott sei Dank, daß wir durch Christus unmittelbar Zugang haben zu ihm und seinem Wort. Zu ihm, vor dem alle Menschen, auch die allermächtigsten, wie Staub sind.
2. Wir danken Gott als unserm Vater für die internationale Gemeinschaft, durch deren Fürbitte er uns stärkt, für die eine Kirche Christi, in die er uns hineingestellt hat, »daß sie alle eins seien«.
3. Wir danken Gott auch für alle Obrigkeit, daß wir im Frieden leben und nicht im Kriege.
4. Wir bitten Gott, unserer Obrigkeit Weisheit und Demut zu verleihen, daß sie in Gerechtigkeit gegen alle und im Gehorsam gegen Gott unserem Volk den inneren und äußeren Frieden verschafft und daß unser Volk nicht nationalem Hochmut und ungerechtem Tun verfällt.
5. Wir bitten auch für alle, die gegenwärtig benachteiligt und verfolgt werden, gleicherweise, ob sie in Irrtum und Unrecht befangen sind oder nicht, ob es sich um Kommunisten, Sozialisten oder Pazifisten, um Christen oder Juden handelt. Besonders gedenken wir der 18000 Volksgenossen, die nach einer amtlichen Mitteilung vom Juni 1933 in Konzentrationslagern des Deutschen Reiches leben.
6. Wir bitten gleichfalls für alle, die durch politische Maßnahmen in Gewissensnot gebracht sind, ohne eine klare Lösung ihres Gewissenskonfliktes zu finden, weil sie annehmen, auf ihre Arbeit und Stellung, auf ihre Familie oder andere Bindungen Rücksicht nehmen zu müssen.
7. Für uns und unsere Mitchristen bitten wir Gott um mehr Weisheit und Kraft, wenn es gilt, gegen Unrecht und Lüge zu protestieren und für die Wahrheit und sein Reich einzutreten, damit wir keine Gelegenheit christlichen Bekennens versäumen.
8. Für unsere Kirche bitten wir, daß sie davor bewahrt bleibt, Unrecht zu tun, daß sie nicht in Abhängigkeit von politischen Gewalten gerät und sich als die eine Kirche Christi in Wort und Tat bewährt allein zur Ehre Gottes.
9. Wir bitten Gott, daß er uns die Ereignisse und Leiden dieser Zeit recht deutet, da uns alles zu unserem Besten dienen soll; daß er unsere Gemeinschaft in Christo enger und fester gestaltet und uns, unwürdige Werkzeuge, zu frohem Schaffen benutzt im Bau seines herrlichen Reiches.

EZA: EOK Gen. VIII Nr. 9 Bd. XVIII

Evang. Oberkirchenrat
Eing.: - 2. AUG. 1933

Stettin, den 31. Juli 1933
Scharnhorststr. 7

An
den Herrn Präsidenten des Evangelischen Oberkirchenrats
Berlin

Verehrter Herr Präsident!

Beiliegende hier in Stettin entstandenen „Gemeinsame Gebetsanliegen" bitte ich, auch an der Spitze der Kirche, zu der ich gehöre, sich zu eigen zu machen.

Ist für evangelische Seelsorger unter den 18 000 Insassen der Konzentrationslager des Deutschen Reiches gesorgt ?

Hochachtungsvoll

Ihr Ihnen sehr ergebener

Dr. Stöhr

Von mir in der Presse zurückgewiesen worden.
Z. d. A.
Berlin, 26 IX. 33.

Diese Gebetsanliegen enthüllen das Innere einer Seele, die unter dem Großen, das Gott gegenwärtig an unserem Volk tut, leidet. Es bedarf einer seelsorgerlichen Aufklärung großen Stils, um diese religiöse Pathologie innerhalb der Kirche, der wir vorstehen und dienen, in einen gesunden, Gottes Taten bejahenden Glauben hinüberzuführen. Manche Menschen halten es für einen besonderen Gottesdienst, den Feinden ihre Liebe überschwänglich zu erweisen, wenn der Staat sie gezüchtet und ungefährlich gemacht hat. Dabei werfen sie dann gern einen verächtlichen Seitenblick auf den Staat, den Lieblosen, und verklären sich selbst in ihrer erhabenen christlichen Rolle zwischen den Fronten. Ein gefährliches Spiel mit religiösen Vokabeln – weiter nichts!

Peter 3/8

Bitte wieder!

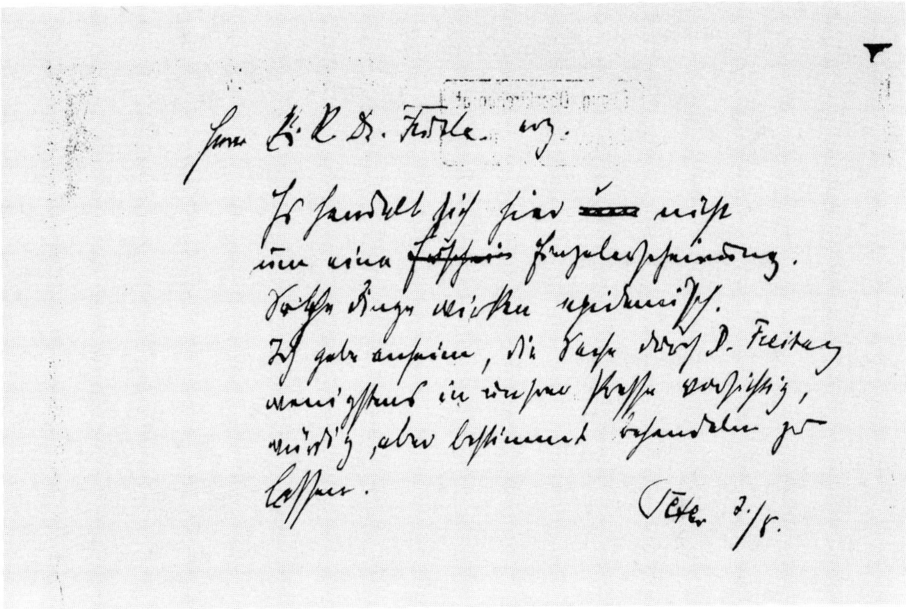

Schreiben Stöhrs an den Präsidenten des EOK vom 31. 7. 1933. Wie die handschriftliche Anweisung von Pfarrer Peter ausweist, sollte auf Stöhrs Gebetsvorschlag in der kirchlichen Presse öffentlich geantwortet werden, was dann auch geschah.

(EZA: EOK Gen VIII Nr. 9 Bd. XVIII)

Darüber durfte und sollte gesprochen werden. Stöhr konnte sich auf veröffentlichte Pressemeldungen berufen, wonach »18 000 Volksgenossen in Konzentrationslagern des Deutschen Reiches leben«. Dabei hatte der Goebbels'sche Pressedienst noch untertrieben. Nach einer internen Aufstellung des Reichsinnenministeriums vom selben Tag, dem 31. Juli, waren zu dieser Zeit im Reichsgebiet insgesamt 26 789 Personen in »Schutzhaft«. Allein in Preußen zählte man 14 900.[184]

Seit es die »Notverordnung zum Schutz von Volk und Staat« vom 28. Februar 1933, die sog. Reichstagsbrand-Verordnung, gab, wurden »zu ihrem eigenen Schutz« und »zur politischen Umerziehung«, wie naive Zeitgenossen sich einreden ließen, Tausende von Kommunisten, Sozialdemokraten und Gewerkschaftler, bald aber auch andere politische Gegner und nicht zuletzt auch Juden in die von SA, SS und Polizei errichteten Zwangsarbeitslager eingewiesen: nach Dachau, Oranienburg, Papenburg, Esterwegen, Dürrgoy, Kemna, Sonnenburg, Sachsenburg, um nur einige zu nen-

Stuttgarter Evangelisches Sonntagsblatt

Bestellungen auf dieses Blatt übernehmen jederzeit alle Postämter des In- und Auslandes. — Bezugspreis für das 2. Vierteljahr bei der Post bestellt 95 Pfennig, ohne Belieferungsgebühr, direkt vom Verlag unter Streifband für das 2. Vierteljahr Mk. 1.50, ins Ausland Mk. 1.90, bei unseren Vertretern für das 2. Vierteljahr 80 Pfennig. (Postscheckkonto 5450 Amt Stuttgart, Württ. Landessparkasse Giro 6927.)

7. Mai 1933 Nr. 19 | 67. Jahrgang

Die im Konzentrationslager. Das Denken des Volkes kreist heute viel um die großen Konzentrationslager, in denen Tausende von Schutzhäftlingen untergebracht sind. Nicht immer ist dies Denken so, wie es sein sollte. Oft ist es von hämischer Schadenfreude oder rachsüchtiger Gesinnung oder schnodderiger Leichtfertigkeit getränkt. Oft wird über die in Konzentrationslager gewitzelt. Das ist eine unrichtige Haltung! Gewiß, man soll nicht in eine weichliche Gefühlsduselei verfallen und von Mitleid überströmen. Denn viele von denen, die im Konzentrationslager sind, hatten nichts Gutes vor. Wehe, wenn sie die Macht gewonnen hätten! Aber auf der andern Seite: daß da Tausende von deutschen Menschen hinter den Stacheldraht gebracht und von ihren eigenen Volksgenossen bewacht werden müssen, darin wird eine tiefe Not sichtbar. Eine Not, die man nicht belächeln kann. Denn diese Not geht auch uns an. Sie wird zu einer Anklage: „Warum duldeten wir diese Verführung und Verhetzung, die dann zwangsläufig zur Errichtung von Konzentrationslagern führte?" In diesen Lagern steckt viel Schuld; und ein gerüttelt Maß dieser Schuld fällt auch auf uns. Hüten wir uns vor jedem Pharisäertum! Aus solchem Geist wird der Riß nie überwunden, der mit der Tatsache des Konzentrationslagers so schmerzhaft deutlich geworden ist. Wir freuen uns, daß die Häftlinge menschlich behandelt werden und daß man in ihnen nicht Verbrecher, sondern Verführte sieht. Und wir freuen uns auch, daß nicht Strafe, sondern Erziehung und Gesinnungswandlung der Sinn der Konzentrationslager sein soll. Hier muß eine große Arbeit getan werden. Und sie sollte vom ganzen Volk, vor allem aber von der Kirche innerlich mitgetragen werden. Daß sie gelinge, dazu bedarf es viel Verständnis und — Liebe. Diese Menschen dürfen nicht das bittere Gefühl haben, Ausgestoßene und Verlachte zu sein. Sondern sie sollen es spüren, daß viel Sorge und Ernst sie umfängt. Es ehrt die Gesinnung, die kürzlich in einem Ausschreiben der führenden nationalsozialistischen Zeitung Württembergs zutage trat: Dort wurde das Bild einer Kolonne von Heuberghäftlingen veröffentlicht und an die Leser die Aufforderung gerichtet, ihre Gedanken beim Anblick dieses Bildes niederzuschreiben und einzusenden. Die besten Arbeiten werden veröffentlicht und das Honorar dem Lagerkommandanten überwiesen; ebenso alle Zuschriften, „deren Weitergabe an die Gefangenen wir erbitten werden, damit sie wissen, daß die Gefolgschaft Hitler's allein deshalb dem Marxismus den Fangstoß versetzte, um den deutschen Arbeiter zu seinem Volk zurückzuführen".

Unter dem Stichwort »Zur Weltlage« brachte das Stuttgarter Evangelische Sonntagsblatt im Mai 1933 diesen Kommentar zu der in der Öffentlichkeit längst bekannten Einrichtung von Konzentrationslagern. *(Bibl. OKR Stuttgart)*

nen.[185] Die aus Lagern wieder entlassen wurden, schwiegen meist über die widerfahrenen Schikanen; sie waren dazu verpflichtet worden. Wer jedoch ein aktives Interesse an diesen Vorgängen hatte, konnte wissen, was hinter den Stacheldrahtzäunen wirklich geschah. Es gab schon die ersten Todesopfer.[186]

Stöhrs außergewöhnliche Eingabe läßt sich erst voll würdigen, wenn man sie mit dem damals auch in kirchlichen Kreisen gängigen Urteil über die Konzentrationslager vergleicht. Das »Stuttgarter Evangelische Sonntagsblatt« – ein Beispiel für viele, keineswegs parteigesteuert, sondern im 67. Jahrgang (im Titelbild eine Friedenstaube mit dem Ölzweig im Schnabel!) – warb zur selben Zeit bei seinen Lesern mit warmen Worten für die »Tausende von Schutzhäftlingen« in den »großen Konzentrationslagern«, über die oft in »hämischer Schadenfreude oder rachsüchtiger Gesinnung [. . .] gewitzelt« würde. Naiv lobt der Schriftleiter, ein evangelischer Pfarrer, »daß nicht Strafe, sondern Erziehung und Gesinnungswandel der Sinn der Konzentrationslager sein soll. Hier muß eine große Arbeit getan werden. Und sie sollte vom ganzen Volk, vor allem aber von der Kirche innerlich mitgetragen werden«.[187]

Antwort durch einen Sonntagsblattartikel

Wie fast nicht anders zu erwarten war, hat Stöhr auf seine Anfrage vom Präsidenten des EOK keine Antwort erhalten, jedenfalls zunächst nicht. Dennoch hat der EOK auf eine äußerst überraschende Weise reagiert. Oberkonsistorialrat Pfarrer Friedrich Peter nahm die Sache selbst in die Hand. Ihn hatte das Gebet offensichtlich doch beschäftigt. Der ehemalige Bundespfarrer des Ostbundes des Jungmännerwerkes, ein strammer Nationalsozialist (einen Monat später war er bereits Bischof des von der sogenannten »Braunen Synode« errichteten evangelischen Bistum Magdeburg-Halberstadt),[188] unterstrich auf dem in den Akten liegenden, von Stöhr übersandten Blatt mit den »Gemeinsamen Gebetsanliegen« fünf Worte dick: »Kommunisten«, »Sozialisten«, »Pazifisten«, »Juden« und »Konzentrationslager«. In einem auffällig lang ausgefallenen handschriftlichen Kommentar – den vollen leeren Raum des Papiers nutzend – ließ er sich voll auf Stöhrs Herausforderung ein:

»Diese Gebetsanliegen enthüllen das Innere einer Seele, die unter dem Großen, das Gott gegenwärtig an unserem Volke tut, leidet. Es bedarf einer seelsorgerlichen Aufklärung großen Stils, um diese religiöse Pathologie innerhalb der Kirche, der wir vorstehen und dienen, in einen gesunden, Gottes Taten bejahenden Glauben hinüberzuführen. Manche Menschen halten es für einen besonderen Gottesdienst, dem Feinde ihre Liebe überschwänglich zu erweisen, wenn der Staat ihn gezähmt und ungefährlich gemacht hat. Dabei werfen sie dann gern einen verächtlichen Seitenblick auf den Staat, den Lieblosen, und verklären sich selbst in ihrer erhabenen christlichen Rolle zwischen den Fronten. Ein gefährliches Spiel mit religiösen Vokabeln – weiter nichts!

Peter 3./8.«

Und wie wenn Pfarrer Peter sich seiner Sache doch nicht so ganz sicher gewesen wäre, fügte er noch eine Anmerkung für den juristischen Vizepräsidenten Dr. Fürle hinzu:

»Herrn Ki[rchen] R[at] Dr. Fürle erg[ebenst]
Es handelt sich hier nicht um eine Einzelerscheinung. Solche Dinge wirken epidemisch. Ich gebe anheim, die Sache durch D. Freitag wenigstens in unserer Presse vorsichtig, würdig, aber bestimmt behandeln zu lassen.

Peter 7./8.«

Selbstverständlich bekam Pfarrer Freitag den Auftrag, »die Sache in der Presse zu behandeln«. Als erfahrener Reichspresseleiter der Deutschen Christen[190] ging er zum frühest möglichen Zeitpunkt in aller Öffentlichkeit – man muß schon sagen – zum Angriff auf Hermann Stöhr über. In Nummer 34 von »Evangelium im Dritten Reich«, dem »Sonntagsblatt der Deutschen Christen«, erschien von Freitag ein zweieinhalb Spalten langer Kommentar über »Die Grundbedingung zum kirchlichen Frieden.«[191] Wie schon sein Kollege Peter ging auch Pfarrer Freitag von der irrigen Annahme aus, hinter Stöhr formiere sich die große Widerstandsbewegung gegen den in vollem Gang befindlichen Siegeszug der Deutschen Christen innerhalb der evangelischen Kirche. Er behauptete in seinem Artikel, ohne dies je nachgeprüft zu haben, es würden »neuerdings von einer Stelle aus, ›Gemeinsame Gebetsanliegen‹ vorgeschlagen und bei Behörden und im Volke zu verbreiten versucht«.
Der Name Stöhr wurde nirgends erwähnt. Freitag konnte nicht wissen, da auch er Hermann Stöhr nicht persönlich geantwortet hat, daß »nur drei weitere Durchschläge dieser Anliegen ganz privat weitergegeben worden waren«. Es war keineswegs Stöhrs Art, unbedingt gleich an die Öffentlichkeit zu gehen und die Massen zu bewegen. Mit diesem Brief hatte er sich bewußt zunächst nur an die Leitung seiner Altpreußischen Kirche gewandt, um sie zum »Bekenntnis« zurückzurufen, wie Stöhr in einem späteren, ebenfalls unbeantwortet gebliebenen Brief sich ausdrückte.[192]

Auf Veranlassung von Oberkonsistorialrat Peter erschien in dieser Nummer des deutschchristlichen Sonntagsblattes »Evangelium im Dritten Reich« eine von Pfarrer Freitag verfaßte scharfe Zurückweisung von Stöhrs »Gemeinsamen Gebetsanliegen«. Persönlich bekam Stöhr von der deutschchristlichen neuen Kirchenleitung keine Antwort. ▶ *(LKA Stuttgart: S 64)*

Evangelium im Dritten Reich

Sonntagsblatt der Deutschen Christen

Herausgeber: Pfarrer Joachim Hossenfelder, Berlin SW 61, Großbeerenstr. 64

JAHRGANG 2 — BERLIN-SCHÖNEBERG, 20. AUGUST 1933 — NUMMER 34

Mit dieser Nummer tritt Bundespfarrer Friedrich Peter sein Amt als Hauptschriftleiter des „Evangelium im Dritten Reich" an. Der Ruf unseres Reichsleiters Pfarrer Hossenfelder in diese Arbeit traf eine der markantesten Führerpersönlichkeiten der Glaubensbewegung und der werdenden Volkskirche.

Bundespfarrer Peter wuchs als Junge unter den blauen Husaren in Merseburg auf. Als der Domgymnasiast sein Abgangszeugnis in der Tasche hatte und in Greifswald und Halle Theologie studiert, braust der große Kriegssturm auch über ihn hin. Er zieht ins Feld, rettet als Leutnant an der französischen Front zwei Geschütze aus Gastrommelfeuer und erhält das EK. 1.

Aus dem Feldzuge heimgekehrt, sieht er das starke Anwachsen der Gottlosenbewegung und die schwankende Haltung des Novemberstaates zur evangelischen Kirche. Er stellt die Neigungen zur Kunst und Philosophie hintenan und weiht von nun an seine Kräfte dem Dienst der Kirche. Ihm bedeutet dieser Dienst von Anbeginn ein Wagnis des Glaubens. Er arbeitet in Magdeburg-Krakau für die Innere Mission. Schon in Jessen bei Wittenberg sammelt er die Kämpfer Hitlers mit anderen zu religiöser Aussprache. Dann kommt Berlin. Pfarrer Peter beginnt zu ringen um die Jugend der Großstadt; denn er sieht in der Jugend die Hoffnung. Er sieht sie wieder zu heldischem Leben erwachen, aber weiß,

Unser neuer Hauptschriftleiter Bundespfarrer Friedrich Peter

321

Für die Leser des DC-Sonntagsblattes war es gewiß nicht leicht, die verdeckten Anspielungen in Freitags Artikel »Zur Lage« zu entschlüsseln. Der Grundgedanke war aber zu erkennen. Ein solcher Gebetsvorschlag mußte den von allen Gruppen gewünschten »kirchlichen Frieden« stören. Er ließ das notwendige »Umdenken in der Einstellung zu Adolf Hitler, seiner Bewegung, seinem Werk und seinen Regierungsmaßnahmen« vermissen, wie Freitag schrieb. Sind doch »auch die strengsten seiner [erg. Hitlers] Maßnahmen [. . .] weder Überheblichkeit, noch Machtgier, noch gar Grausamkeit entsprungen, sondern lediglich der harten Notwendigkeit seines ihm von Gott aufgetragenen Werkes der Errettung Deutschlands«. »Gegen ›nationalen Hochmut und ungerechtes Tun‹ zu beten«, bedeutete »weiter nichts, als Gott in den Arm fallen, mit dem er unser Volk aus dem Abgrund vollends emporführen will«. Die besondere Fürbitte für »Kommunisten, Sozialisten oder Pazifisten [. . .], die in Konzentrationslagern leben«, war »eine Aufreizung zum Ungehorsam, eine Zerspaltung der Seele des Volkes«, und »die ausdrückliche Nennung der notorischen Staats- und Volksfeinde und ihre Empfehlung für christliche Fürbitte sind einfach Hochverrat«.

Freitag sparte in seinem Kommentar nicht mit Kritik: Ein »Gebet, daß ›Gott unsrer Obrigkeit Demut verleihen‹ möge«, sei »unchristlich und verwerflich«. Er machte dem Verfasser des Gebets auch zum Vorwurf, daß er nicht in gleicher Weise zur Fürbitte aufgerufen hätte, »als rund 400 SA-Männer Rotmord zum Opfer fielen . . . Diese Männer und alle ihre Kameraden, die ihr Leben täglich zum Opfer darboten, waren Märtyrer nicht nur für den Staat, sondern ebenso für die Kirche, die sie mit jenem zusammen vor dem Untergang im Bolschewismus gerettet haben«.

Freitags Ausführungen gipfelten schließlich in der Bemerkung:

»Es ist ein pathologisches Christentum, sich urteilsloser Liebe gegen äußerlich unschädlich gemachte Schädlinge hinzugeben. Es wird zur Heuchelei, sobald man sich selbst dabei auch nur leise in der erhabenen Rolle christlicher Neutralität fühlt, ohne sich ernstlichst Mühe gegeben zu haben, Gottes offenbare Parteinahme für die der eigenen entgegengesetzte Gedanken- und Glaubenswelt durch eine Wundertat am deutschen Volk zu erkennen.«

Schreiben Stöhrs an den Präsidenten des EOK vom 8. 12. 1933. Stöhr hat mehrmals die Kirchenleitung wegen der noch ausstehenden Antwort angemahnt. ▶

(EZA: EOK Gen. VIII Nr. 9 Bd. XVIII)

E.O. I 3007-33

Stettin, den 8.Dezember 1933

Scharnhorst str.7

Evang. Oberkirchenrat
Eing: - 9 DEZ 1933

An den

Herrn Präsidenten

des Evangelischen Oberkirchenrates

Charlottenburg

Verehrter Herr Präsident!

E.O. I 2857/33 Am 18.November unterbreitete ich Ihnen anlässlich eines Aufsatzes sieben Fragen, die Herr Oberkonsistorialrat D. Freitag im „Evangelium im 3.Reich" vom 20.August aufwirft und für sich mit ja beantwortet und die ich mit nein beantworten muss. Da es hierbei um Bekenntnisfragen der Kirche geht, erbat ich hierzu eine kirchenamtliche Erklärung seitens der Leitung der Altpreussischen Union. Wann kann ich mit einer solchen Antwort rechnen?

Hochachtungsvoll

Ihr Ihnen sehr ergebener

Hermann Stöhr

Doktor der Staatswissenschaften

Mit Rücksicht auf die ungehörigen Inquisition in EO I 2857-33 Seite 2 unten keine Entscheidung ausgebracht, sondern:

z. d. A.

I. 34.

Berlin, Jebensstraße 3: Viele Jahre der Sitz des preußischen Oberkirchenrats, an den Stöhr unermüdlich Eingaben schickte. Heute ist dort u. a. das Evang. Zentralarchiv untergebracht, in dem ein Großteil der Akten, die über Stöhr Auskunft geben, gefunden wurden. *(Foto: Röhm)*

Stöhrs letzter Versuch

Erst im Oktober entdeckte Stöhr mehr zufällig die gegen ihn im DC-Sonntagsblatt gerichteten verletzenden Angriffe. Zuvor waren zweimal kurze, höfliche, aber hartnäckige Erinnerungs- und Mahnschreiben von ihm in Berlin angekommen, am 19. August und am 30. August:

»Da es sich um ein dringliches Anliegen handelt, bitte ich, mir baldmöglichst die erbetene Auskunft zu erteilen.«

Es war fast erstaunlich, daß er dann doch noch am 4. Oktober eine kurze, wenn auch nichtssagende Antwort aus Berlin erhielt:

»Auf die Anfragen vom 18. und 29. 8. betr. Seelsorge in den Konzentrationslagern erwidern wir Ihnen, daß die Angelegenheit staatlicherseits im Einvernehmen mit uns geregelt ist.«[193]

Auf den Gebetsvorschlag war der Oberkirchenrat nicht eingegangen.
Die Entdeckung von Freitags Kommentar – ohne Zweifel eine ungewöhnliche Art einer Behörde, Briefe zu beantworten –, war für Stöhr das Signal, seine bisherige Zurückhaltung aufzugeben. Am 18. November forderte er den Präsidenten des EOK noch einmal mit einem recht entschiedenen Schreiben heraus:

»Da eine weitere Antwort des EOK nicht vorliegt, muß ich seinen [sc. Freitags] Erklärungen grundsätzliche Bedeutung beimessen als einer Stellungnahme seitens der Leitung der Altpreußischen Kirche. Da ich jedoch nicht willens bin, mit dem Bekenntnis meiner Kirche im Widerspruch zu stehen, bitte ich um eine unmittelbare Auskunft über folgende, in dem genannten Aufsatz formulierte Anschauungen.«

Und dann folgten sieben wohlüberlegte Fragen an den »verehrten Herrn Präsidenten«:

»1. Sieht es auch der Evangelische Oberkirchenrat als ›Undank gegen Gott‹ an, wenn daran erinnert wird, daß vor dem Allmächtigen auch die allermächtigsten Menschen wie Staub sind? Matth. 10,28.
2. Ist der Wunsch ›unchristlich und verwerflich‹, daß Gott unserer Obrigkeit Weisheit und Demut verleihe? Spr. 11,2.
3. Betrachtet es auch der EOK als eine ›theologische Selbsttäuschung‹, wenn man dankbar der Fürbitte der internationalen Gemeinschaft der einen Kirche gedenkt? 2. Kor. 1,11.
4. Ist es ›unzeitgemäß und innerlich unbegründet‹, wenn man darum bangt, daß unser Volk nicht nationalem Hochmut und ungerechtem Tun verfällt? Darf man eine solche Bitte ein ›Gott in den Arm fallen‹ nennen? Jes. 13,11.
5. Ist ›religiös gesehen die Aufforderung besonders anstößig‹, für die Benachteiligten und Verfolgten sowie für die Gefangenen der Konzentrationslager zu beten? Liegt hierin ›eine Aufreizung zum Ungehorsam, eine Zerspaltung der Seele des Volkes‹? Matth. 25,36 u. 43.

6. Waren die rund 400 gefallenen SA-Männer, die im Kampfe gegen die anderen politischen Parteien, denen auch große Verluste zugefügt sind, fielen, wirklich ›Märtyrer für die Kirche‹? Ap. Gesch. 5,36.
7. Und wenn eine *politische Partei* große Erfolge erzielt hat, darf eine *unparteiische Kirche* dies schon als ›Gottes Wundertat am deutschen Volke‹ preisen? Auch ein Wilson und Sir Edward Grey gelten persönlich als aufrichtige Christen, ohne daß wir den äußeren Erfolg ihrer Politik, den Versailler Friedensvertrag von 1919, als Gottes Wundertat erkennen. Sach. 4,6.
Werden diese von Herrn Oberkonsistorialrat D. A. Freitag vertretenen Anschauungen vom Evangelischen Oberkirchenrat geteilt? Auch wenn diese Äußerungen lediglich als eine Privatmeinung zu gelten haben, erbitte ich Klarheit darüber, *welches evangelische Bekenntnis die Leitung der Altpreußischen Union in diesen Fragen vertritt.*
Hochachtungsvoll

Ihr Ihnen sehr ergebener
(gez.) Dr. Stöhr«

Auf einen solchen Brief gab es aus Berlin keine Antwort mehr. Oberkonsistorialrat Freitag schrieb in die Akten:

»Mit Rücksicht auf die ungehörige Inquisition (Seite 2) [gemeint war der Schlußsatz] keine Bescheidung angebracht, sondern: z. d. A.« [= zu den Akten].[194]

18. Solidarität mit den Juden

Die Berliner EOK-Akte mit der umfangreichen Korrespondenz zum Vorschlag der Fürbitte für Verfolgte ist noch in anderer Hinsicht aufschlußreich. Der Oberkirchenrat in Berlin hatte am 4. Oktober 1933 nicht nur Hermann Stöhr die kurze, nichtssagende Antwort zuteil werden lassen, sondern er veranlaßte gleichzeitig einen Bericht des Stettiner Konsistoriums über die »Persönlichkeit des Genannten«.[195] Man wollte jetzt wissen, woran man mit diesem unentwegten Briefeschreiber war.
Die Antwort, die der seit der DC-Machtübernahme im Evangelischen Konsistorium der Provinz Pommern seines Amtes waltende neue Provinzialbischof Karl Thom[196] weisungsgemäß nach Berlin geschickt hat, bringt noch eine weitere Seite im Bild Hermann Stöhrs ans Licht: seine Solidarität mit den verfolgten Juden.
Thom hatte zwei Berichte anfertigen lassen.[197] Der erste ist vom Stettiner Konsistorialrat Hans Ulrich,[198] einem politisch eher zurückhaltenden Kirchenbeamten, verfaßt. Er kannte Stöhr – wie er selbst schreibt – schon seit Jahren. Es lohnt sich, diesen Bericht voll wiederzugeben, allein schon wegen der vielen Einzelheiten, die er zur Person Stöhrs bringt; vor allem aber erfährt man durch ihn, welchem Urteil Stöhr damals selbst bei gemäßigten Kirchenleuten ausgesetzt war.
Den zweiten Bericht über die »Persönlichkeit des Dr. Stöhr« hatte der Stadtsuperintendent von Stettin, Alfred Semrau, angefertigt. Damals zählte dieser sich noch zu den Deutschen Christen, von denen er sich später allerdings abgewandt hat.[199] Auch aus Semraus Sicht war über Hermann Stöhr nur Kritisches zu berichten. Drei Vorgänge schienen ihm bemerkenswert.
Den ersten Vorgang kennen wir schon. Semrau erinnerte sich aus seiner Danziger Zeit, wie von Stöhr verfaßte Sonntags- und Gemeindeblattartikel »über die allgemeinen und kirchlichen Verhältnisse in Pomerellen und Posen« besonders in der Ostmark »viel Anstoß erregt« haben, »da er in einseitiger Weise das polnische Vorgehen gegen die Deutschen und die Evangelischen in den abgetretenen Gebieten verteidigte«.[200]
Sodann erwähnte Semrau den öffentlichen Begrüßungsabend zu seinem Dienstantritt in Stettin, bei dem er »über den Kampf meiner ostmärkischen Heimat gegen die polnischen Bedrückungen« berichtet habe. In einem anschließend an ihn gerichteten Brief hätte Stöhr dies »als schweren Mißklang der Feier und als unchristliche Hetze verurteilt«.
Schließlich hatte Superintendent Semrau noch über einen dritten Vorgang

Streng vertraulich.

Herr Dr. Stöhr ist mir seit Jahren bekannt . Seine Schwester ist eine sehr bewährte Bürokraft des hiesigen Provinzialverbandes für Innere Mission . Er selbst war früher m.W. im Zentralausschuss für Innere Mission beschäftigt , musste aber , wie ich hörte , dort wegen seiner unbesonnenen polenfreundlichen Aktionen ausscheiden . Ihn beseelt ein warmes Interesse für die Sache Christi und auch für die Landeskirche, jedoch weist er - wahrscheinlich aufgrund einer allgemein etwas krankhaften geistigen Konstitution - hierbei vier auffällige Absonderlichkeiten auf :

1. Ein übersteigertes , etwas schablonenhaftes Gerechtigkeitsempfinden , von dem aus er sich häufig in Einzelheiten sogar zum Verfechter der Feinde unseres Volkes berufen fühlt ,

2. Eine fanatische Ueberzeugung , jeder Christ sei verpflichtet , zu allen Dingen des öffentlichen Lebens vom Evangelium her sein Urteil zu sagen . Daher scheut er sich nicht , auch den höchsten Stellen in Staat und Kirche , ja unter Umständen sogar im Ausland , seine kritischen Ansichten zu unterbreiten . Mir ist bekannt , dass er sich z.B. in diesem Sommer an das Reichsgericht und an den Oberreichsanwalt gewandt hat , weil nach seiner Meinung bei der Vorbereitung des Reichstagsbrandprozesses nicht sachgemäss verfahren wurde . Ebenso ist er überall jetzt auf dem Plane , wo an dem kirchlichen Geschehen des letzten Sommers die Möglichkeit zur Kritik gegeben ist .

3.

3. Eine kurzschlüssige Verabsolutierung der Ethik der Bergpredigt , die ihn u.a. zum Pazifisten hat werden lassen.

4. Eine etwas mechanische Auffassung von der Notwen=digkeit , die una sancta auf Erden herzustellen . Er hält es aus den erwähnten Motiven in jeder christlichen Gemeinschaft für möglich und notwendig , in allen Fragen des Lebens einer Meinung zu werden . Er interessiert sich deshalb ebenfalls für alle ökumenischen Fragen (im Verlage Paul Müller , München , hat er in der Serie "Christliche Wehrkraft" ein ent=sprechendes Schriftchen herausgegeben). Mit staatlicher Un=terstützung ist er früher längere Zeit sowohl in Polen wie in den Vereinigten Staaten von Nordamerika gewesen , um Ma=terial für grössere wissenschaftliche Arbeiten über inter=nationale Liebestätigkeit zu sammeln .

Wegen seiner Absonderlichkeiten ist er schon jahrelang arbeitslos und m.E. eine sehr bedauernswerte Persönlichkeit.

Stettin , den 20. Oktober 1933.

Ulrich

Konsistorialrat .

Vertraulicher Bericht von Konsistorialrat Ulrich aus Stettin für den EOK in Berlin vom Oktober 1933 *(EZA: EOK Gen V Nr. 72 Bd. XIII)*

»Nur ein Jude.« Bleischnitt von Carl Meffert alias Clement Moreau aus dem Jahre 1933
(Aus: Werner Mittenzwei, Carl Meffert = Clement Moreau, Berlin [DDR] 1977, 58)

Abschrift eines Briefes von Hermann Stöhr an Rabbiner Dr. Elk in Stettin anläßlich des Judenboykotts vom April 1933 ▶ *(EZA: EOK Gen V Nr. 72 Bd. XIII)*

ABSCHRIFT. Stettin,den 1.Mai 1933.

Herrn

Rabbiner Dr.Elk

S t e t t i n

Schallehnstr.21a

Sehr geehrter Herr Rabbiner!

Namens einer kleinen Gruppe evangelischer Christen bringen wir Ihnen und der jüdischen Gemeinde Stettins unser Bedauern darüber zum Ausdruck,dass die Juden in dieser Stadt und im Reich seit dem Judenboykott vom 1.April und auch schon vorher einer feindseligen Haltung weiter Bevölkerungskreise ausgesetzt gewesen sind.Der Geist, der Ihnen hier entgegengetreten ist, entspricht weder rechtem deutschen Wesem noch "positivem Christentum",das viele Deutsche auf ihre politischen Fahnen geschrieben haben.Es ist unchristlich,Volksgenossen jüdischer Abstammung zu Bürgern zweiter Klasse oder zu Gästen zu degradieren.Es widerspricht sodann den höchsten Idealen des deutschen Volkes,Gästen gegenüber die gastfreundliche Gesinnung zu verleugnen,die man gemeinhin als ein nationales Kennzeichnen deutscher Eigenart ansieht.Noch ärger ist es, Volksgenossen lediglich wegen ihrer jüdischen Abstammung zu Feinden des deutschen Volkes zu erklären,ohne dass dieser Volksgruppe als Gesamtheit eine strafbare Handlung hat zur Last gelegt werden können.

In besonderer Teilnahme gedenken wir der wirtschaftlichen und seelischen Not,in die viele Juden durch diese Geschehnisse und zahlreiche Regierungsmassnahmen geraten sind.Wie es uns Christus zu einem ernsten Anliegen macht,dass die beteiligten Christen nicht in ihrer lieblosen Gesinnung verharren,so hoffen wir ebenfalls,dass die betroffenen Juden nicht in Verbitterung verfallen.So sehr uns auch politische und wirtschaftliche Parolen zu Hass und Feindschaft verführen wollen,erkennen wir es trotzdem als ein Gebot unseres gemeinsamen Vaters,dass zwischen Juden und Christen Verträglichkeit und Frieden,Freundlichkeit und Liebe herrschen.

gez.Pastor O.Rincke. Frau H. Chinnow. Dr.H.Stöhr,
Scharnhorststr.7.

zu berichten, der dann sogar zu einer persönlichen, wenn auch für ihn unerquicklichen Begegnung mit Stöhr geführt hatte. Was dabei zutage trat, ist für die Verhältnisse in der evangelischen Kirche in der damaligen Zeit außergewöhnlich. Was nur von wenigen evangelischen Christen gesagt werden kann, Hermann Stöhr war im April 1933 nicht nur über die öffentlichen Beschimpfungen von Juden und den Boykott ihrer Geschäfte empört, sondern er suchte gar die evangelische Kirche zu einem öffentlichen Solidaritätsakt für die Juden zu gewinnen.
Superintendent Semrau berichtete:

»Eine persönliche Begegnung und Aussprache hatte ich [. . .] mit Dr. Stöhr im Mai ds. J. auf Grund des in Abschrift beiliegenden Schreibens an den hiesigen Rabbiner, das Dr. Stöhr mir schickte mit der Aufforderung, von der Superintendentur bzw. der evangelischen Kirche aus auch öffentlich für die Juden einzutreten und gegen die betreffenden Regierungserlasse zu protestieren. Die daraufhin folgende mündliche Aussprache ergab bei Dr. Stöhr eine derartig pazifistische und von internationalistischen Aufklärungsideen beherrschte Einstellung und Verständnislosigkeit für die gegenwärtigen Lebensnotwendigkeiten des deutschen Volkes bzw. Staates sowie für die Aufgaben der Kirche ihrem Volk gegenüber, daß ich schließlich das Gespräch nach einer scharfen Zurückweisung seiner Vorwürfe gegen Staat und Kirche als zwecklos abbrechen mußte.«

Dem Brief nach Berlin lag die Abschrift eines Schreibens vom 1. Mai 1933 bei, das Hermann Stöhr, ein im Ruhestand lebender Pastor O. Rincke und eine Frau H. Chinnow »namens einer kleinen Gruppe evangelischer Christen« an den Stettiner Rabbiner Dr. Elk und an die jüdische Gemeinde Stettins gerichtet hatten und in der sie ihre Solidarität zum Ausdruck brachten.
Ohne Näheres davon zu wissen, hatten damit die drei Stettiner Christen eine Antwort gegeben auf die am 30. März 1933 von der Reichsvertretung der deutschen Juden an den Evangelischen Oberkirchenrat in Berlin telegrafierte Bitte um ein öffentliches »Wort, das im Namen der Religion von der evangelischen Kirche in Deutschland gesprochen wird, damit unwiderbringlicher Schade auch für Gemeinsames des Glaubens abgewendet werde.«[201] Der Deutsche Evangelische Kirchenausschuß hatte am 25./26. April zwar beraten, was zu tun sei, hielt dann aber doch ein Schweigen der Kirche in der Judenfrage für ratsamer.[202] Dietrich Bonhoeffer, der ähnlich empfand wie Stöhr, schrieb am 14. April an seinen Freund Erwin Sutz:

»Auch die Judenfrage macht der Kirche sehr zu schaffen und hier haben die verständigsten Leute ihren Kopf und ihre Bibel gänzlich verloren.«[203]

19. Ein Nein am 12. November 1933 zum Austritt Deutschlands aus dem Völkerbund

Der letzte uns aus dem Jahre 1933 bekannte Protest Stöhrs war an den seit September als Reichsbischof amtierenden Ludwig Müller gerichtet. Der Anlaß war nicht zufällig: Es war Müllers Aufruf zur Unterstützung der Reichstagswahl am 12. November 1933.

Deutschland werde die Abrüstungskonferenz in Genf verlassen und wolle gleichzeitig aus dem Völkerbund austreten, so hatte der Reichskanzler am 14. Oktober bekanntgegeben. Das deutsche Volk habe Gelegenheit, diesen Schritt in einer Neuwahl des Reichstags am 12. November zu bestätigen.[204]

Die Verbindung von beidem war einer der gekonnten Schachzüge Hitlers. Zur Tarnung der von ihm mit Macht geplanten Aufrüstung wollte der Diktator sich den Mantel eines Friedensengels umhängen. Eigens dazu hatte er – paradoxerweise – den spektakulären Austritt aus dem Völkerbund inszeniert. Bei den ohne jeden äußeren Anlaß vorgezogenen Reichstagswahlen – die letzte Wahl hatte erst am 5. März stattgefunden – konnte Hitler die wenigen, noch verbliebenen, nicht der NSDAP angehörenden Abgeordneten der übrigen Rechtsparteien und des Zentrums vollends loswerden. Sie waren ihm ein Dorn im Auge. Hitler wünschte sich für die kommenden großen außenpolitischen Reden einen rein nationalsozialistischen Reichstag. Er war sich offenbar sehr sicher, daß – nach der entsprechenden propagandistischen Vorbereitung – das deutsche Volk ihm seinen Wunsch erfüllen und seine bisherige Politik bestätigen werde.

Was heute nur sehr schwer verständlich gemacht werden kann: die Rechnung Hitlers ging auf. Bei einer Wahlbeteiligung von 96 Prozent stimmten am 12. November 95 Prozent der Deutschen mit Ja.[205]

Zwei Stimmen hatte jeder Wähler abzugeben: Ein Ja zur Politik der Reichsregierung und die Zustimmung zum neuen Reichstag.

Bei der zweiten Frage standen andere Parteien nicht mehr zur Wahl. Es handelte sich um eine Einheitsliste.[206]

In den Friedensreden, die er zuvor gehalten hatte, wie auch im Aufruf der Reichsregierung zum 12. November begründete Hitler seinen Schritt mit der in Genf verweigerten deutschen Gleichberechtigung durch die anderen Staaten:

»Die Deklassierung zu einem nicht gleichberechtigten Mitglied einer solchen Institution [sc. Abrüstungskonferenz] ist für eine ehrliebende Nation von 65 Millionen Menschen und nicht minder ehrliebende Regierung eine unerträgliche Demütigung.«

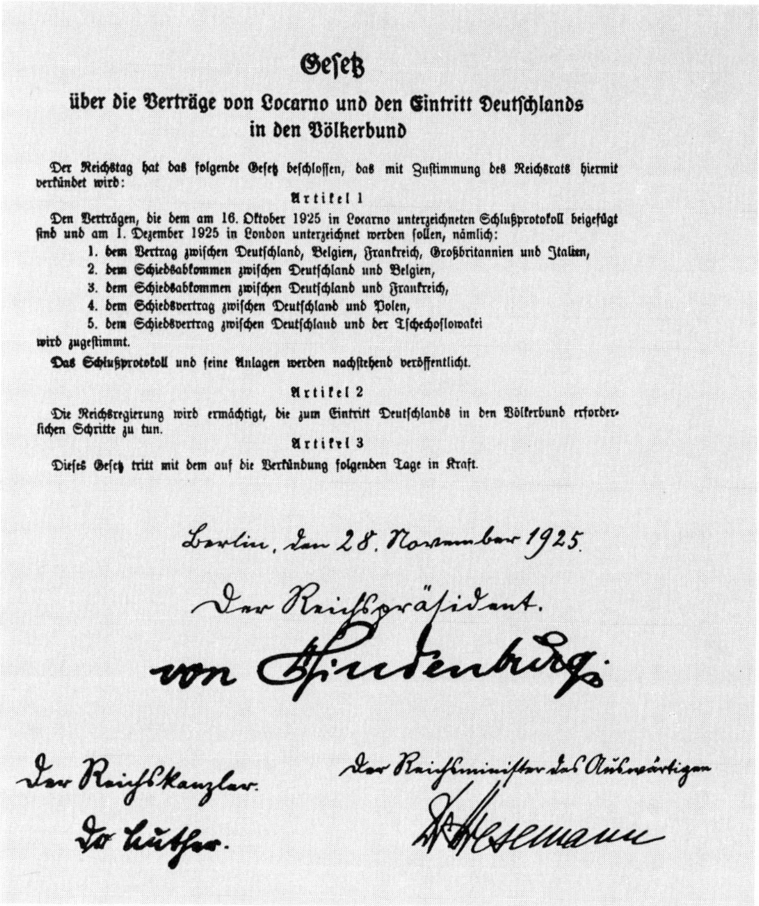

Gesetz

über die Verträge von Locarno und den Eintritt Deutschlands in den Völkerbund

Der Reichstag hat das folgende Gesetz beschlossen, das mit Zustimmung des Reichsrats hiermit verkündet wird:

Artikel 1

Den Verträgen, die dem am 16. Oktober 1925 in Locarno unterzeichneten Schlußprotokoll beigefügt sind und am 1. Dezember 1925 in London unterzeichnet werden sollen, nämlich:

1. dem Vertrag zwischen Deutschland, Belgien, Frankreich, Großbritannien und Italien,
2. dem Schiedsabkommen zwischen Deutschland und Belgien,
3. dem Schiedsabkommen zwischen Deutschland und Frankreich,
4. dem Schiedsvertrag zwischen Deutschland und Polen,
5. dem Schiedsvertrag zwischen Deutschland und der Tschechoslowakei

wird zugestimmt.

Das Schlußprotokoll und seine Anlagen werden nachstehend veröffentlicht.

Artikel 2

Die Reichsregierung wird ermächtigt, die zum Eintritt Deutschlands in den Völkerbund erforderlichen Schritte zu tun.

Artikel 3

Dieses Gesetz tritt mit dem auf die Verkündung folgenden Tage in Kraft.

Berlin, den 28. November 1925.

Der Reichspräsident.

von Hindenburg

Der Reichskanzler.

Dr Luther.

Der Reichsminister des Auswärtigen

Stresemann

Gesetz über Deutschlands Eintritt in den Völkerbund 1925.

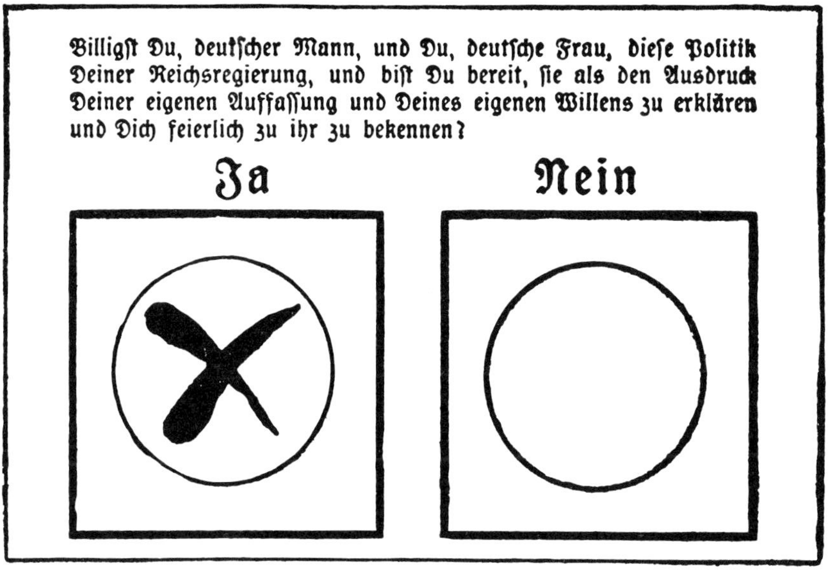

Billigst Du, deutscher Mann, und Du, deutsche Frau, diese Politik Deiner Reichsregierung, und bist Du bereit, sie als den Ausdruck Deiner eigenen Auffassung und Deines eigenen Willens zu erklären und Dich feierlich zu ihr zu bekennen?

Ja | Nein

Stimmzettel in grüner Farbe

Reichstagswahl

Wahlkreis [illegible]

Nationalsozialistische Deutsche Arbeiterpartei

(Hitlerbewegung)

Adolf Hitler

Rudolf Heß, Dr. Wilhelm Frick, Hermann Göring,

Dr. Joseph Goebbels, Ernst Röhm, R. Walther Darré,

Franz Seldte, Franz von Papen, Alfred Hugenberg.

Mit der Zustimmung zur Politik der Reichsregierung – 95 % sagten Ja – ließ Hitler sich am 12. November 1933 den Austritt Deutschlands aus dem Völkerbund bestätigen.
(Ullstein-Bilderdienst)

Ein nicht geringer Anteil an Hitlers Wahlerfolg ist der fast uneingeschränkten Unterstützung durch die beiden Kirchen quer durch alle Lager zuzuschreiben: Ob Deutsche Christen oder Pfarrernotbundmitglieder, ob Kirchenleitungen oder Evangelisches Jugendwerk, ob DC-Kirchenblatt oder pietistisches Wochenblatt »Licht und Leben«, alle überboten sich mit positiven Aufrufen und Treueschwüren.[207]
Landesbischof Wurm schrieb an seine Pfarrer:

»Ein wichtiger, vielleicht entscheidender Tag steht bevor. Nach langem, geduldigen Warten auf die Einlösung des Versprechens, das die Kriegsgegner im Versailler Vertrag gegeben haben, hat Deutschland die Abrüstungskonferenz verlassen und seinen Austritt aus dem Völkerbund erklärt. Das bedeutet nicht den Übergang zu einer kriegerischen Politik, aber eine nicht überhörbare Wahrung der Ehre unsres Volkes und ein Protest gegen die unwahrhaftigen Methoden der hochgerüsteten Staaten, die es fertigbringen, die eigene Sicherheit durch das völlig schutzlos daliegende Deutschland für bedroht zu erklären. [. . .] Am 12. November muß es sich zeigen, daß das ganze Volk sich zu dem Schritt des Kanzlers bekennt und daß kein Feind mehr hoffen darf, mit der Uneinigkeit des deutschen Volkes Geschäfte zu machen. Die evangelische Kirche, die auch in den letzten Jahrzehnten trotz vieler Anfeindungen um Recht und Wahrheit in den Beziehungen der Völker gerungen hat, stellt sich freudig und geschlossen hinter den Führer; ihre Diener werden gerne dazu mithelfen, daß unser Volk die Bedeutung dieser Volksbefragung erkennt und die rechte Antwort gibt.«[208]

Schon einen Tag nach Hitlers Ankündigung des Austritts aus dem Völkerbund hatten Pfarrer des Pfarrernotbundes, darunter Martin Niemöller und die Berliner Pfarrer Harnisch und Müller, an den Reichskanzler telegrafiert:

»Wir danken für die mannhafte Tat und das klare Wort, die Deutschlands Ehre wahren. Im Namen von mehr als 2500 evangelischen Pfarrern, die der Glaubensbewegung Deutsche Christen nicht angehören, geloben wir treue Gefolgschaft und fürbittendes Gedenken.«[209]

Der Aufruf des deutschchristlichen Reichsbischofs Müller – im Gesetzblatt des DEK veröffentlicht – unterschied sich in nichts von den anderen Zustimmungserklärungen:

»Wir deutschen evangelischen Christen nehmen die Errettung unseres Volkes durch unseren Führer Adolf Hitler als ein Geschenk aus Gottes Hand. Wir stimmen von ganzen Herzen zu, daß der Kanzler Leben und Ehre der Nation verteidigt; wir sind mit ihm eins in seinem echten und wahrhaften Friedenswillen gegenüber den anderen Völkern der Erde.
Bei dem großen Streit der Meinungen, die entstanden sind durch Deutschlands Austritt aus dem Völkerbund, geht es ja um viel mehr als um die Dinge des äußeren vergänglichen Lebens. Es geht darum, ob im Leben der Völker und der Menschen die Wahrheit herrschen soll oder die Lüge.«

Und daraus schloß der Reichsbischof:

»Ich fordere darum alle evangelischen Kirchen und Gemeinden Deutschlands auf, sich der gewaltigen nationalen Aufgabe, die uns obliegt, bewußt zu werden und bei jeder Gelegenheit, auch in Gottesdiensten und bei kirchlichen Feiern, die Gemeindeglieder zur Erfüllung ihrer vaterländischen Pflicht am 12. November zu rüsten und zu festigen.«[210]

Hermann Stöhr wird gewußt haben, daß er mit seinem Protestbrief an den Reichsbischof im Grunde fast gegen den gesamten damaligen Protestantismus in Deutschland angetreten war. Erstaunlich nüchtern kommt er in seinem dreiseitigen Schreiben sehr rasch auf den entscheidenden Punkt. Er schreibt:

»Ich kann nicht umhin darauf aufmerksam zu machen, daß Ihre Begründung [. . .] nicht überzeugt, wenigstens nicht den, der nach einer evangelischen Begründung fragt [. . .] Wo liegt hier eine Wahrheitsfrage? [. . .] Man kann aus einem evangelischen Verantwortungsbewußtsein heraus am 12. November auch mit Nein stimmen, nicht weil man gegen ›Gleichberechtigung und Frieden‹ ist, sondern, weil man den eingeschlagenen Weg nicht billigt.«[211]

Stöhr verschweigt nicht, daß auch er »die immer noch andauernde Rüstungsungleichheit unter den Völkern [. . .] als Anwachsen der Schwierigkeiten« in der Völkergemeinschaft empfinden muß. Aber, so sein Argument, »evangeliumsgemäß darf man diese Dinge doch so ansehen: Gott hat unserem Volk hohe Gaben verliehen, mit denen es sich andern Völkern gegenüber auswirken soll. Solche Gaben sind Aufgaben – auch gegenüber schwierigen Völkern und einer schwierigen Völkergemeinschaft«. Und Stöhr gibt zu bedenken, daß mit dem Austritt aus dem Völkerbund eher das Gegenteil erreicht wird: »Im Ausland hat er die Kreise gestärkt, die Deutschland unfreundlich gesonnen sind und die die Rüstungen ihrer Länder nicht zu verringern wünschen.«
Doch das war für Stöhr, obwohl er jahrelang mit den Freunden vom Versöhnungsbund und vom Weltbund für die Genfer Abrüstungsverhandlungen und für den Völkerbund gekämpft hatte, im Augenblick noch nicht einmal der Punkt. Entscheidender war für ihn, daß mit solchen Einheitsaufrufen die Kirche ihre »traditionelle Überparteilichkeit preisgegeben« hatte und zwar in einer Zeit, in der »nur von *einer* Parteiauffassung die öffentliche Bekundung möglich ist«.
Zurückhaltender ließen sich der politische Terror und die auch bei den anstehenden Wahlen zu erwartenden Pressionen gegen Andersdenkende nicht umschreiben. Wäre Kirche noch Kirche, dann müßte sie jetzt »Anwalt vergewaltigter Gewissen« sein, schreibt Stöhr. Das Gegenteil war der Fall. Die Anordnungen waren schon getroffen, daß am Tag des »Bekenntnisses zur Politik des Friedens, der Ehre und der Verständigung« die Kirchen –

wieder einmal – beflaggt werden und daß – wie an einem hohen Festtag – der 12. November »mit allen Kirchenglocken« am Vorabend eingeläutet wird.[212]

Der Brief an den Reichsbischof gab Stöhr Gelegenheit, diesen noch auf ein anderes Ärgernis zu verweisen, zu dem die Kirche jetzt nicht schweigen sollte. Die entsprechende Information hatte Stöhr offenkundig erst aus der Morgenzeitung, dem Stettiner General-Anzeiger, entnommen. Entsetzt las er, was Hitler am Vortag, dem 5. November, auf einer Wahlversammlung in Elbing zur Jugenderziehung gesagt hatte:

»Wenn der Gegner erklärt: ›Ich gehe doch nicht zu euch und ihr werdet mich auch nicht bekommen‹, so sage ich ruhig: Dein Kind gehört uns bereits heute! (Lebhafter Beifall). Ein Volk lebt ewig. Was bist du? Du vergehst, aber deine Nachkommen stehen schon im neuen Lager. Sie werden in kurzer Zeit überhaupt gar nichts anderes mehr kennen als diese neue Gemeinschaft.«

Dazu fragt Stöhr:

»Wird meine Kirchengemeinschaft zu diesem Kanzlerwort schweigen? Wenn die herrschende Partei die Kinder ihren Eltern mit Gewalt entfremden will, kann da die Kirche schweigen?«

Wenige Wochen später – auch Stöhr konnte dies noch kaum ahnen – überführte derselbe Reichsbischof, an den solche Fragen gerichtet waren, das gesamte Evangelische Jugendwerk mit damals 800 000 Mitgliedern unter arglistiger Täuschung ihrer Führer geschlossen in die Hitlerjugend.[213] Stöhr brauchte sich also nicht wundern, daß es auf seine Anfrage keine Antwort gab. Am Schluß seines Briefes findet man mit Datum vom 14. 11. die Verfügung: »Eine Beantwortung lohnt nicht. Daher z. d. A.« [= zu den Akten].

Stöhrs Anfrage hat Ludwig Müller aller Wahrscheinlichkeit nach nie zu Gesicht bekommen. Sie wurde zuständigkeitshalber von den Konsistorialräten Dr. Krummacher und Dr. Wahl im Kirchlichen Außenamt auf diese einfache Weise vorwegbeschieden. Krummacher bekräftigte den Entscheid noch mit einer Randnotiz auf der ersten Seite von Stöhrs Eingabe: »Alter Querulant«.

Es bleibt erstaunlich, daß Stöhr trotz des behördlichen Schweigens immer wieder zu solchen Briefen seine Zuflucht nahm. Nimmt man alle Schreiben zusammen, die er im Jahr des Anbruchs der nationalsozialistischen Gewaltherrschaft an höchste kirchliche Stellen gerichtet hat – es gab deren mehr als uns erhalten sind –, dann ergibt sich das Bild eines Mannes, der zu den ganz wenigen gehörte, die damals dem nationalen Rausch nicht verfallen waren. Stöhr wollte nicht, auch nicht unter dem Eindruck des von den Vielen stürmisch gefeierten nationalen Frühlings, kurzerhand über die zahlreichen Opfer dieser Revolution zur Tagesordnung übergehen. In ihnen

kündeten sich ihm bereits die Verbrechen und die Gewalttaten im Großen an. Und darum kämpfte Stöhr auch für unbedingte Wahrhaftigkeit in der Kirche. Er tat dies auf eine sehr individuelle Weise, ohne sich erkennbar in die allmählich entstehende Bekennende Kirche einzureihen.
Er blieb damit in der Tradition seiner Vorfahren. Die Familie mütterlicherseits, die Radeke, kamen aus Österreich. Sie hatten das Land unter Maria Theresia verlassen, weil sie an ihrem lutherischen Glauben festhalten wollten. So kamen sie nach Pommern, wo sie sich unter dem Schutz Friedrich des Großen ansiedeln konnten.[214]

20. *Exkurs:* Im Jahr der Einführung der allgemeinen Wehrpflicht 1935 – Gesetzliche Regelungen für Kriegsdienstverweigerer außerhalb Deutschlands

Zum 17. März 1935, dem Sonntag Reminiscere, schrieb der Ulmer Münsterpfarrer, August Ebert, keineswegs ein deutscher Christ, für seine Gemeinde ein Waffenlied:

Das Waffenlied

Zum 17. März 1935

Nun braust es in den Lüften
Und knattert im Gesträuch
Und hallt aus fernen Schlüften
Durchs liebe Deutsche Reich:
  Jetzt magst du friedlich schaffen,
  was unverloren sei;
  du hast nun wieder Waffen,
  Deutschland, und du bist frei!

Der Bauer hält die Saaten,
Die Mutter ihren Herd,
Der Werkmann seine Taten
Aufs neue wieder wert.
  Die Zeit, da Fremde raffen
  das Unsre, ist vorbei;
  du hast nun wieder Waffen,
  Deutschland, und du bist frei!

Da wächst aus deutscher Erden
Aufs neu ein starker Stamm;
Die weichen Knie werden
Nun wieder fest und stramm.
  Hinweg mit all dem schlaffen
  und jämmerlichen Brei!
  Dein Volk trägt wieder Waffen,
  Deutschland, und du bist frei!

Und Volk und Führer wenden
Die Herzen im Gebet
Zu Dem, in dessen Händen
All unser Schicksal steht.
  Der Du den Mann erschaffen,
  daß er ein Schirmer sei,
  Herr, segne unsre Waffen!
  Halt unser Deutschland frei!

Pfarrer August Ebert[215]
(am Ulmer Münster)

Am Tag zuvor, am 16. März 1935, nachmittags, hatte Hitler die Botschafter Frankreichs, Englands, Italiens und Polens zu sich gebeten und teilte ihnen den Entschluß der Reichsregierung zur Einführung der allgemeinen Wehrpflicht mit. Dies war ein glatter Bruch des Versailler Vertrags. Hitler begründete in einer »Erklärung der Reichsregierung« seinen Schritt mit der steigenden Aufrüstung in der übrigen Welt, besonders in Rußland, und mit der Erhöhung der Militärdienstzeit in Frankreich auf zwei Jahre. Er kündigte an, 36 Divisionen mit einer Friedensstärke von 550 000 Mann aufstellen zu lassen. Zunächst war aus psychologischen Gründen in Deutschland eine einjährige, noch vor Ablauf eines Jahres die zweijährige Dienstpflicht vorgesehen. Schon am 9. März hatte die deutsche Regierung das Ausland offiziell wissen lassen, daß Deutschland wieder eine Luftwaffe besitze; auch sie war insgeheim, unter Bruch des Versailler Vertrags, aufgebaut worden.[216]

Seit 1919 hatte es in Deutschland keine allgemeine Wehrpflicht mehr gegeben; jetzt war auch in diesem Punkt die »Ehre« wiederhergestellt. Nach dem neuen Wehrgesetz war »Wehrdienst Ehrenpflicht am deutschen Volke«. Über ihren militärischen Zweck hinaus sollte die Wehrmacht aber auch »die soldatische Erziehungsschule des deutschen Volkes sein«.[217] Damit war jeder, der nicht »dienen« wollte, gesellschaftlich geächtet. »Die Erziehung«, so hatte Hitler in »Mein Kampf« geschrieben, hat »ihre letzte Vollendung im Heeresdienste zu erhalten. Wie denn überhaupt die Militärdienstzeit als Abschluß der normalen Erziehung des durchschnittlichen Deutschen gelten soll.«[218]

Was die radikalen Pazifisten in Deutschland jahrelang nur theoretisch diskutiert hatten, stand für die Wehrpflichtigen unter ihnen jetzt zur persönlichen Entscheidung an. Hermann Stöhr war 1935 zwar schon 37 Jahre alt, trotzdem mußte auch er damit rechnen, daß irgendwann sein Jahrgang zu einer Wehrübung einberufen würde.

Reichsausgabe

Evangelium im dritten Reich

Die Kirchenzeitung der evangelischen Nationalsozialisten

Jahrgang 3 | Berlin SW 11, 29. Juli 1934 | Nummer 30

**Niemand hat größere Liebe denn die,
daß er sein Leben läßt für seine Freunde**

Joh. 25, 13

373

Deutschchristliches Sonntagsblatt (LKA Stuttgart: S/64)

Die Kirche und ihre Kriegsdienstverweigerer

War jetzt nicht auch für die Kirche die Stunde zum Handeln gekommen, um für die wenigen Kriegsdienstverweigerer, die zu erwarten waren, innerhalb und außerhalb der evangelischen Kirche einzutreten? Hätte sie sich nicht spätestens jetzt an die beschwörenden Worte von Otto Dibelius aus dem Jahre 1930 erinnern müssen? (»Über diese christlichen Pazifisten wird die Kirche ihre Hände halten . . . So werden auch die deutschen Landesbischöfe für die Glieder ihrer Kirche eintreten, die nichts weiter wollen, als Gott gehorsam sein. Und Schande über sie, wenn sie es nicht tun!«)[219]

Die einzige Sorge der Kirche in diesem Zusammenhang galt damals der Militärseelsorge. Sie mußte den erhöhten Anforderungen eines rasch wachsenden Heeres angepaßt werden. Ein solcher Dienst war – auch im Dritten Reich – immer noch möglich, wenn auch unter zunehmenden Beschränkungen. Den rechtlichen Rahmen bildete die »Evangelisch-militär-kirchliche Dienstordnung für das Reichsheer und die Kriegsmarine« vom Februar 1929 und – auf katholischer Seite – das Reichskonkordat vom Juli 1933.[220]

Soweit die Militärseelsorge in ihrer »Verkündigung« auf »die Mittel der Polemik« verzichtete, war ihr Dienst nach den Vorstellungen des Oberkommandos des Heeres sogar ausgesprochen erwünscht als »ein wichtiges Mittel zur Stärkung der Schlagkraft des Heeres« und »zur Förderung und Aufrechterhaltung der inneren Kampfkraft«.[221]

Sich für die wenigen evangelischen Kriegsdienstverweigerer einzusetzen, wäre in der politisch veränderten Situation des Naziregimes für jeden sicher ein gewagtes Unterfangen gewesen. Der Chef des Sicherheitshauptamtes und der Sicherheitspolizei, SS-Gruppenführer Heydrich, setzte seine Gestapospitzel gezielt auf Pazifisten jeglicher Herkunft an. So waren auch die Anhänger des ökumenischen Pazifismus verdächtig, wie aus einer Arbeitsanweisung des SD-Hauptamtes vom Februar 1938 hervorgeht:

> »Die Ökumene stellt den politisch internationalen Protestantismus dar«, heißt es da. »Diese Bewegung ist ohne den Hintergrund der liberal-demokratischen Welt nicht denkbar. Sie trägt einen marxistischen, pazifistischen und jüdischen Charakter. Der Einfluß der ökumenischen Bewegung auf das deutsche Kirchenleben ist sehr groß.«[222]

Trotzdem scheint von seiten des Weltbundes für Freundschaftsarbeit der Kirchen nach Einführung der allgemeinen Wehrpflicht der Versuch gemacht worden zu sein, eine Regelung zur Anerkennung von evangelischen Kriegsdienstverweigerern im Kriegsministerium zustande zu bringen. Leider wissen wir über diesen – allerdings gescheiterten – Versuch bis heute noch nicht sehr viel.

In den Akten des späteren Prozesses von Stöhr liegt ein Brief, den Superin-

Landesbischof Wurm als Gast bei einem Manöver 1934 (2. von links). *(Foto: privat)*

tendent Max Diestel aus Berlin im Auftrag der »Deutschen Vereinigung des Weltbundes für internationale Freundschaftsarbeit der Kirchen« an das Feldkriegsgericht in Kiel im Oktober 1939 geschrieben hat, in dem er von Verhandlungen »mit dem betreffenden Referenten im Kriegsministerium bei der Verkündigung des Wehrgesetzes« berichtet. Man habe ihm damals »zugesagt, daß in der praktischen Behandlung solcher Fälle [gemeint waren Kriegsdienstverweigerer, d. Vf.] man nachsichtig verfahren wolle und dafür habe ich auch schon Beweise erhalten. Die Gesetzgebung«, so fügte Diestel für das Gericht noch hinzu, »hat ja auch in anderen Ländern den religiösen Bedenken gegen Waffendienst Rechnung getragen.«[223]
Diestel hatte recht. Es gab eine Reihe von Ländern – vornehmlich protestantische –, die gesetzliche Regelungen für den Ersatzdienst von Kriegsdienstverweigerern kannten. Auch wenn die Hoffnung auf Einführung ähnlicher Bestimmungen im Hitlerdeutschland gering war, hat Stöhr sich später immer wieder auf diese, ihm natürlich bekannten Beispiele berufen.

Anerkennung von Kriegsdienstverweigerern außerhalb Deutschlands

Das Land mit der wohl ältesten Tradition der Anerkennung von Kriegsdienstverweigerern sind die *Niederlande.* 1577 befahl Wilhelm von Oranien der Obrigkeit von Middelburg die dort ansässigen Mennoniten vom Kriegsdienst zu befreien.[224] 1917 wurde durch einen Armeebefehl und 1922 durch ein Gesetz allgemein die Freistellung von Kriegsdienstverweigerern geregelt. Von 1923 bis 1930 beriefen sich jährlich etwa 10 bis 20, seit 1931 jährlich 40 bis 60 und 1939 bereits 400 Personen auf das Verweigerungsgesetz.[225]
Die *nordischen Länder* führten ähnlich lautende Wehrbefreiungs- und Ersatzdienstregelungen ein: *Dänemark* 1917, *Norwegen* 1922, *Schweden* 1920 bzw. 1923 und *Finnland* 1922. Seit 1931 war in Finnland die Verweigerung allerdings nur in Friedenszeiten möglich. In Dänemark wurde 1933 die Härte der dreifachen Ersatzdienstzeit abgemildert.[226]
Das Land in Europa, das 1935 die größte Zahl an anerkannten Kriegsdienstverweigerern aufzuweisen hatte, war *Großbritannien.* Schon seit Einführung der allgemeinen Wehrpflicht im Jahre 1916 gab es dort auf Betreiben der Quäker eine entsprechende gesetzliche Regelung. Im Ersten Weltkrieg haben in England 16000 Männer den Kriegsdienst verweigert, etwa 10000 davon übernahmen einen zivilen Ersatzdienst bzw. den waffenlosen Dienst in der Armee oder bei der von den Quäkern organisierten Sanitätstruppe. Die restlichen 6000 wurden vor ein Kriegsgericht gestellt und zu schweren Gefängnisstrafen verurteilt, die – teils unter unwürdigen Umstän-

den – vollzogen wurden. 3750 von ihnen entschlossen sich später doch zum Zivildienst. Zehn starben im Gefängnis, 59 kurz nach der Entlassung aus der Haft.[227]

Auch *außerhalb Europas* gab es im Jahr 1935 Länder, die Kriegsdienstverweigerern Befreiung vom Wehrdienst gewährten wie *Kanada, Neuseeland, Paraquay, Brasilien* und *Australien.* Teilweise beschränkten diese Länder die Verweigerungsmöglichkeit auf bestimmte religiöse Gruppen, vornehmlich die Mennoniten.

Nach Einführung der allgemeinen Wehrpflicht in den *USA* 1916/17 wurden auch dort den Mitgliedern der Friedenskirchen (Church of the Brethren, Quäker, Mennoniten) und von Sekten mit pazifistischem Bekenntnis (Zeugen Jehovas, Adventisten) die Möglichkeit eines Ersatzdienstes geboten. Von 2,8 Millionen Dienstpflichtigen, die während des Ersten Weltkrieges in den USA eingezogen wurden, waren 56 800 anerkannte Kriegsdienstverweigerer; 20 800 davon wurden zum Ersatzdienst herangezogen.

Frühere Regelungen in Deutschland

Es gab also 1935 bei Einführung der allgemeinen Wehrpflicht für die Deutschen in nicht wenigen anderen Ländern schon eine Tradition der Kriegsdienstverweigerung und des Ersatzdienstes. Selbst *in Deutschland* hatte es dies schon einmal gegeben. Die älteste Regelung hierzulande ist das »Gnadenprivilegium für die Mennonitengemeinden im Königreich Preußen« vom 25. 3. 1780, durch das Friedrich der Große die Mennoniten »auf ewig vom Militärdienst freistellte«. Die Verweigerer hatten als Ersatz für den Wehrdienst allerdings hohe Steuern zu entrichten, teilweise wurden sie auch in der Gewerbefreiheit eingeschränkt. In ähnlichen Edikten wurde dieses Recht 1789, 1840 und 1844 erneuert. Im Laufe der zweiten Hälfte des 19. Jahrhunderts mußten die Mennoniten jedoch sich mit dem allmählichen Abbau ihrer Privilegien in Preußen abfinden. Das Wehrpflichtgesetz des Norddeutschen Bundes von 1867 sah keinerlei Möglichkeit der Verweigerung mehr vor, wenngleich der Ausweg des militärischen Sanitätsdienstes durch eine besondere Kabinettsorder auch zu dieser Zeit noch offen blieb.

Im Ersten Weltkrieg gab es in Deutschland nur wenige Fälle von Dienstverweigerung aus Gewissensgründen. Einige der Verweigerer – meist Siebentags-Adventisten – hatte man für unzurechnungsfähig erklärt und in Heilanstalten eingeliefert. Andere wurden zu Gefängnisstrafen verurteilt.[229]

21. Fürbitte für die Obrigkeit

Aus dem Jahr der Einführung der allgemeinen Wehrpflicht in Deutschland sind uns keine streitbaren Briefe von Hermann Stöhr an eine Kirchenbehörde oder eine staatliche Stelle bekannt. Wurden sie nur zufällig bisher nicht gefunden oder hatte sich Stöhr inzwischen ins Private zurückgezogen? Es sind Rückschlüsse möglich aus späterer Zeit. 1937 hat Stöhr unter dem Titel »Die Fürbitte für die Obrigkeit« eine zweite Schrift im Eigenverlag veröffentlicht, eine Sammlung von Gebeten aus verschiedenen Ländern und Jahrhunderten. Vorarbeiten hierzu waren in einigen christlichen Blättern von Ende 1934 bis in das Jahr 1937 erschienen.[230] Schon das Thema ist interessant. Man mag dies einen Rückzug nennen, gewiß aber nicht ins Private.

Die nur 35 Seiten umfassende Broschüre zeigt, daß Stöhr inzwischen auch gelernt hatte, seine Leser in der – der Bekennenden Kirche immer vertrauter gewordenen – indirekten Weise anzusprechen. Damals gab es zwei Wege, auf denen man den Gestapospitzeln nicht schon beim ersten Schritt offen in die Arme lief: Die gezielte Auswahl von Bibelworten, die in bestimmten Situationen unmittelbar verständlich waren, und das Erzählen geschichtlicher Ereignisse, die zum Gleichnis für die Gegenwart wurden.

Schon die Inhaltsübersicht von Stöhrs Schrift zeigt, daß die Themen dieselben geblieben sind: »Vergebung der Sünden« (= Aus der nationalen Mitverantwortung der Kirche folgt, daß sie sich auch um eine evangelische Erkenntnis öffentlichen Unrechts bemühen muß), »Die nationale Bedeutung der Fürbitte« (= Jedes Volk hat seine Eigenart vor Gott, die freilich verpflichtet), »Die Fürbitte für alle Obrigkeit« (= Sie ist eigentlich mit der Bitte um den Frieden in aller Welt gegeben), »Ökumenische Anliegen«.

Für die Verfolgten

Wenn Stöhr schon auf den ersten Seiten ein Gebet aus dem ersten Clemensbrief (61 n. Chr.) zitiert (»Du, o Herr, gabst ihnen die Befugnis der Königsherrschaft durch deine gewaltige und unaussprechliche Macht. [. . .] Du, Herr, lenke ihre Ratschlüsse nach dem Guten und vor dir Wohlgefälligen, auf daß sie in Friede, Eintracht und Frömmigkeit, die von dir ihnen anvertraute Gewalt ausüben und vor dir Gnade finden.«), dann genügt ihm ein einziger Nachsatz, um den Bezug zur Gegenwart, zum Jahr 1937, herzustellen:

»Diese Fürbitte ist um so beachtenswerter, als sie aus einer Zeit stammt, da die christliche Gemeinde einer heidnischen und sie oft verfolgenden Obrigkeit gegenüberstand.«[231]

Längst hatte die Bekennende Kirche sich an mehrseitige Fürbittenlisten mit den Namen inhaftierter und verfolgter Christen in Deutschland gewöhnt.

Fürbitte im Zeichen der Aufrüstung

Ein anderes Beispiel: Zwei Jahre zuvor, im Jahr der Einführung der allgemeinen Wehrpflicht, hatte Stöhr »Anliegen einer Fürbitte für Volk und Staat« formuliert, die auch 1937 ihm noch aktuell schienen:

»Nicht nach mehr Macht und Stärke soll uns verlangen, sondern danach, daß unsere nationale Schwachheit zum Gefäß göttlicher Stärke werde.
Nicht das bloße äußere Wachsen und Zunehmen unserer Nation ist das von uns von Gott gesteckte Ziel, sondern daß wir im Wachsen oder Sterben – Christi Wesen verkünden.
Nicht auf ein sorgenloses Leben unserer Volksgenossen und nachfolgender Generationen kommt es an, sondern darauf, daß durch alle Schwierigkeiten und Trübsale unsere Abhängigkeit vom Allmächtigen und unser Geborgensein in ihm den anderen Völkern kund werde.«[232]

Stellt man diesem Gebetsanliegen eine der Partei- und Hitlerreden aus dieser Zeit gegenüber, wird deutlich, wie sehr Stöhr auf seine Weise zum Jahr der »wiedererlangten deutschen Ehre und Macht« gesprochen hat.

Fürbitte in England

Mit Vorliebe zitierte Stöhr Gebete aus andern Ländern. Sie waren wie ein Spiegel für die in ihr nationales Getto gezwängten deutschen Leser. Ein Beispiel: 1936 waren deutsche Truppen in das vertraglich entmilitarisierte Rheinland einmarschiert. Frankreich und England standen vor der Entscheidung, dagegen ihrerseits militärisch einzugreifen. Sollte die englische Kirche diese politischen Vorgänge konkret in ihre Fürbitte aufnehmen? Diese Frage wurde in England öffentlich diskutiert und Stöhr berichtet darüber im Sinne eines Lehrstücks. Im März 1936 hatte Kanonikus Davy namens des Domkapitels der Kathedrale von Liverpool erklärt, es sei »als unseres Glaubens und unseres Lebens unwürdig, eine Fortdauer des Geistes der Nichtgleichberechtigung Deutschlands zu erzwingen. Wir können nicht um den himmlischen Segen für Vorschläge bitten, die das Leben der heranwachsenden Generation für einen neuen Krieg verpfänden würden.« Ähnlich äußerte sich auch das Oberhaupt der englischen Staatskirche, der

Erzbischof von Canterbury, was verständlicherweise die bittere Kritik des englischen Kriegsministers hervorrief. Er müsse sich eine Einmischung der Kirche in politische Dinge verbitten. Stöhr schließt seine eingehende Darlegung mit der Frage: »Ob dieser Kriegsminister auch die kirchliche Fürbitte für das Gelingen von Regierungsmaßnahmen ablehnen würde? Wohl nicht. [. . .] So muß er schon seiner Kirche eine evangelische Kritik bei politischem Unrecht zubilligen.«

Stöhr muß systematisch ausländische Zeitungen durchgearbeitet haben, wie das Kapitel »Bericht über England 1936« zeigt. Nicht wenig erstaunt werden seine deutschen Leser gewesen sein, wenn sie erfuhren, daß nach einer Notiz in der Times der Dekan der Londoner St. Paulskirche in einem Gottesdienst nicht nur für den englischen König und seine Minister, sondern auch für Adolf Hitler wie für die Regierungen anderer Länder gebetet hatte, »damit sie willige Werkzeuge zur Förderung der göttlichen Ziele seien und die Menschheit auf den Weg des Friedens geführt werde.«[233]

In ähnlicher Weise zitierte Stöhr aus einer aus England stammenden »Botschaft an Christen in Europa« vom Mai 1935 zum Beweis »daß man in England aus solcher Fürbitte heraus auch praktische Wege zu beschreiten sucht, ein besseres Einvernehmen zwischen den Völkern zu fördern«:

»Der Ernst der internationalen Lage bewegt uns Vertreter von Gruppen, die in den Kirchen Großbritanniens für den Frieden arbeiten, einen weltweiten Appell an Christen in anderen Ländern zu richten – zu frischem Eingreifen im Namen Christi, um die Furcht, das Mißtrauen und die Feindschaft, die jetzt zwischen den Regierungen der Welt herrschen, zu mildern und die Nationen zu wirklichem Frieden zu bringen.

Die Ereignisse der letzten Monate haben uns mahnend gezeigt, daß die Regierungen der Großmächte einschließlich unserer eigenen Regierung in ein neues Wettrüsten hineingezogen sind, das zu dem Unglück eines neuen Krieges führen muß, wenn ihm nicht Einhalt geboten wird. [. . .]

Wenn daher die Welt vor der Katastrophe und Sünde des Krieges bewahrt werden soll und wenn die Völker befähigt werden sollen, miteinander in Frieden, Gerechtigkeit und gegenseitiger Hilfsbereitschaft zu leben, muß es die Kirche in Angriff nehmen, sie zu diesem Zweck wieder in eine Bruderschaft zu bringen.«[234]

Erinnerung an die Stockholmer Botschaft

Es ist schon erstaunlich, wie Stöhr – fast unbekümmert von dem, was in Deutschland vorging – sich noch 1937 für die ökumenische Sache publizistisch engagierte. Man muß sich vor Augen halten: Im Mai 1937 war der offizielle Kontakt zur Weltkirchenbewegung von Deutschland aus endgültig abgebrochen worden. Die Geheime Staatspolizei hatte auf Veranlassung

des Reichskirchenministers Kerrl den deutschen Delegationsmitgliedern der für Juli geplanten Weltkirchenkonferenz in Oxford die Pässe entzogen.[235] Das Thema »Kirche, Volk und Staat« war zu brisant.
Für Stöhr ist dies der Anlaß, aus seinen Akten die Protokolle der Weltkirchenkonferenz von Stockholm 1925 auszugraben und eine ihm besonders wichitge Resolution seinen Lesern zu präsentieren:

»Der Krieg als ein Mittel zur Lösung internationaler Streitigkeiten durch physische, mit Heimtücke und Lüge sich verbindende Gewalt ist unvereinbar mit der Gesinnung und dem Verhalten Christi und darum auch der Gesinnung und dem Verhalten der Kirche Christi. [. . .]
Es ist die Pflicht der Kirchen, das ganze Gewicht ihres vereinten Einflusses in in der Richtung auf die brüderliche Organisation der Völker geltend zu machen.«[236]

Bericht eines Zeitzeugen

So entschlossen und überzeugend eine Schrift wie die besprochene auf uns heute wirkt, ihren Autor führte seine pazifistische Haltung in immer größere Einsamkeit, Pfarrer D. Günter Besch, einer der wenigen Menschen unter uns, die Hermann Stöhr noch persönlich gekannt haben, schrieb mir 1982:

»Das, was ich Ihnen über Hermann Stöhr schreiben kann, ist nun freilich sehr dürftig. Seine im vorigen Jahr in Hannover verstorbene Schwester war von 1937–1945 meine Sekretärin in Stettin. (Ich war damals Leiter der Inneren Mission in Pommern.) Sie war eine sehr treue und hilfsbereite, aber sehr verschlossene und bedrückte Frau. Als ich sie schließlich nach dem Grund ihrer Bedrücktheit fragte, erzählte sie mir von den Sorgen, die sie sich um ihren Bruder mache wegen seiner pazifistischen Einstellung. Auf meine Bitte hin kam dann Hermann Stöhr zu mir. Ob es zu einer oder mehreren Begegnungen kam, weiß ich nicht mehr. Ich weiß auch im einzelnen nicht mehr, wie unser Gespräch verlaufen ist. Ich muß Ihnen freimütig – zu meiner Schande – gestehen, daß mein erster Eindruck war: Ein verklemmter Sonderling. So wirkte er rein äußerlich. Ich habe dann freilich sofort gemerkt, daß er ein tief gegründeter und frommer Mann war, der bereit und entschlossen war, alle Konsequenzen auf sich zu nehmen, und das hat mir einen großen Respekt abgenötigt. Ich selber habe ihm gegenüber wahrscheinlich eine primitive Zwei-Reiche-Lehre vertreten, wie ich sie – damals! – für gut »lutherisch« hielt. So dachten wir B. K.-Pastoren damals eben weithin.«[237]

22. *Exkurs:* Dietrich Bonhoeffer als Pazifist

Wir kennen nur wenige evangelische Christen, die sich im Dritten Reich in Deutschland konsequent für die Kriegsdienstverweigerung in der einen oder anderen Weise entschieden haben. Neben Hermann Stöhr hat Dietrich Bonhoeffer (1906–1945) am klarsten seinen Standpunkt dargelegt und begründet. Beide sind sich begegnet, ohne allerdings einander näherzukommen. Im Vergleich beider läßt sich Stöhrs Weg noch deutlicher beschreiben.

Dietrich Bonhoeffer hat als 23jähriger Vikar in Barcelona den in jener Zeit üblichen nationalprotestantischen Standpunkt vertreten, die Feindesliebe habe nichts in der Politik zu suchen, ja er hielt in bestimmten Situationen sogar einen Angriffskrieg für christlich vertretbar.[238] Die persönliche Wende erfuhr Bonhoeffer bei einem Studienaufenthalt in Amerika 1930/31, wo er Vertretern der christlichen Friedensbewegung begegnete. Im Rückblick schrieb Bonhoeffer über diese Zeit:

> Es »kam etwas anderes, etwas, was mein Leben bis heute verändert und herumgeworfen hat. Ich kam zum erstenmal zur Bibel. Das ist auch wieder sehr schlimm zu sagen. Ich hatte schon oft gepredigt, ich hatte schon viel von der Kirche gesehen, darüber geredet und geschrieben – und ich war noch kein Christ geworden, sondern ganz wild und ungebändigt mein eigener Herr. [. . .] Daraus hat mich die Bibel befreit und insbesondere die Bergpredigt. Seitdem ist alles anders geworden. Das habe ich deutlich gespürt und sogar andere Menschen um mich herum. [. . .]
> Der Pazifismus, den ich noch kurz vorher [. . .] leidenschaftlich bekämpft hatte, ging mir auf einmal als Selbstverständlichkeit auf. Und so ging es weiter. Schritt für Schritt.«[239]

Bonhoeffer schloß sich 1931 dem »Weltbund für internationale Freundschaftsarbeit der Kirchen« an und wurde deren ehrenamtlicher Jugendsekretär für Europa. Seine Hoffnung war, daß »das eine große ökumenische Konzil der Heiligen Kirche Christi aus aller Welt« zustande käme und das Wort vom Frieden so sagen würde,

> »daß die Welt es zähneknirschend vernehmen muß und daß die Völker froh werden, weil diese Kirche Christi ihren Söhnen im Namen Christi die Waffen aus der Hand nimmt und ihnen den Krieg verbietet und den Frieden ausruft über die rasende Welt.«[240]

Nach heutigem Sprachgebrauch war Bonhoeffer kein »absoluter Pazifist«. Dies kommt schon in Bonhoeffers grundlegendem Vortrag auf der regionalen Jugendfriedenskonferenz des Weltbundes in Ciernohorske Kupele in

der Tschechoslowakei (Karpathen) im Juli 1932 zum Ausdruck. Die Kirche dürfe, so führte er damals aus, »keine Prinzipien verkündigen, die immer wahr sind, sondern nur Gebote, die heute wahr sind«. Die »Kirche als die eine Gemeinde des Herrn Jesu Christi, der Herr der Welt ist«, habe den Auftrag »aus der Vollmacht des Christus praesens« das »heute und hier gültige, bindende Wort« zu sprechen. Es gebe für die Kirche nur diese zwei Möglichkeiten, so konkret wie möglich das Gebot zu sagen (zum Beispiel: »Geh in diesen Krieg *oder* geh nicht in diesen Krieg«) oder qualifiziert zu schweigen.[241]
Woher weiß die Kirche, was Gottes Gebot für die Stunde ist? so fragte Bonhoeffer sich selbst. Die Antwort, die manche geben, »das biblische Gesetz, die Bergpredigt, ist die absolute Norm für unser Handeln«, greift für ihn zu kurz:

»Auch die Bergpredigt darf uns nicht zum gesetzlichen Buchstaben werden. Sie ist in ihren Geboten die Veranschaulichung dessen, was Gottes Gebot sein kann, aber nicht, was er gerade heute und gerade für uns ist. Das kann niemand hören als wir selbst, und das muß uns Gott heute sagen.«[242]

Damit wollte Bonhoeffer sich vom »übermächtigen Einfluß des angelsächsischen theologischen Denkens im Weltbund« abgrenzen, nach dessen Vorstellung der internationale Friede schon »ein Stück des Reiches Gottes« war. Wie Bonhoeffer später in seiner »Ethik« zwischen »Letztem« und »Vorletztem« unterschieden hat, so sprach er 1932 eingeschränkt vom »gebrochenen Charakter der Friedensordnung«, der darin zum Ausdruck kommt, »daß der von Gott gebotene Friede zwei Grenzen hat: erstens die Wahrheit, zweitens das Recht.«[243] Und einige Seiten weiter: »Wo eine Gemeinschaft des Friedens Wahrheit und Recht gefährdet oder erstickt, muß die Friedensgemeinschaft zerbrochen und der Kampf angesagt werden.« Dem entspricht, daß er in den während des Zweiten Weltkrieges geschriebenen Fragmenten der »Ethik« nach wie vor vom Krieg als der »ultima ratio« eines verantwortlichen, sachgemäßen Handelns im politischen Bereich reden konnte.[244]
Bonhoeffer begründete damals die Abgrenzung vom »statischen Friedensbegriff« der Angelsachsen theologisch: Die »Ordnung des äußeren Friedens« kann deswegen »nicht zeitlos gültig« sein, »weil die völlige Vergewaltigung von Wahrheit und Recht das Hören der Offenbarung in Christus unmöglich« machen kann. Darum ist der Kampf als »Erhaltungsordnung auf die Zukunft Christi, auf die neue Schöpfung hin« denkmöglich. Und so kann Bonhoeffer paradox von einer »Friedensgemeinschaft« sprechen, die, »wenn auch äußerlich zerbrochen, so doch in dem Kampf um dieselbe Sache um so tiefer und stärker verwirklicht« ist. Im »Letzten« freilich ist »nicht die äußere Ordnung des Friedens, auch nicht der Friede im Kampf

um dieselbe Sache [gemeint ist der Krieg als ultima ratio in sachgemäßer politischer Verantwortung, d. Vf.], sondern allein der Friede Gottes, den die Sündenvergebung schafft, [. . .] die Wirklichkeit des Evangeliums, in der Wahrheit und Recht mit aufgehoben sind.«[245]

Verständlich ist darum, daß Bonhoeffer in seiner Rede »Zur Begründung der Weltbundarbeit« gegen die Verabsolutierung des Weltbundzieles »Verständigung durch persönliches Kennenlernen« polemisierte: »So gewiß dieser erste Schritt unentbehrlich ist, so ist er bei weitem nicht der einzige und wichtigste. [. . .] Mehr als alles andere brauchen wir gegenwärtig in der ökumenischen Bewegung die eine große zusammenführende Verkündigung.« Bonhoeffer mutete also dem Weltbund nichts geringeres zu als »Kirche«, die *eine* Kirche Jesu Christi *in* dieser Welt *für* diese Welt, zu sein. Er wußte selbst nur zu gut, daß der Weltbund dies so lange nicht überzeugend sein konnte, solange er die konfessionellen und nationalen Interessen in den eigenen Reihen über sich Herr sein ließ. Ja, was noch gefährlicher war, daß man sich leichten Herzens darüber wegsetzte. (»Mit der Wahrheit darf man nicht spielen, sonst vernichtet sie uns. Wir spielen hart am Abgrund.«)[246]

So sehr nun Bonhoeffer »gegen den Verrat an der Wahrheit« angetreten war, »wenn die Kirche sich hinter Resolutionen und frommen, sog. christlichen Prinzipien versteckt«, so überraschend eindeutig war sein persönliches Urteil, was die Kirche damals als Gebot Gottes im Blick auf einen kommenden Krieg in Europa hätte verkündigen müssen. Es wäre, so sagte er 1932 vor den Jugendvertretern des Weltbundes, »ein heute sehr weitverbreiteter, äußerst gefährlicher Irrtum, zu meinen, in der Rechtfertigung des Kampfes sei bereits die Rechtfertigung des Krieges, sei das grundsätzliche Ja zum Kriege enthalten.« Eine ernsthafte Beschäftigung mit der Geschichte des Krieges zeige, daß ein heutiger Krieg

»nicht mehr unter den Begriff Kampf [fällt], weil er die sichere Selbstvernichtung beider Kämpfenden ist. Er ist darum auch heute schlechterdings nicht mehr als Ordnung der Erhaltung auf die Offenbarung hin zu bezeichnen, eben weil er schlechthin vernichtend ist. Die Kraft der Vernichtung erstreckt sich ebenso auf den inneren wie auf den äußeren Menschen. Der heutige Krieg vernichtet Seele und Leib. Weil wir aber den Krieg keinesfalls als Erhaltungsordnung Gottes und somit als Gebot Gottes verstehen können, und weil der Krieg andererseits der Idealisierung und Vergötzung bedarf, um leben zu können, darum muß der heutige Krieg, also der nächste Krieg, der Ächtung der Kirche verfallen.«[247]

Es war nur konsequent, daß die ökumenische Jugendkonferenz in Fanö 1934 unter Bonhoeffers Vorsitz eine internationale Vereinbarung forderte über die Einführung eines »bürgerlichen Dienstes« für Kriegsdienstverweigerer anstelle des Militärdienstes. Die christlichen Kirchen wurden aufgefordert,

»daß sie diejenigen ihrer Mitglieder, die, im Glauben an das Evangelium, sich weigern, Waffen zu tragen, nicht verachte, sondern sie als ihre rechten Kinder betrachte und sie in ihrer Bemühung, zu gehorchen, mit mütterlicher Liebe begleite.«[248]

Eine solche Resolution zeigte in Deutschland freilich weder in den Kirchen noch viel weniger beim NS-Staat irgendwelche Wirkung. Um so mehr trug Bonhoeffer sich persönlich mit dem Gedanken, im Falle einer Einberufung den Kriegsdienst zu verweigern. In einem Memorandum für das ökumenische Jugendsekretariat in Genf schrieb er am 29. Januar 1935:

»Es scheint, als ob – wohl hauptsächlich unter dem Eindruck des ständig wachsenden militärischen Geistes – die Bereitschaft vorhanden ist, die christliche Friedensbotschaft ernst zu nehmen. In Berlin [. . .] überlegt eine Gruppe junger Christen ernsthaft, eine kleine christliche Kommunität zu gründen in der Form einer Siedlung (settlement) oder irgendeiner anderen Form auf der Basis der Bergpredigt. Man meint, daß das Christentum nur durch eine klare und kompromißlose Haltung eine lebenswichtige Kraft für unser Volk sein kann. Man glaubt außerdem, daß die Entwicklung des Kirchenkampfes in Deutschland immer mehr auf eine Art konservatives Christentum hinausläuft, das natürlich sehr schön zu dem konservativen Geist paßt, der unter der gegenwärtigen Reichswehr und dem Industrie-Regime ständig mehr um sich greift. Diese Gruppe würde auch in Form der Kriegsdienstverweigerung eine eindeutige Position für den Frieden beziehen. Die Frage, welche noch keine Antwort gefunden hat, ist die, ob im Falle eines Krieges der Dienst in einer Sanitätseinheit chrislich zu rechtfertigen ist oder nicht.«[249]

Die Berliner Gruppe scheint über anfängliche Überlegungen nicht hinausgekommen zu sein. Bonhoeffer selbst erlebte alsbald in seiner nächsten Umgebung, wie sehr der nationalistisch-militärische Geist auch den innersten Kreis der Bekennenden Kirche beseelte.
Eberhard Bethge und andere Teilnehmer des ersten Predigerseminarkurses in Zingst und Finkenwalde erinnern sich noch deutlich an den 1. Mai 1935. Die Seminaristen lauschten damals gemeinsam einer Rede Hitlers über den Rundfunk zu diesem Tag, an dem – von allen Vikaren freudig begrüßt – das neue Wehrgesetz in Kraft getreten war. Jetzt hatten sie, die teilweise schon wegen illegaler Kanzelabkündigungen in Gefängnissen gesessen hatten, eine Gelegenheit, sich als gute Patrioten zu erweisen.
Über das Gespräch mit Bonhoeffer im Kandidatenkreis am Abend dieses Tages berichtete Bethge später:

»Das war für mich das erstemal, daß ich von einem reformatorischen Theologen, einem Lutheraner, einem kompetenten Mitglied der Bekennenden Kirche die Frage hörte: Gibt es denn nicht für einen Christen wenigstens die Option, daß er simpel der Bergpredigt zu gehorchen versucht? Völlig ruhig, völlig unfanatisch mit leiser Stimme, nicht als ob er jetzt eine Sache bei uns durchsetzen müßte, sondern einfach persönlich berichtete er, daß er sich eines Tages entschieden hätte, wenn es denn an ihn kommen sollte, würde er tatsächlich den Kriegsdienst verweigern.«[250]

Dietrich Bonhoeffer (links) zusammen mit seinem Freund Jean Lassere (rechts), einem französischen Pazifisten, bei der Weltfriedenskonferenz in Fanö. Bonhoeffer war Lassere zum erstenmal 1930/31 in Amerika begegnet. Er gab den Anstoß zu Bonhoeffers großem Buch von der »Nachfolge«. (Foto: Chr. Kaiser Verlag, München)

Entschließung der ökumenischen Jugendkonferenz in Fanö 1934 zur Frage der Kriegsdienstverweigerung:

»Die Teilnehmer der fünften ökumenischen Jugendkonferenz, versammelt in Fanö vom 22.–30. August 1934 [. . .] freuen sich, daß eine wachsende Zahl von Staaten den Kriegsdienstverweigerern erlauben, den Militärdienst durch einen bürgerlichen Dienst zu ersetzen. (Dänemark, Finnland, Norwegen, Niederlande, Schweden). Sie bitten die anderen Staaten, dieses Beispiel nachzuahmen, und möchten angesichts der Tatsache, daß Kriegsdienstverweigerung eine universale Erscheinung ist, jene Staaten, die in der Anerkennung der Kriegsdienstverweigerung eine einseitige Schwächung ihrer Armee fürchten, bitten zu erwägen, daß die Einführung des bürgerlichen Dienstes Gegenstand einer internationalen Vereinbarung werden könnte.
Sie bitten den Weltbund für Freundschaftsarbeit der Kirchen und den ökumenischen Rat für praktisches Christentum, selbst direkt und durch die Vermittlung aller Kirchen, die ihnen angeschlossen sind, dringende Vorstellungen bei den Regierungen zu machen, daß die jungen Leute, die die Lehren dieser Kirchen, wie sie sie verstehen, bis in ihre letzten Folgerungen ernst nehmen, nicht als Übeltäter verfolgt werden.
Sie fordert von den christlichen Kirchen, daß sie diejenigen ihrer Mitglieder, die, im Glauben an das Evangelium, sich weigern, Waffen zu tragen, nicht verachte, sondern sie als ihre rechten Kinder betrachte und sie in ihrer Bemühung, zu gehorchen, mit mütterlicher Liebe begleite.«

Dietrich Bonhoeffer, Ges. Schriften 1, 209f

Bonhoeffer konnte in dieser Gewissensfrage seine Schüler nicht überzeugen. Der »Gedanke der christlichen Kommunität« ließ sich mit dem neuen Seminar nicht verbinden, jedenfalls nicht auf der Basis einer persönlichen pazifistischen Entscheidung aller.[251]
Anfang 1939 war die Gefahr der Einberufung zur Wehrmacht für Bonhoeffers Jahrgang immer größer geworden. Bonhoeffer entschloß sich darum zur Emigration, um so dem Wehrdienst in Deutschland zu entgehen.
Am 25. März schrieb Bonhoeffer – er befand sich um diese Zeit bereits in vorläufiger Sicherheit in England – an Bischof George Bell von Chichester:

»Ich plane, Deutschland irgendwann zu verlassen. Der Hauptgrund dafür ist die allgemeine Wehrpflicht, zu der Männer meines Jahrgangs (1906) in diesem Jahr einberufen werden. Es scheint mir mit meinem Gewissen unvereinbar, an einem Krieg unter den gegebenen Umständen teilzunehmen. Andererseits hat die Bekennende Kirche als solche in dieser Hinsicht keine bestimmte Haltung eingenommen und kann es wahrscheinlich auch nicht tun, so wie die Dinge nun einmal liegen. So würde ich meinen Brüdern einen ungeheuren Schaden zufügen, wenn ich in diesem Punkt Widerstand leistete, was von dem Regime als typisch für die Feindseligkeit unserer Kirche gegen den Staat angesehen werden würde. Vielleicht das Schlimmste von allem ist der militärische Eid, den ich schwören müßte. So bin ich ziemlich ratlos in dieser Angelegenheit, vielleicht sogar besonders deshalb, weil ich fühle, daß ich es wirklich nur aus christlichen Gründen schwierig finde, unter den gegenwärtigen Bedingungen Militärdienst zu leisten, und dennoch gibt es nur sehr wenige Freunde, die meine Haltung billigen würden. Obwohl ich sehr viel gelesen und darüber nachgedacht habe, bin ich noch zu keinem Entschluß darüber gekommen, was ich unter anderen Umständen tun würde. Aber so wie die Dinge liegen, würde ich meiner christlichen Überzeugung Gewalt antun müssen, wenn ich ›jetzt und hier‹ die Waffen ergreifen sollte.«[252]

Fast um dieselbe Zeit hat Hermann Stöhr den Wehrbehörden erklärt, er werde einer anstehenden Einberufung aus Gewissensgründen nicht Folge leisten.[253]

Auch Bonhoeffer ist nicht in Amerika geblieben. Nach einem Aufenthalt von nur sechs Wochen kehrte er im Juli 1939 wieder nach Deutschland zurück, obwohl ihm fürs erste in den USA eine Tätigkeit als theologischer Lehrer angeboten war. Er wollte die Bekennende Kirche und die von ihm ausgebildeten jungen Theologen in ihrer immer schwerer werdenden Lage nicht allein lassen.[254] Bonhoeffer nahm – ohne seine pazifistische Überzeugung in bezug auf den deutschen Expansionskrieg grundsätzlich aufzugeben – die ihm gebotene Möglichkeit der Beteiligung an der Verschwörung gegen Hitler wahr und wurde Mitarbeiter von Admiral Canaris, dem Leiter des deutschen militärischen Auslandsnachrichtendienstes. Er wußte, daß er sich damit noch mehr seiner Kirche entfremden würde. Bonhoeffers Name erschien jetzt nicht mehr auf den Fürbittelisten für Verfolgte der Bekennenden Kirche.[255]

23. Begegnung auf Distanz: Dietrich Bonhoeffer und Hermann Stöhr

Sicher ist, daß Hermann Stöhr und Dietrich Bonhoeffer sich begegnet sind. Stettin und Finkenwalde waren nur eine Bahnstation voneinander entfernt. Eberhard Bethge berichtet, daß Hermann Stöhr eines Tages in Finkenwalde erschienen ist und – wie man vermuten kann – die Predigtamtskandidaten der Reihe nach vom Weg des gebotenen Pazifismus überzeugen wollte. Es sei jedoch – so Bethge – zu keiner engeren Zusammenarbeit gekommen, »weil Stöhr für Bonhoeffers Empfinden reichlich gleichgültig in Fragen der Bekennenden Kirche war«.[255]
Dies war wohl auch der Grund, warum Bonhoeffer in einem Brief vom Juni 1936 an den Erzbischof von Uppsala, Erling Eidem, in erstaunlich scharfem Ton vor einem möglichen Zusammentreffen mit Stöhr in Stettin gewarnt hatte:

Finkenwalde/Stettin
8. 6. 1936

»Hochverehrter Herr Erzbischof!
Da ich leider nicht bei dem Empfang in der Schwedischen Kirche sein kann, möchte ich Ihnen auf diesem Wege unsere verehrungsvollen und herzlichen Grüße sagen. Da Sie schrieben, daß Ihr Aufenthalt in Stettin sich auf wenige Stunden beschränken muß, mußte auch der Bruderrat zu seinem Bedauern davon absehen, Sie hier zu begrüßen. Wir wollten Ihre Zeit nicht noch belasten. Ich höre nun, daß ein Herr Stöhr, der hier ohne Auftrag in ökumenischen Dingen sich betätigt, an Sie herangetreten ist, mit der Bitte, seinen Kreis zu besuchen. Ich muß Ihnen dabei mitteilen, daß Herr Stöhr weder von deutscher noch von anderer Seite einen besonderen Auftrag zu dieser Arbeit hat, und daß wir derselben mit Vorbehalten gegenüberstehen und uns nicht daran beteiligen. Indem ich Ihnen nun auch die ergebenen Grüße des Pommerschen Bruderrates übermittele und die Hoffnung ausspreche, Sie bei einer anderen Gelegenheit bei uns sehen zu dürfen, bin ich in aufrichtiger Verehrung und Dankbarkeit, hochverehrter Herr Erzbischof,

Ihr ergebenster
Dietrich Bonhoeffer«[257]

Der Vorgang ist ohne Kenntnis des Hintergrundes nicht verständlich, er hat jedoch mit Bonhoeffers und Stöhrs ökumenisch-pazifistischer Einstellung durchaus etwas zu tun.[258] Wie dem Brief zu entnehmen ist, war ursprünglich eine Begegnung Eidems mit dem Bruderrat der Bekennenden Kirche Pommerns in Stettin und mit dem Predigerseminar in Finkenwalde vorgesehen. Die Gelegenheit hatte sich geboten, da Eidem einen Visitationsbesuch bei der schwedischen Seemannskirche in Stettin geplant hatte. Der schwedische

Erzbischof Eidem von Uppsala zusammen mit Reichsbischof Müller

Erzbischof nannte für seine Absage Terminschwierigkeiten; es gab aber dafür auch kirchenpolitische Gründe.
Bonhoeffer kannte den Erzbischof durch seine ökumenischen Verbindungen und er hatte – etwas Einmaliges für die damalige Zeit – mit dessen Hilfe mit einem ganzen Predigerseminarkurs im März eine Studienreise nach Uppsala durchführen können. Überraschenderweise hatte es damals bei der Ausstellung der erforderlichen Auslandspässe keine Schwierigkeiten gegeben, obwohl alle 24 Predigtamtskandidaten Mitglieder der Bekennenden Kirche waren. Es sollte die erste und letzte derartige Auslandsreise eines Predigerseminars der BK sein. Zu spät auf den politisch brisanten Vorgang aufmerksam geworden, konnte das Auswärtige Amt nur noch am Tag der Abreise die deutsche Gesandtschaft in Stockholm zur genauen Berichterstattung über das Auftreten der Gruppe und über etwaige schwedische Pressestimmen veranlassen:

Dietrich Bonhoeffer *(Foto: Eberhard Bethge)*

»Das Reichs- und Preußische Ministerium für die kirchlichen Angelegenheiten sowie das Kirchliche Außenamt warnen vor Pastor Bonhoeffer«, so das AA nach Stockholm, »weil sein Wirken den deutschen Interessen nicht dienlich sei. Die staatlichen und kirchlichen Stellen haben schwerste Bedenken gegen seine Reise ins Ausland.«[259]

Im Frühjahr 1936 war die Bekennende Kirche in eine äußerst schwierige Lage geraten. Nachdem der Versuch der Nationalsozialisten, die evangelischen Landeskirchen unter dem Dach einer straff geführten Reichskirche gleichzuschalten, an der Opposition der Bekennenden Kirche gescheitert war, versuchte es Hitler im September 1935 ein zweites Mal, jetzt mit der Ernennung eines »Reichsministers für die kirchlichen Angelegenheiten«. Dieser sollte die evangelischen Kirchen »befrieden«. Durch eine staatliche Verordnung vom 5. Dezember 1935 verbot Minister Kerrl »die Ausübung kirchenregimentlicher und kirchenbehördlicher Befugnisse durch kirchliche Vereinigungen oder Gruppen«. Damit war auch die Durchführung von bruderrätlich verantworteten Seminaren wie in Finkenwalde durch ein staatliches Gesetz für illegal erklärt worden.
Es war darum für Bonhoeffer und seine Arbeit höchst gefährlich, als schwedische Zeitungen einen großaufgemachten Bildbericht über die deutsche Besuchergruppe brachten und darin von »Verfolgten in Deutschland« sprachen. Für den Leiter des Kirchlichen Außenamts, Bischof Heckel, war dies ein willkommener Anlaß, an kirchliche und staatliche Stellen die folgende Information weiterzugeben:

»Ich möchte nicht versäumen, [. . .] darauf aufmerksam gemacht zu haben, daß Lic. Bonhoeffer durch diese Begebenheit [sc. der Schwedenreise] sehr in das Licht der Öffentlichkeit gerückt ist. Da der Vorwurf gegen ihn erhoben werden kann, daß er Pazifist und Staatsfeind ist, dürfte es angebracht sein, daß nicht länger deutsche Theologen von ihm erzogen werden.«[260]

Das Zusammenspiel von kirchlichen und staatlichen Stellen zeigte Wirkung. Im August 1936 wurde Bonhoeffer die Lehrbefähigung für die Theologische Fakultät der Universität Berlin entzogen. Er hatte dort noch regelmäßig Vorlesungen gehalten, zuletzt im Wintersemester 1935/36, und zwar unter dem bezeichnenden Titel »Nachfolge«. Der Vorwurf, Pazifist und Staatsfeind zu sein, war nicht leicht zu nehmen, zumal wenn er von amtlichen Stellen kam. Bonhoeffer hat nie etwas von dem zitierten behördeninternen Brief erfahren. Dennoch aber wußte er, mit wem er es beim Kirchlichen Außenamt und beim Reichskirchenministerium zu tun hatte.
Den Hintergrund von Bonhoeffers Brief an Eidem – das läßt sich schon ahnen – bildete ein spannungsgeladenes Netz konkurrierender ökumenischer Beziehungen und Interessen. Die Einzelheiten spielen hier keine Rolle. Zum Vergleich zwischen den beiden »Ökumenikern« Bonhoeffer und Stöhr ist aber doch interessant zu wissen, wo Bonhoeffers kirchenpoliti-

sche Interessen damals lagen, denn um solche ging es offensichtlich im Brief an den schwedischen Erzbischof. Man kann sich ungefähr folgendes Bild machen. Die wenigen noch möglichen Kontakte zur ökumenischen Bewegung waren in Deutschland inzwischen zum Spielball der Machtauseinandersetzung innerhalb der sich bekämpfenden kirchlichen Richtungen geworden. Im Sommer 1936 ging es konkret darum, wer auf der in Chamby stattfindenden letzten Vorbereitungskonferenz vor der für 1937 geplanten großen »Weltkirchenkonferenz für praktisches Christentum« in Oxford die deutsche Kirche vertreten sollte. Bonhoeffer trat für eine Art Alleinvertretungsanspruch der Bekennenden Kirche ein. Dafür sollten die ökumenischen Partner aus andern Kirchen gewonnen werden. Zwei Wochen vor den distanzierenden Bemerkungen über Hermann Stöhr im Brief an Eidem hatte Bonhoeffer in einer Sitzung des Ökumenischen Beirates der VKL in Berlin am 20. Mai erklärt,

»daß es nicht länger angängig sei, die führenden Persönlichkeiten der BK nur als Privatpersonen von der Ökumene behandeln zu lassen. Man müßte die Ökumene vor die Frage stellen, ob sie die BK als allein rechtmäßige Kirche anerkennen sollte. Damit wird auch der Ökumene der beste Dienst geleistet, indem sie vor der Gefahr bewahrt werde, unverbindlich zu theologisieren.«[261]

Hermann Stöhr, der als Einzelgänger offenbar keine Neigung hatte, sich einer kirchlich gebundenen Gruppe anzuschließen – wahrscheinlich besaß er nicht einmal eine »Rote Karte«[262] – war für Bonhoeffer in jenen für das Verhältnis der BK zur Ökumene kritischen Tagen nicht gerade der geeignete Gesprächspartner für den einflußreichen, aber schwankenden schwedischen Erzbischof. Darüber hinaus hatte Bonhoeffer auch theologische Gründe, Stöhr gegenüber auf Distanz zu gehen. Ganz sicher war Hermann Stöhr kein deutscher Christ.[263] Wie Bonhoeffer jedoch in einem aufsehenerregenden Vortrag vom April 1936 »Zur Frage nach der Kirchengemeinschaft« ausgeführt hat, gab es für ihn kein Zurück mehr hinter die Entscheidungen von »Barmen« und »Dahlem«. Er konnte sagen: »Wer sich wissentlich von der Bekennenden Kirche in Deutschland trennt, trennt sich vom Heil.« Und im Blick auf die »Neutralen«, zu denen er wohl auch Stöhr zählte, hieß das für ihn: »Die Aufhebung der Gemeinschaft ist das letzte Angebot der Gemeinschaft.«[264]

So ist es auch verständlich, daß in ähnlicher Weise der Stettiner Pastor Heinrich Rendtorff, ein führendes Mitglied im Provinzialbruderrat Pommerns, dem Berliner Kreispfarrer Dr. Hans Böhm im Oktober 1936 »vertraulich« über die »Arbeit von Dr. Stöhr in ökumenischen Dingen« berichtete und hinzufügte, daß sie an dieser »wenig Freude erleben«.[265] Böhm war seit Bildung der 2. Vorläufigen Kirchenleitung im März 1936 in diesem Gremium für die ökumenischen Belange zuständig.

Klar zog Rendtorff den Trennungsstrich: »Er [sc. Stöhr] hat in Stettin einen

Kreis gesammelt, der ausgesprochen Allianzgepräge trägt. Alle Freikirchen und Sekten bis zur Heilsarmee kommen begeistert – nur die Kirche fehlt fast ganz.« Und damit kein Zweifel besteht, fügte Rendtorff hinzu: »Unser Beauftragter für die ökumenischen Dinge ist nicht Stöhr, sondern Bruder Bonhöfer [sic!].«
Schließlich teilte Rendtorff im selben Schreiben noch mit, daß er den für ökumenische Angelegenheiten im Lutherrat zuständigen Referenten in ähnlicher Weise gewarnt habe: »Ich habe Hanns Lilje dringend gebeten, dafür zu sorgen, daß Stöhr sich nicht auf Genfer Aufträge berufen kann und kann nur zur Zurückhaltung raten.«[266]

Trotz Bonhoeffers bewußter Distanz zu Stöhr gab es auch Gemeinsames, das beide verband: So unterschiedlich sie ihrer familiären Herkunft, ihrem beruflichen Werdegang und auch ihrer Persönlichkeit nach waren, die Ähnlichkeit ihres Weges ist nicht zu übersehen: Beide wußten sich der jungen ökumenischen Bewegung verpflichtet, der eine dem Weltbund für internationale Freundschaftsarbeit der Kirchen, der andere dem Internationalen Versöhnungsbund, wenn auch jeweils in sehr unterschiedlichen Positionen.[267] Beide verfielen 1933 nicht, wie die überwiegende Mehrzahl der evangelischen Christen in Deutschland, dem nationalen Rausch, sondern erhoben von Anfang an mit nüchternem Gerechtigkeitssinn das Wort gegen die Verfolgung der Juden und anderer politischer Gegner durch die Nationalsozialisten.[268] Beide waren entschlossen, den Weg der Kriegsdienstverweigerung zu gehen, nachdem in Deutschland die allgemeine Wehrpflicht eingeführt worden war. Stöhr war prinzipieller Pazifist, Bonhoeffer, lehnte zwar Prinzipien als Maßstab für das christliche Handeln ab, hielt es aber doch für mit seinem »Gewissen unvereinbar, an einem Krieg unter den gegebenen Umständen teilzunehmen.«[269] Beide fühlten sich durch den von einem Soldaten verlangten Eid auf Hitler überfordert.
Bei allen Unterschieden im theologischen Denken und Reden – der eine Theologe, der andere Staatswissenschaftler – war ihr Lebensthema – weit über das bloße Stichwort hinaus – dasselbe. Beide hatten im Zusammenhang einer entscheidenden Lebenswende die Bergpredigt für sich entdeckt und wußten sich in besonderer Weise auf den Weg der Nachfolge gerufen.[270]
In den Konsequenzen, die sie dann letztendlich im Krieg zogen, unterschieden sich beide. Stöhr, der Staatswissenschaftler, zog sich zurück in die religiös unzweideutige Gehorsamshaltung des Kriegsdienstverweigerers. Bonhoeffer, der Theologe, entschied sich, seine kirchlich-ökumenischen Verbindungen in den Dienst der politischen Verschwörung zu stellen, um so dem Rad staatlich gelenkter Verbrechen und der Kriegsfurie in die Speichen zu greifen. Beide starben für Frieden und Recht.

24. Vor der Entscheidung: Erfassung zu einer Wehrübung als Reserveoffizier im März 1939

Im Frühjahr 1939 lag der Ausbruch eines Krieges in Europa förmlich in der Luft. Am 1. Oktober 1938 war das Sudetenland dem Deutschen Reich einverleibt worden. Schon am 15. März 1939 rückten deutsche Truppen ein zweites Mal in die Tschechoslowakei ein und annektierten den Rest des Landes als »Protektorat Böhmen und Mähren«. Es war nur noch eine Frage der Zeit, bis der Angriff auf Polen erfolgen würde. Nachdem der englische Premierminister Polen den Beistand für den Fall eines Überfalls von außen versichert hatte, drohte Hitler in einer Rede am Vorabend seines 50. Geburtstages, am 19. April, England öffentlich mit Krieg. Schon am 3. April hatte er die Wehrmachtführung angewiesen, Pläne zur Zerschlagung der polnischen Streitkräfte vorzubereiten. Für den Beginn dieser Aktion hatte Hitler den 1. September genannt.[271]

Längst war Deutschland in ein einziges großes Heerlager verwandelt worden. 1935 hatte Hitler bekanntgegeben, er wolle ein Heer mit 36 Divisionen aufstellen. Jetzt, vier Jahre später, waren es bereits 51 Divisionen, darunter vier vollmotorisierte und fünf starke Panzerdivisionen. Die Kriegsmarine besaß zwei Schlachtschiffe, zwei Panzerkreuzer, 17 Zerstörer und 47 U-Boote, nicht gerechnet, was noch im Bau war und bald vom Stapel laufen sollte. Die Luftwaffe hatte eine Stärke von 260 000 Mann erreicht und verfügte über 21 Geschwader mit 240 Staffeln. Die Luftabwehr zählte annähernd 300 Flakbatterien. Alle personellen Reserven wurden jetzt mobilisiert. Auch ältere Jahrgänge mußten mit der Erfassung und Einberufung zu Wehrübungen rechnen.[272]

Der Tag der Einberufung mußte für Hermann Stöhr der Tag der endgültigen persönlichen Gewissensentscheidung werden. Am 28. Februar 1939 erhielt er – jetzt 41 Jahr alt – vom Wehrbezirkskommando Stettin I (Marine) die Aufforderung, sich zu Pflichtübungen im Reserve-Offizierskorps bereit zu erklären. Stöhr hatte den Ersten Weltkrieg als Kriegsfreiwilliger bei der Kaiserlichen Marine mitgemacht und war bis zum Marinezahlmeister aufgerückt.[273] Aus der Sicht der Militärbehörde lag es nahe, einen Doktor der Staatswissenschaften im vorgerückten Alter als Verwaltungsbeamten im Offiziersrang einzusetzen. Sich dazu zu äußern, sollte Hermann Stöhr jetzt Gelegenheit haben.

Er antwortete postwendend; offensichtlich war er darauf vorbereitet. Er erklärte, daß er »den Dienst mit der Waffe [. . .] aus Gewissensgründen ablehnen« müsse.

An das
Wehrbezirkskommando Stettin I (Marine)

Stettin, den 2. März 1939

Am 28. Februar 1939 übersandte mir das Wehrbezirkskommando Stettin I ein Schreiben. Ihm zufolge soll ich mich zur Ableistung von Pflichtübungen im Reserve-Offiziers-Korps bereit erklären. Hierauf habe ich folgendes mitzuteilen.

I. Körperlich bin ich nicht ganz auf der Höhe. Als Folge einer Ischias, die ich vor 2–3 Jahren hatte, hinke ich etwas. Von Zahnwurzel-Eiterungen her haftet meinem Nerven-System noch eine Schwäche an. So bin ich noch in ärztlicher Behandlung. Das letztgenannte Leiden, das mich Jahre hindurch stark behinderte, geht jedoch zurück. Ich hoffe, daß es demnächst ganz verschwindet.

II. Den Dienst mit der Waffe muß ich aus Gewissensgründen ablehnen. Mir wie meinem Volk sagt Christus: »Wer das Schwert nimmt, soll durchs Schwert umkommen.« (Matth. 26, 53) So halte ich die Waffenrüstungen meines Volkes nicht für einen Schutz, sondern für eine Gefahr. Was meinem Volk gefährlich und verderblich ist, daran vermag ich mich nicht zu beteiligen.

Positives Christentum weist meines Erachtens den Völkern höhere Ziele, als sich in Kriegs-Rüstungen gegenseitig zu übertreffen und einen immer größeren Prozentsatz der nationalen Energien hierfür einzusetzen. Das KDF-Schiff »Wilhelm Gustloff« rettete auf seiner Probefahrt schiffbrüchige Engländer. Deutsche Flugzeuge bringen im Februar 1939 dem Erdbebengebiet in Chile Hilfe. Zu derartigen Taten nationaler Hilfsbereitschaft hat Gott unser hochbegabtes Volk berufen. Sie sollten nicht nur gelegentlich erfolgen und in Fällen ganz krasser Not, sondern unserm nationalen Wollen sein Hauptgepräge geben – bis hin zur praktischen Betätigung von Feindesliebe. Angesichts solcher Gottesgebote zu helfen und zu dienen, erscheint mir der Dienst mit der Waffe überflüssig und schädlich.

Derartige Gebote verpflichten – bis hin zu der Entschiedenheit, mit der der norwegische Bauernsohn Hans Nielsen Hauge bekannte: Ich habe Gottes Geist Gehorsam geschworen. Daneben verliert eine zusätzliche Eidesleistung unbedingten Gehorsams gegenüber einer Obrigkeit für mich jeden Sinn. So verbietet sich mir auch der übliche Eid, entsprechend den Weisungen des Neuen Testamentes (Matth. 5,34 und Jak. 5,12).

III. Im Einklang mit den gekennzeichneten Gewissensbindungen fühle ich mich meiner Obrigkeit gegenüber zu Gehorsam und Fürbitte verpflichtet. Meinen staatsbürgerlichen Pflichten suche ich mich nicht zu entziehen.

Sollte mir statt militärischer Übungen ein entsprechender Arbeitsdienst zuerkannt werden, dann bin ich hierzu bereit, auch wenn ich durch vermehrte und schwierigere Arbeit die Aufrichtigkeit meiner Gewissensbedenken gegen den Militärdienst erhärten sollte.

Heil Hitler!
[Hermann Stöhr]

UA Stöhr, Bl. 24

Wie wichtig für Stöhr diese Erklärung[273] war, sieht man daran, daß er im letzten Brief an seine Schwägerin vom 3. Juni 1940 ausdrücklich darauf Bezug nahm.[275] Mit diesem Akt hatte er sich nun auch den Militärbehörden gegenüber endgültig festgelegt. Sein Angebot lag auf dem Tisch: »Sollte mir statt militärischer Übungen ein entsprechender Arbeitsdienst zuerkannt werden, dann bin ich hierzu bereit.«
Wie die Rechtslage war, konnten die Militärbehörden damit wenig anfangen. Eher interessierte sie Stöhrs körperliche und psychische Verfassung. Gerade dazu hatte er sich aber auffallend entgegenkommend geäußert: »Das Leiden, das mich Jahre hindurch stark behinderte, geht jedoch zurück.«

Von der zeitweiligen Chance der Rückstellung

Vier Monate schwieg sich die Wehrersatzbehörde aus. Man überlegte in der Wehrinspektion Stettin bis in die höchsten Ränge hinauf, was mit diesem wirren »Sonderling« anzufangen war. Als Reserveoffizier kam Stöhr jetzt nicht mehr in Frage, das war klar. Eine Auskunft, die man zwischenzeitlich bei der Gestapo eingeholt hatte, war negativ: »Ist nicht gefährlich.« Sie führte also auch nicht weiter. So blieb nur die Meldung an die vorgesetzte Behörde, den 2. Admiral der Ostseestation in Kiel; sie erfolgte am 4. Juli. Die Kollegen in Kiel – so war wohl die Meinung in Stettin – sollten selbst entscheiden, was mit einem solchen Mann zu machen war.
Vielleicht wäre die Meldung noch viel später oder überhaupt nie erfolgt, wenn Hitlers maßloses Drängen auf den Kriegsbeginn nicht alle Wehrerfassungsämter unter Druck gesetzt hätte. Am 23. Juni hatte sich der Reichsverteidigungsausschuß mit Hitlers Entscheidung zu befassen, sieben Millionen Männer im Rahmen der Mobilmachung für den Krieg einzuziehen.[276] Jetzt mußte auf die letzten Reserven zurückgegriffen werden.
Einen Augenblick lang bestand freilich die unwahrscheinliche Chance – ohne daß der Betroffene jemals etwas davon erfahren hat –, daß ein höheres Schicksal in Gestalt von zwei maßgebenden Marineoffizieren Stöhr noch einmal vor dem Schlimmsten bewahren sollte. Der Gruppenleiter Marine der Wehrinspektion Stettin, ein Fregattenkapitän, suchte sich mit dem 2. Admiral der Ostseestation, einem Konteradmiral, über den Fall Stöhr zu verständigen. Wer sonst noch im Hintergrund mitgewirkt hat, läßt sich nicht mehr genau sagen. Das Motiv war offensichtlich: Die »christliche Marine«, die sich von jeher als Elite verstanden hat, sollte vor der Schande eines Verweigererfalles bewahrt bleiben.
Jedenfalls, am 4. August ging eine Nachmeldung von Stettin nach Kiel folgenden Inhalts:

»Mit Vorgangsschreiben wurde der Marine-Zahlmeister Asp. a. D. [Anwärter außer Dienst] Hermann Stöhr zur Erfassung dorthin gemeldet, da er als R. O. A. [Reserveoffiziersanwärter] nicht in Betracht kommt. Stöhr ist hier als Sonderling bekannt, der von verschrobenen Gedanken besessen ist. Nach Auskunft der Gestapo [Geheime Staatspolizei] ist er nicht gefährlich. Immerhin würde sein Einfluß bei dienstlicher Verwendung unerwünscht sein. Es wird deshalb vorgeschlagen, Stöhr weder zu Übungen heranzuziehen noch für eine Mob. Verwendung [Mobilmachungsverwendung] vorzusehen. Da Stöhr außerdem schwächlich ist, verliert die Marine an ihm nichts.«[277]

In den Akten findet sich tatsächlich eine Verfügung aus dem Amt des 2. Admirals der Ostseestation in Kiel vom 17. August:

»Der übz. [überzählige] Verw. Ob. Feldw. [Verwaltungsoberfeldwebel] Stöhr, (Hermann) 0.19246 MS ist auf Grund obigen Sachverhalts nicht zu beordern und nicht zu Übungen heranzuziehen. Überführung in Landwehr II kommt nicht in Frage.«[278]

Für die Einschätzung der Person eines Kriegsdienstverweigerers durch Militärbehörden damals ist die Fortsetzung des im Ton sehr persönlich gehaltenen Briefwechsels besonders aufschlußreich: das Schreiben von Fregattenkapitän V. aus Stettin vom 24. August, sowie die Antwort des Kapitäns zur See Sl. in Kiel vom 4. September. Übergehen wir einmal, was zum weiteren Fortgang des Geschehens aus den beiden Schreiben zusätzlich zu erfahren ist: Streichung des Namens Stöhr aus der Reserveoffiziersanwärterliste, »Umernennung« deshalb vom Marine-Zahlmeister-Anwärter zum Oberfeldwebel der Landwehr und – nun doch – Einberufung zum 22. August zu einer Übung.
Was für uns heute unfaßlich erscheint, sind Geist und Sprache, die in den Schreiben höherer Stabsoffiziere der deutschen Marine – wohlverstanden keine Angehörigen von Himmlers gefürchteter SS – zum Ausdruck kommen. Es liest sich wie das vorweggenommene Todesurteil, was Fregattenkapitän V. über Stöhr schreibt:

»Für den [Militärverwaltungs-]Dienst ist jeder frühere Matrose, der Kaufmann oder Bankmensch ist, geeigneter als dieser wirre Querkopf. Ich wollte Ihnen dies zur Kenntnis geben, weil ich der Auffassung bin, daß solche Elemente wie St.[öhr] durch Gleichgültigkeit oder Lächerlichkeit besser getötet werden als durch Schaffung von Märtyrer; damit finden sie immer noch viel zu viel Anhänger.«[279]

Das Schreiben hat seinen Adressaten nie erreicht. Der Kieler Konteradmiral hatte im Rahmen der allgemeinen Mobilmachung bereits seinen Posten abgegeben. Sein vorläufiger Vertreter, ein Kapitän zur See Sl. – auch er mit dem Stettiner Fregattenkapitän gut bekannt – schlug in einem Antwortschreiben vom 4. September jedoch denselben Ton an:

»Ich bin wie Sie der Auffassung, daß man über solche Elemente am besten zur Tagesordnung übergeht. Nachdem aber Stöhr sich nun geweigert hat, einer Einberu-

Gruppenleiter Marine
Wehrersatzinspektor
Stettin

Stettin, den 24. August 1939
Linsingenstr. 4–6

An den
2. Admiral der Ostseestation,
Herrn Konteradmiral M[. . .],
Kiel.

Lieber M[. . .]!

Betrifft: Zahlmstr. Asp. a. D., jetzt Verwaltungs-Oberfeldwebel d. Res. Dr. Stöhr.
Vorgang: W.E.I. – Gr. M.-Az. M (22) – B. Nr. 196/39 (geh.) vom 4. 8. 1939

Im Wehrbezirk Stettin I wohnt der Mar. Zahlmstr. Asp. a. D. [Marine-Zahlmeister-Anwärter a. D.] Stöhr, (Hermann), geb. 1898, Jahrgang 1914. Bei der Erfassung der Wehrpflichtigen ergab sich, daß Stöhr einer verschrobenen Sekte angehört und wegen seiner wirren und unverständigen Anschauungen für die Wehrmacht keinerlei Nutzen versprach. Eine Anfrage bei der Gestapo ergab, daß zwar Vermerke *über* ihn, aber nichts Wesentliches *gegen* ihn vorlag. Aus weiteren Erkundigungen ergab sich, daß Stöhr ein Querkopf ist, der gerne willens ist, ein Märtyrer zu werden, um damit für seine unmöglichen Auffassungen Anhänger zu gewinnen. Die evangelische Kirche lehnt den Stöhr scharf ab. Auf Anfrage wurde daher dem Stationskommando Ost mitgeteilt, daß Stöhr als R.O.A. [Reserveoffizieranwärter] nicht in Betracht kommt. Stöhr mußte darauf dem 2. A.d.O. [2. Admiral der Ostseestation] zur Erfassung gemeldet werden. Gleichzeitig wurde von der W.E.I. [Wehrersatzinspektion] Stettin folgendes Schreiben geschickt (siehe Anlage). Trotzdem ist St[öhr] von dort zum Oberfeldwebel der L. [Landwehr] umernannt und zum 22. 8. 39 zu einer Übung einberufen.
Ich weiß nicht, ob es zweckmäßig ist, gegen die ausdrücklichen Hinweise der Wehrinspektion, St[öhr] zu einer Übung einzuberufen. Für den Dienst ist jeder frühere Matrose, der Kaufmann oder Bankmensch ist, geeigneter als dieser wirre Querkopf. Ich wollte Ihnen dies zur Kenntnis geben, weil ich der Auffassung bin, daß solche Elemente wie St[öhr], durch Gleichgültigkeit oder Lächerlichkeit besser getötet werden als durch Schaffung von Märtyrer; damit finden sie immer noch viel zu viel Anhänger.

Mit kameradschaftlichem Gruß
und Heil Hitler
Ihr V[. . .] [Fregattenkapitän]

UA, Stöhr, Bl. 11

fung zum Kriegsdienst Folge zu leisten, müssen wir konsequenterweise das Verfahren gegen ihn eröffnen. Da Stöhr sich zur Arbeit mit der Schippe bereit erklärt hat, sollte man ihm meines Erachtens Gelegenheit geben, diese Schippe im Konzentrationslager oder einem anderen geeigneten Ort fleißig zu bedienen.«[280]

Wo blieb die Solidarität der Kirche?

Junge Menschen fragen heute, wo die Gemeinde Jesu Christi war, wo die Bekennende Kirche war, als einer der ihren um seines Glaubens willen den Waffendienst verweigerte und verhaftet wurde? Denn das hat es ja wirklich gegeben, daß Tausende von Christen auf die Straße gingen und demonstrierten, als die Landesbischöfe Meiser und Wurm 1934 in Hausarrest saßen. Das hatte es gegeben, daß Hunderte, vielleicht Tausende, persönliche Briefe an die Reichskanzlei schrieben, als Martin Niemöller widerrechtlich verhaftet worden war und in das Konzentrationslager kam. Das hatte es gegeben, daß im Juli 1939 eine nach Hunderten zählende Trauergemeinde, Abordnungen aller Bruderräte der Bekennenden Kirche – allein 200 Pfarrer im Talar –, von dem im KZ ermordeten Pfarrer Paul Schneider auf dem Friedhof in Dickenschied in aller Öffentlichkeit Abschied nahmen. Stand die evangelische Kirche in gleicher Weise zu Hermann Stöhr?[281]
Im Brief der Wehrersatzinspektion Stettin vom 24. August stehen die merkwürdigen Sätze:

»Bei der Erfassung des Wehrpflichtigen ergab sich, daß Stöhr einer verschrobenen Sekte angehört und wegen seiner wirren und unverständlichen Anschauungen für die Wehrmacht keinerlei Nutzen versprach. [. . .] Die evangelische Kirche lehnt den Stöhr scharf ab.«

Wie konnte es zu einem solchen Mißverständnis kommen (»gehört einer verschrobenen Sekte an«)? War in der kirchlichen Öffentlichkeit nirgendwo in Erinnerung geblieben, was Otto Dibelius Ende der Dreißiger Jahre unüberhörbar vertreten hatte *(»Über die christlichen Pazifisten wird die Kirche ihre Hände halten.«* Vgl. oben Kap. 9)?
Und worauf bezog sich der Hinweis: *»Die evangelische Kirche lehnt den Stöhr scharf ab«?* War darüber aus den Akten noch mehr zu erfahren?

25. Einberufung und Verhaftung

Die Chance, daß Hermann Stöhr nicht einberufen werden würde, bestand, wenn man es sich nachträglich klar macht, nur theoretisch. Die Mobilisierung eines Millionenheeres zwang die Militärbehörden zu raschem Handeln. Ehe überhaupt die Verfügung des Konteradmirals zur Rückstellung von Stöhr auf den Tisch der Einberufungsbehörden kam, hatten diese schon die Beorderung und die Einberufung angeordnet. Damit waren Fakten geschaffen.

Nach der Beorderung vom 15. August hatte Stöhr sich »nach einer Mobilmachung sofort nach Kiel zu begeben«.[282] Vier Tage später, am 19. August, traf auch schon der Einberufungsbefehl ein. Stöhr hatte sich am 22. August, 9.00 Uhr, zum aktiven Wehrdienst in Kiel einzufinden. Die »Eilige Wehrmachtssache« mitsamt dem nichtgenutzten Eisenbahnfahrkartengutschein für eine Fahrt von Stettin nach Kiel liegt noch bei den Akten.[283]

Da Stöhr sich abermals weigerte, nahmen die Dinge nun ihren Lauf. Am 19. August antwortete er in ähnlich lautenden Schreiben auf die Beorderung und den Stellungsbefehl – abermals postwendend – nach Stettin bzw. nach Kiel.

Im Brief an das Wehrbezirkskommando Stettin – er war am 19. August morgens abgegangen – rechnete Stöhr noch fest mit der Möglichkeit eines Ersatzdienstes in seinem Fall:

»Ich nehme an, daß ich [. . .] für einen Dienst ohne Waffe, für einen Ersatzdienst vorgesehen bin. Ich bitte mir dies schriftlich zu bestätigen.

Sollte diese meine Annahme jedoch falsch sein und sollte ich in Kiel für den Dienst eines Soldaten der Kriegsmarine vorgesehen sein, so muß ich der dort zuständigen Stelle wiederholen, was ich in meinem Schreiben vom 2. März begründete, nämlich daß mir ein Militärdienst unmöglich ist, daß ich aber zu einem Arbeitsdienst bereit bin.«[284]

Als noch am selben Tag der Einberufungsbefehl eintraf – das Schreiben an das Wehrbezirkskommando Stettin war bereits bei der Post – schrieb Stöhr einen ähnlich lautenden Brief an die Marineannahmestelle Kiel. Auch in diesem Schreiben hegte er noch die Hoffnung auf eine für ihn günstige Lösung:

»Heute erhalte ich einen Einberufungsbefehl zur Ableistung einer Übung im aktiven Wehrstand.

Diese Einberufung muß auf einem Irrtum beruhen. Denn am 2. März 1939 hatte ich meinem Wehrbezirkskommando in Stettin darzulegen, daß ich aus christlichen

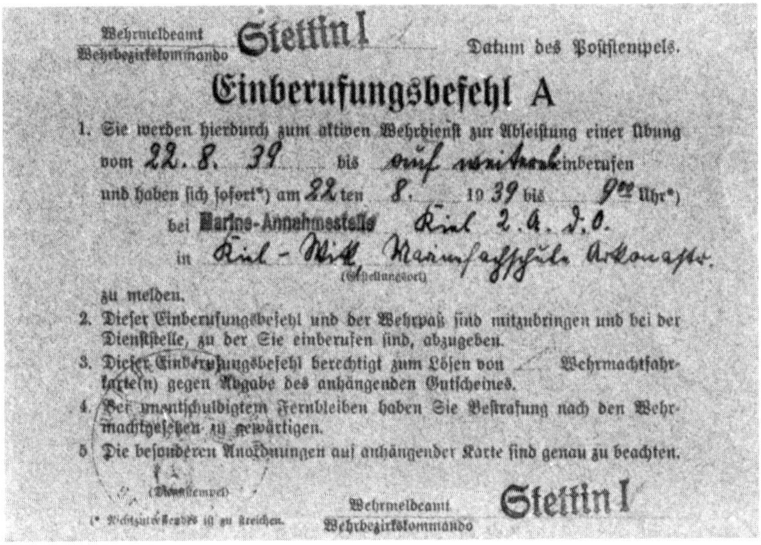

Wehrmeldeamt Stettin I
Wehrbezirkskommando

Datum des Poststempels.

Einberufungsbefehl A

1. Sie werden hierdurch zum aktiven Wehrdienst zur Ableistung einer Übung vom 22. 8. 39 bis auf [illegible] einberufen und haben sich sofort*) am 22ten 8. 1939 bis 9[00] Uhr*) bei Marine-Annahmestelle Kiel 2. A. d. O. in Kiel - Wik, [illegible] (Gestellungsort) zu melden.
2. Dieser Einberufungsbefehl und der Wehrpaß sind mitzubringen und bei der Dienststelle, zu der Sie einberufen sind, abzugeben.
3. Dieser Einberufungsbefehl berechtigt zum Lösen von ... Wehrmachtfahrkarte(n) gegen Abgabe des anhängenden Gutscheines.
4. Bei unentschuldigtem Fernbleiben haben Sie Bestrafung nach den Wehrmachtgesetzen zu gewärtigen.
5. Die besonderen Anordnungen auf anhängender Karte sind genau zu beachten.

(Dienststempel)

Wehrmeldeamt Stettin I
Wehrbezirkskommando

(* Nichtzutreffendes ist zu streichen.

Der Einberufungsbefehl vom August 1939, dem Stöhr nicht Folge geleistet hat.
(UA Stöhr, Bl. 25)

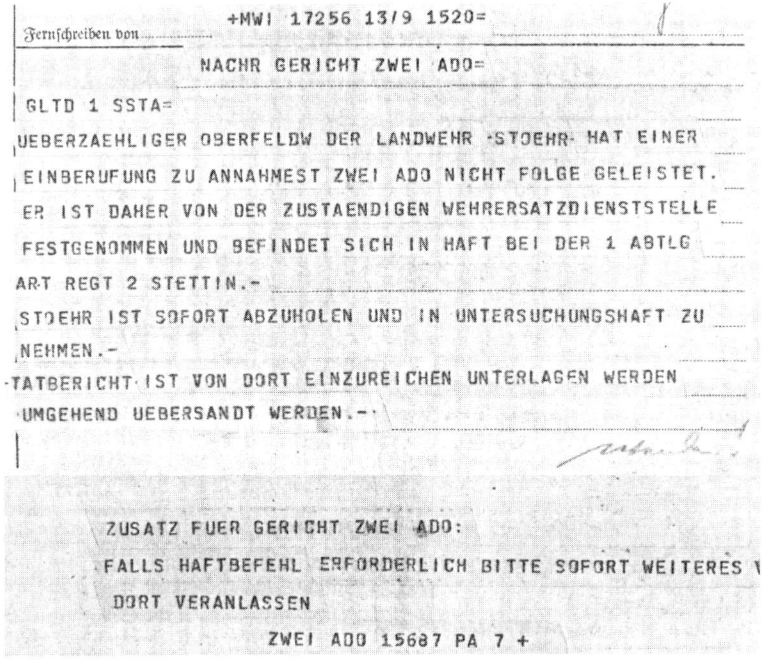

Fernschreiben von ... +MWI 17256 13/9 1520=

NACHR GERICHT ZWEI ADO=

GLTD 1 SSTA=

UEBERZAEHLIGER OBERFELDW DER LANDWEHR ·STOEHR· HAT EINER EINBERUFUNG ZU ANNAHMEST ZWEI ADO NICHT FOLGE GELEISTET. ER IST DAHER VON DER ZUSTAENDIGEN WEHRERSATZDIENSTSTELLE FESTGENOMMEN UND BEFINDET SICH IN HAFT BEI DER 1 ABTLG ART REGT 2 STETTIN.-

STOEHR IST SOFORT ABZUHOLEN UND IN UNTERSUCHUNGSHAFT ZU NEHMEN.-

·TATBERICHT· IST VON DORT EINZUREICHEN UNTERLAGEN WERDEN UMGEHEND UEBERSANDT WERDEN.-·

ZUSATZ FUER GERICHT ZWEI ADO:

FALLS HAFTBEFEHL ERFORDERLICH BITTE SOFORT WEITERES V

DORT VERANLASSEN

ZWEI ADO 15687 PA 7 +

Per Fernschreiben wurde Stöhrs Verhaftung angezeigt. *(UA Stöhr, Bl. 18)*

Gewissensgründen außerstande bin, Soldat zu sein, daß ich aber zu entsprechendem Arbeitsdienst ohne Waffe bereit bin. Diese meine Überzeugung ist von den hiesigen Marinestellen geprüft und in ihrer Aufrichtigkeit anerkannt worden.
Sollte ich nach Kiel nicht als Soldat, sondern zu einem Arbeitsdienst einberufen werden, so bin ich bereit, dieser Aufforderung Folge zu leisten.
Sollte ich eine Weigerung zu einem Militärdienst noch einmal formell zu vertreten haben, so bin ich hierzu in Kiel wie in Stettin bereit.
In jedem Fall habe ich wohl die bestimmte Aufforderung hierzu abzuwarten.«[285]

Am 31. August 1939 erschienen die Feldgendarmen in Stöhrs Haus in Stettin, Weberstraße 12, und nahmen ihn unter dem Vorwurf der Fahnenflucht vorläufig fest. Der letzte Friedenstag im Dritten Reich war in Hermann Stöhrs Leben der letzte Tag in Freiheit.[286]
Bis zum 17. September wurde Stöhr in der Arrestzelle der 1. Abteilung des Artillerieregiments II Stettin festgehalten. Er kam anschließend in Untersuchungshaft nach Kiel.[287]
Am 25. September erhob der zuständige Gerichtsherr, der 2. Admiral der Ostseestation, vertreten durch Vizeadmiral Adolf von Trotha, die Anklage.[288]

Erinnerungen an die Kieler Untersuchungshaft

Marinepfarrer Martin Hiller konnte Hermann Stöhr in der Kieler Untersuchungshaft mehrere Male besuchen und erinnerte sich daran in einem ein Jahrzehnt später niedergeschriebenen Bericht:
In der Marinehaftanstalt in Kiel saß der erste Kriegsdienstverweigerer. »Woll'n Se wieder zu ihm?«, fragte der Aufseher. In seinen Augen lag etwas von Besorgnis und scheuer Achtung vor dem stillen Mann, der anders als die anderen war.
Der Riegel fuhr zurück. Wir reichten uns die Hand zum Gruß. Ob Kriegsleute in seligem Stande sein können, hatte Luther gefragt. Aber die Antwort auf die Frage ließ sich der Doktor nicht von Martin Luther geben; ihm war die Bibel, das Wort des Herrn, mehr. Und seine Bibel kannte er. Er hatte sie im Kopf, bewegte sie im Herzen. Immer wieder, wenn er sein »Aber« entgegensetzte, war es das »Aber« der Heiligen Schrift. An ihm prallten alle Erwägungen vernünftiger Art, alle menschlichen Überlegungen ab. Der Doktor spürte meine Sorge. Aber er setzte sich zur Wehr gegen diese Sorge, gegen alle

Der am 25. September 1939 ausgestellte Haftbefehl. Stöhr war schon am 31. August vorläufig festgenommen worden. ▶
Das nachträglich in den Gerichtsakten angebrachte Fragezeichen beim Wort »Verbrechen« belegt die Zweifel bei einem der Richter, ob Stöhr nach dem verschärften Kriegssonderstrafrecht abzuurteilen sei. *(UA Stöhr, Bl. 22)*

Gericht
des 2. Admirals der Ostseestation.
St.L.J. II Nr. 75 1939

Kiel, den 25. September 1939

22

Haftbefehl.

Der Oberfeldwebel der Landwehr Hermann S t ö h r
1.Komp. 1. Schiffsstammabteilung

ist in Untersuchungshaft zu nehmen.

Er ist dringend verdächtig, daß er einem Einberufungsbefehl zum 22.August 1939 nach Kiel (Marineannahmestelle 2.A.d.O.) nicht Folge geleistet hat, und damit in der Absicht, sich der Verpflichtung zum Dienst in der Wehrmacht dauernd zu entziehen, seiner Dienststelle fern=geblieben ist.

Militärisches Verbrechen nach § 69 MStGB., sodaß die Verhaftung begründet ist.

Der Gerichtsherr:

Wolfgang Ritter [?] Vizeadmiral ~~z.V.~~

[illegible]
Marinekriegsgerichtsrat.

[illegible] **Vfg.**

1. Mitteilung an Marinearrestanstalt und an den Marineteil.
2. [illegible] an 1. S.St.A. und 2. A.d.O. [illegible] 26/9

Zu beziehen vom Amtlichen Vordrucklager der Kriegsmarine J. H. Augustin in Glückstadt. Auslieferungsstellen: Für Ostseebereich: in Kiel. Für Nordseebereich: in Wilhelmshaven G 6. Din A 4

Einwendungen, die nur menschlich waren. Als wollte er mir sagen und zu verstehen geben, daß ich um ihn nicht zu sorgen brauchte. Es ging ja nicht um ihn.
Es ging nicht einmal nur um den Krieg.
Ut omnes unum sint.
»Daß sie alle eins seien!« – Das war das Gebet des Herrn gewesen, des Heilands großes, letztes Gebet nicht nur für die Seinen, sondern für die Vielen in der Welt, die Er hinzutun würde. War es nicht auch des Herrn herzliches Gebot an seine Leute? Auf daß sie alle eins seien. Konnte man an diesem Wort vorbeigehen? Bedeutete denn des Herrn Gebet und Vermächtnis nichts mehr? Hermann Stöhr fragte nicht. Das Wort des Herrn war ergangen und hatte ihn getroffen. Er gehorchte. Und hatte ein offenes Ohr und Auge bekommen: Ut omnes unum sint! Der Krieg war nicht allein ein Menschenmörder – ihm ging es um viel mehr: um das Gebet, um das Gebot des Herrn.
Ich bangte um ihn. Er hat es hoffentlich verstanden, recht verstanden, obschon er weder »Mitleid« noch Bedauern wollte. Jedes Bedenken wäre ihm als wider den Herrn Christus erschienen. Was immer für ihn kommen mochte, er sorgte um sich selber nicht. Er hatte dem zu leben versucht, was ihm durch den Herrn der Christenheit zum Ziel gesteckt und zur Aufgabe geworden war. Mußte es durchlitten werden, so war es ihm das Leiden wert. Was aus ihm werden würde, beschwerte ihn nicht so, daß er darüber hätte auch nur unsicher werden können. Sooft ich zu ihm kam, fand ich ihn in dem gleichen stillen Ernst, mit dem er über seiner Arbeit saß, und in der gleichen heiteren Gelassenheit, die auch an jenem Tage ungestört und unverändert schien, als er mir das Urteil mitteilte, das über ihn ergangen war.
Ein Brief von seiner Hand brachte einen letzten Gruß. Aus der Todesnacht. Ich habe diesen Gruß zu hüten versucht; der Krieg vernichtete mehr. So war er, der Doktor Hermann Stöhr; auch in der Todesnacht dachte er an andere, die Brüder. Sein Letztes war die Fürbitte voll Dankbarkeit und Herzlichkeit, für die im Dienst. Er selber würde bald am Ziele sein, eins mit denen im Reich Christi.
Ut omnes unum sint. Alle –

Martin Hiller[289]

Daur 11f

26. *Exkurs:* Die Stellung evangelischer Christen zum Zweiten Weltkrieg

Die offiziellen Äußerungen der evangelischen Kirche zum Überfall auf Polen und zur Entfesselung des Zweiten Weltkriegs zeugen von der traditionellen nationalen Grundeinstellung der Mehrheit der evangelischen Christen in Deutschland. Zwar war nicht mehr dieselbe überschäumende religiös-patriotische Begeisterung wie beim Ausbruch des Ersten Weltkriegs zu spüren, aber es war doch immer noch selbstverständlich, daß evangelische wie katholische Kirchenleitungen die Christen zur Fürbitte und zu treuer Pflichterfüllung gegenüber Führer, Volk und Vaterland in dem – wie sie meinten – »gerechten Krieg« aufriefen.[290] So bekannte sich der kurz vor Kriegsbeginn gebildete Geistliche Vertrauensrat in einem Aufruf vom 2. September zum »deutschen Volk im Kampf für das Land seiner Väter, damit deutsches Blut zu deutschem Blut heimkehren darf«. Wie früher so wolle die Kirche auch jetzt »zu den Waffen aus Stahl« die »unüberwindlichen Kräfte aus dem Worte Gottes« reichen.[291]
In einer den Pfarrern zur Verfügung gestellten Gebetsempfehlung des GVR hieß es gar:

»Herr, du willst, daß die Völker in Gerechtigkeit und Freiheit leben nach den ewigen Gesetzen, in die du alles menschliche Leben eingefügt hast. Segne Du unseren Kampf für die Ehre, für die Freiheit, für den Lebensraum des deutschen Volkes und sein Brot.«

Nach dem Ende des Raubkrieges gegen Polen wurde in einer Kanzelabkündigung zum Erntedankfest 1939 unbekümmert der von Gott empfangene Erntesegen von Flur und Feld gleichgesetzt mit der Ernte, »daß uralter deutscher Boden zum Vaterland heimkehren durfte.«[292]
Auch wenn der Geistliche Vertrauensrat nie vom entschiedenen Flügel der Bekennenden Kirche als Vertretung des deutschen Gesamtprotestantismus anerkannt worden ist, so konnten seine Mitglieder sich durchaus als Exponenten der verschiedenen Richtungen innerhalb der evangelischen Kirche verstehen.[293]
Es gab zu Beginn des Krieges allerdings auch andere Stimmen, etwa die von Günter Jakob, einem Mitglied des Bruderrats der BK von Berlin-Brandenburg. Er hatte sich in einem Vortrag vor Pfarrern der Niederlausitz im Oktober 1939 ausdrücklich dagegen verwahrt, sich »als Funktionär zur Pflege und Stärkung der seelischen Widerstandsenergien« einsetzen zu lassen.

Ausgabe A
(Reich)

Gesetzblatt der Deutschen Evangelischen Kirche

109

1939 | Ausgegeben zu Berlin, den 28. September 1939 | Nr. 22

Deutsche Evangelische Kirche

Kanzelabkündigung zum Erntedankfest 1939

In tiefer Demut und Dankbarkeit beugen wir uns am heutigen Erntedankfest vor der Güte und Freundlichkeit unseres Gottes: Wieder hat Er Flur und Feld gesegnet, daß wir eine reiche Ernte in den Scheunen bergen durften; wieder hat Er Seine Verheißung an uns wahrgemacht, daß Er uns Speise geben wird zu seiner Zeit.

Aber der Gott, der die Geschicke der Völker lenkt, hat unser deutsches Volk in diesem Jahr noch mit einer anderen, nicht weniger reichen Ernte gesegnet. Der Kampf auf den polnischen Schlachtfeldern ist, wie unsere Heeresberichte in diesen Tagen mit Stolz feststellen konnten, beendet; unsere deutschen Brüder und Schwestern in Polen sind von allen Schrecken und Bedrängnissen Leibes und der Seele erlöst, die sie lange Jahre hindurch und besonders in den letzten Monaten ertragen mußten. Wie könnten wir Gott dafür genugsam danken!

Wir danken Ihm, daß er unsern Waffen einen schnellen Sieg gegeben hat.

Wir danken Ihm, daß uralter deutscher Boden zum Vaterland heimkehren durfte und unsere deutschen Brüder nunmehr frei und in ihrer Zunge Gott im Himmel Lieder singen können.

Wir danken Ihm, daß jahrzehntealtes Unrecht durch das Geschenk Seiner Gnade zerbrochen und die Bahn freigemacht ist für eine neue Ordnung der Völker, für einen Frieden der Ehre und Gerechtigkeit.

Und mit dem Dank gegen Gott verbinden wir den Dank gegen alle, die in wenigen Wochen eine solche gewaltige Wende heraufgeführt haben: gegen den Führer und seine Generale, gegen unsere tapferen Soldaten auf dem Lande, zu Wasser und in der Luft, die freudig ihr Leben für das Vaterland eingesetzt haben.

Wir loben Dich droben, Du Lenker der Schlachten,
und flehen, mögst stehen uns fernerhin bei.

Der Leiter der Deutschen Evangelischen Kirchenkanzlei
Dr. Werner

Der Geistliche Vertrauensrat der Deutschen Evangelischen Kirche
D. Marahrens, Schultz, D. Hymmen

Doch auch Günter Jacob kam letztlich nicht über den Zwiespalt hinaus, in dem sich viele befanden:

»Der einzelne kann wohl im Kämmerlein ein Dankgebet für den Sieg der Waffen oder auch ein Gebet um Verstoßung der Tyrannen vom Thron beten, im öffentlichen Gebet der Christenheit darf weder durch das eine noch durch das andere Gebet ein unerträglicher Zwang auf Christen ausgeübt werden. Dieses Nebeneinander, das zur Zeit nicht aufgelöst werden kann, ist nicht Ausdruck einer Sophistik, sondern das Zeichen der Ohnmacht heutiger Christenheit, der die Gabe der Scheidung der Geister, die Gabe der Erkenntnis der Zeichen der Zeit auf eine schuldhafte Weise mangelt.«

Ähnlich hatte eine zu Beginn des Krieges anonym von der Bekennenden Kirche verbreitete »Theologisch-ethische Besinnung über den Krieg« daran erinnert, daß dem Christen eine Weigerung nur erlaubt ist, wenn »sich eindeutig erkennen ließe, daß ein Krieg nicht zur Sicherung und Erhaltung des Lebens der Nation gegenüber einer tatsächlichen Bedrohung des Lebens geführt wird«. Mit dieser theoretischen Möglichkeit wird dann aber nicht ernsthaft gerechnet: »Praktisch dürfte eine solche eindeutige Feststellung in unserem Weltzeitalter kaum möglich sein.« Es bleibt darum dabei, »daß ich gerade als Christ die Pflicht habe, unter Beachtung der möglichst humanen und ritterlichen Formen der Kriegführung ein möglichst guter Soldat zu sein, der die ihm gestellten militärischen Aufgaben mit peinlicher Sorgfalt und mit Aufopferung aller seiner Kräfte zu erfüllen trachtet.«[295]
Trotz dieser klaren Aufforderung zu treuer Pflichterfüllung im Hitlerkrieg durch die Bekennende Kirche, so weit wie der Geistliche Vertrauensrat ging sie nie, der im Juni 1941 sogar zum Heiligen Krieg gegen den Bolschewismus aufrief. In einem in der Presse veröffentlichten Telegramm an Hitler war zu lesen:

»Sie haben, mein Führer, die bolschewistische Gefahr im eigenen Land gebannt und rufen nun unser Volk und die Völker Europas zum entscheidenden Waffengang gegen den Todfeind aller Ordnung und aller abendländisch sittlichen Kultur auf . . . Die Deutsche Evangelische Kirche . . . ist mit allen ihren Gebeten bei Ihnen und bei unseren unvergleichlichen Soldaten, die nun mit so gewaltigen Schlägen dran gehen, den Pestherd zu beseitigen, damit in ganz Europa unter Ihrer Führung eine neue Ordnung erstehe.«[296]

Völlig unvorstellbar war, daß am Anfang oder auch während des weiteren Verlaufs des Zweiten Weltkrieges in einer kirchlichen Verlautbarung Verständnis für die persönliche Entscheidung zur Kriegsdienstverweigerung, wie Stöhr sie getroffen hatte, zum Ausdruck gebracht worden wäre. Im Gegenteil, wie noch zu zeigen sein wird, sah sich ein Mitglied des Geistlichen Vertrauensrates, Landesbischof Marahrens, außerstande, Stöhrs Gnadengesuch in irgendeiner Weise zu unterstützen..[297]
Nur Karl Barth stellte – von der Schweiz aus – »die Frage an das Gewissen

Günter Jacob

Die Verkündigung der Kirche im Krieg

Es ist heute für uns entscheidend wichtig, daß wir als Prediger und Seelsorger im Dienst der Verkündigung auf der Hut sind, nicht so sehr aus Sorge und Angst vor politischen Folgen, sondern aus der Verantwortung für das Amt und für den Auftrag, den wir nicht von der öffentlichen Propaganda, sondern von dem Herrn der Kirche empfangen haben. Wir sind nicht Priester des Jupiter und Mars, nicht Tempelhüter der Dea Germania, nicht Propagandisten des Nationalgottes, die als geheime Vertraute solchen Nationalgottes den Gang der Ereignisse seherisch zu deuten hätten, sondern wir sind Diener des Dreieinigen Gottes. Wir haben nicht irgendwelche religiösen Gefühle irgendwelchen Schicksalsmächten gegenüber zu wecken, sondern wir haben vom Kreuze Christi her in der Auslegung der Heiligen Schrift Gesetz und Evangelium zu predigen. Wir können uns nicht, wie es die staatskirchlichen Behörden tun, als Funktionäre zur Pflege und Stärkung der seelischen Widerstandsenergien den militärischen Kommandostellen in empfehlende Erinnerung bringen, sondern wir haben das Gericht und die Gnade Gottes über den Völkern und über den Einzelnen zu bezeugen. Wohl uns, wenn wir sehen, wie schmal der Weg ist über jenen grauenvollen Abgrund, in dem wir aus einem Prediger des Evangeliums Christi ein Priester des Nationalgottes geworden sind! Wohl uns, wenn wir wissen, welch ein schamloser Mißbrauch des Namens Gottes und der Autorität des geistlichen Amtes es ist, wenn wir politische Urteile und politische Deutungen der Ereignisse als Kanzelabkündigung oder als Predigtsätze zu dogmatischen Wahrheiten erheben! Wohl uns, wenn wir sehen, daß es wahrlich auch ein Greuel der Verwüstung ist, wenn durch den politischen Enthusiasmus oder auch durch politische Opposition im Heiligtum Gottes die Stimme des Herrn der Kirche von den lauten Stimmen der Zeitmächte zum Schweigen gebracht wird!

In: Brakelmann 297f

aller Christen in Deutschland [. . .], ob es nicht ihre Sache sei, zur Verhinderung dieses Krieges bzw. eines Sieges der Usurpatoren ihrerseits alles in ihren Kräften Stehende zu tun«, also z. B. den Wehrdienst zu verweigern oder Sabotage zu üben.[298]

Er blieb jedoch mit dieser Überlegung, die er schon im April 1939 in einem Brief an den Generalsekretär der ökumenischen Bewegung, Visser't Hooft, ausgesprochen hatte, allein. Vergeblich hatte er diesen, im Blick auf die drohende Kriegsgefahr, bedrängt, sich durch das Radio mit einer Botschaft an die Christen in Deutschland zu wenden. Als Visser't Hooft wissen ließ, daß hierzu in der erst im Aufbau befindlichen Ökumene nicht so rasch ein Konsens gefunden werden könne, beschwor Barth ihn nocheinmal in einem langen Brief vom 7. Oktober:

»Es ist klar, daß, wenn es nach diesem Schema gehen muß, bestenfalls fünf Jahre nach dem Friedensschluß (und angesichts der dann entstandenen Trümmerhaufen) etwas – und auch dann sicher wieder nur etwas verzweifelt Akademisches, Vermittelndes und Vagues – gesagt werden kann. Ich wundere mich aber, daß die Möglichkeiten der in eurer Stelle, wie vorläufig immer, repräsentierten Kirchen in solcher Analogie zu politisch diplomatischen Ordnungen und Gepflogenheiten, so parlamentarisch-bürokratisch, so wenig geistlich verstanden behandelt werden.«

Barth schien eine eindeutige und konkrete Aussage für die Kirche möglich und geboten zu sein, wie die von ihm vorgetragenen drängenden Fragen beweisen:

»Sollen die Kirchen jetzt wieder einfach um den Frieden in blanco beten (1938, in den Tagen von München haben wir es bekanntlich getan) oder bewußt und bestimmt um einen *gerechten* Frieden und deshalb bewußt und bestimmt (den Willen Gottes, der auch die beste Sache unterliegen lassen kann, vorbehalten!) um den Sieg dieser und nicht jener Waffen? Es kann euch doch unmöglich entgehen, daß alle diese Fragen in allen Ländern brennen und daß von der Kirche – nicht in Form von irgendwelchen Reports über Pro und Contra, sondern in Form von begründetem Ja Ja und Nein Nein Bescheid gegeben werden muß und daß kein Verweis auf ihre derzeitige Ohnmacht u. dergl. sie entschuldigen kann, wenn sie der *jetzt, heute* in den Kataklysmus gestürzten Menschheit und Christenheit diesen Bescheid schuldig bleibt.«[299]

Ähnliche Gedanken hatte Barth auch schon mit deutschen Freunden besprochen, als er sich kurz vor Kriegsausbruch mit Ernst Wolf, Helmut Gollwitzer, Günther Dehn, Gertrud Staewen, mit Pierre Maury und mit Arthur Frey in seinem Schweizer Ferienhaus getroffen hatte. Wie Gollwitzer nach dem Krieg berichtete, lehnten auch sie Barths Forderungen ab:

»Wir hielten ihm Einwände entgegen, die mir nachträglich als allzu taktisch erscheinen: Die Ökumene werde dadurch selbst zur Partei statt über den kämpfenden Parteien zu stehen, [. . .] die ohnehin schwer kämpfende Bekennende Kirche in Deutschland gerate damit in die unheilvolle Alternative, entweder als landesverräterisch verfolgt zu werden, oder sich gegen das Wort der Ökumene erklären zu müssen.«

Es kann aber auch sein, so vermutet Gollwitzer schließlich, daß sie das ökumenische Wort abgelehnt haben, »weil uns ein solcher Schritt zu ungewohnt, zu neuartig, zu kühn war.«[300]

27. *Exkurs:* Das Militärstrafrecht und das Kriegsgerichtsverfahren

Die Hauptverhandlung vor dem Feldkriegsgericht in Kiel gegen den Oberfeldwebel der Landwehr Hermann Stöhr fand am Dienstag, 10. Oktober 1939, statt und dauerte gerade eine Stunde von der Anklageerhebung bis zum Urteilsspruch. Die Anklage lautete auf ein »militärisches Verbrechen nach § 69 Abs. 1 Abs. 2 des MStGB«. Der Angeklagte wurde entsprechend der Anklage wegen Fahnenflucht zu einem Jahr Gefängnis verurteilt.[301]
Hermann Stöhr mußte sich vor einem Kriegsgericht verantworten. Wie schon im Kaiserreich so gab es auch im Dritten Reich zur Aburteilung von besonderen militärischen Verbrechen und Vergehen eine eigene Militärjustiz. Im Dezember 1939 waren an 290 Militärgerichten fast 500 Richter beschäftigt. Für den Hitlerstaat war die Militärjustiz eine wichtige Einrichtung. Bereits am 12. Mai 1933 war ein Rahmengesetz zur Wiedereinführung der Militärgerichtsbarkeit erlassen worden (RGBl 1933, I 264).

Das deutsche Militärstrafrecht

Zu Beginn des Krieges galt das Militärstrafgesetzbuch (MStGB) vom 20. Juni 1872 in der letzten Fassung vom 16. Juli 1935. Hinzu trat die Kriegssonderstrafrechtsverordnung (KSSVO) vom 17. August 1938, die mit dem Tag der Mobilmachung, dem 26. August 1939, in Kraft trat.[302] Da das MStGB auf Friedensverhältnisse abgestellt war, stand mit der KSSVO und mit weiteren, später noch veröffentlichten, ergänzenden Verordnungen ein verschärfendes Instrument für die Kriegsgerichte zur Verfügung. Im Prozeß Stöhr spielte die Frage, ob bereits das verschärfte Strafrecht der KSSVO anzuwenden war, eine wichtige, im Blick auf Stöhrs Schicksal, im wörtlichen Sinne sogar eine lebensentscheidende Rolle. Denn diese Verordnung führte den Sonderstraftatbestand der Wehrkraftzersetzung (§ 5) und die Strafverschärfung für Fahnenflucht (§ 6) ein. Bei beiden konnte jetzt die Todesstrafe verhängt werden.
Ziel der militärischen Strafrechtspflege im Kriege war nach einer amtlichen Erläuterung vom August 1938 die »Erhaltung und Stärkung des Wehrwillens und der Wehrkraft des Deutschen Volkes; denn sie hat die besondere Aufgabe, der Schlagfertigkeit und Sicherung der Wehrmacht durch eine rasche und strenge, aber gerechte Anwendung der Kriegsgesetze einen verschärften Rechtsschutz zu gewähren.«[303]

Strafen konnten auch mit Ehrenstrafen verknüpft werden, mit Dienstentlassung oder Verlust eines höheren Dienstgrades.
Je nach Schwere der Strafhandlung sprach das MStGB von militärischen Vergehen oder Verbrechen. Nach § 1 MStGB waren »Handlungen, die dieses Gesetz mit dem Tode, mit Zuchthaus oder mit Gefängnis von mehr als fünf Jahren bedroht, ein militärisches Verbrechen«. Handlungen jedoch, die das »Gesetz mit Freiheitsstrafe bis zu fünf Jahren bedroht«, waren militärische Vergehen.
Eine wichtige Rolle spielte im Prozeß Stöhr, inwieweit bei Vorliegen einer Gewissensentscheidung die Strafe auszuschließen ist. Nach § 48 MStGB konnten Gewissensmotive keine Berücksichtigung finden.

Das Kriegsstrafverfahren

Nach der Kriegsstrafverfahrensordnung (KStVO) vom 17. August 1938, die ebenfalls mit dem Mobilmachungstag in Kraft trat, bestand ein Feldkriegsgericht aus drei Richtern, einem richterlichen Militärjustizbeamten im Range eines Kriegsgerichtsrats sowie zwei Beisitzern; letztere waren ein Offizier und ein weiterer Soldat möglichst im Rang des Angeklagten. Als Vertreter der Anklage sah die Ordnung einen weiteren Kriegsgerichtsrat vor, keinen Staatsanwalt. Dieser war an die Weisungen des Gerichtsherrn gebunden; im Falle Stöhr war dies der 2. Admiral der Ostseestation. Der Vorsitzende und der Vertreter der Anklage trugen gemeinsam die Verantwortung für das Urteil. Beide unterzeichneten, es sei denn der richterliche Militärjustizbeamte hätte eine abweichende Meinung und gab dies zu den Akten.
Das Urteil mußte durch den Gerichtsherrn bestätigt werden und war damit rechtskräftig. Eine Revision war nicht möglich. Der Gerichtsherr hatte jedoch vor seiner Entscheidung den Angeklagten zum Urteil vernehmen zu lassen. Bei Strafen von mehr als einem Jahr Gefängnis hatte er von einem weiteren richterlichen Militärjustizbeamten ein Gutachten über das Urteil anfertigen zu lassen. Die Bestellung eines Verteidigers war möglich, aber nur für Verhandlungen vor dem Reichskriegsgericht vorgeschrieben.[304]
Der Angeklagte hatte bei der Verhandlung selbstverständlich das Recht auf Gehör (§ 59) und ihm gebührte bei der Hauptverhandlung stets das letzte Wort vor Beratung des Gerichts.
Hob der Gerichtsherr das Urteil auf, kam es zu einer weiteren Verhandlung mit anderer Besetzung des Gerichts. Lag der durch das KSSVO neu geschaffene Tatbestand der »Wehrkraftzersetzung« (§ 5 KSSVO) vor, war das Reichskriegsgericht zuständig. Auch in anderen Fällen konnte der Gerichtsherr mit Genehmigung des übergeordneten Befehlshabers das Strafverfahren an das Reichskriegsgericht in Berlin abgeben.[305]

Auszug aus dem Militärstrafgesetzbuch (MStGB)
in der Fassung vom 16. 7. 1935:

§ 1 *(Militärische Verbrechen und Vergehen)*
(1) Eine Handlung, die dieses Gesetz mit dem Tode, mit Zuchthaus oder mit Gefängnis oder Festungshaft von mehr als fünf Jahren bedroht, ist ein militärisches Verbrechen.
(2) Eine Handlung, die dieses Gesetz mit Freiheitsstrafe bis zu fünf Jahren bedroht, ist ein militärisches Vergehen.

§ 48
Die Strafbarkeit einer Handlung oder Unterlassung ist dadurch nicht ausgeschlossen, daß der Täter nach seinem Gewissen oder den Vorschriften seiner Religion sein Verhalten für geboten erachtet.

§ 69 *(Fahnenflucht)*
(1) Wer in der Absicht, sich der Verpflichtung zum Dienste in der Wehrmacht dauernd zu entziehen oder die Auflösung des Dienstverhältnisses zu erreichen, seine Truppe oder Dienststelle verläßt oder ihnen fernbleibt, wird wegen Fahnenflucht bestraft.
(2) Der Fahnenflucht steht es gleich, wenn der Täter in der Absicht seine Truppe oder Dienststelle verläßt oder ihnen fernbleibt, sich für die Dauer eines Krieges, kriegerischer Unternehmungen oder innerer Unruhen der Verpflichtung zum Dienste in der Wehrmacht überhaupt oder in den mobilen Teilen der Wehrmacht zu entziehen.

§ 70 *(Strafe für Fahnenflucht)*
(1) Die Fahnenflucht wird mit Gefängnis von sechs Monaten bis zu zwei Jahren, im ersten Rückfall mit Gefängnis von einem Jahr bis zu fünf Jahren, im wiederholten Rückfall mit Zuchthaus von fünf bis zu zehn Jahren bestraft. In minder schweren Fällen kann die Gefängnisstrafe bis auf drei Monate, im Rückfall bis auf sechs Monate ermäßigt werden.

§ 74
Neben dem wegen Fahnenflucht verwirkten Gefängnis ist gegen Unteroffiziere auf Dienstentlassung zu erkennen.

Auszug aus der Kriegssonderstrafrechtsverordnung vom 17. August 1938 (KSSVO)

(In Kraft getreten mit der Mobilmachung am 26. August 1939)

§ 5

(1) Wegen Zersetzung der Wehrkraft wird mit dem Tode bestraft:

1. wer öffentlich dazu auffordert oder anreizt, die Erfüllung der Dienstpflicht in der deutschen oder einer verbündeten Wehrmacht zu verweigern, oder sonst öffentlich den Willen des deutschen oder verbündeten Volkes zur wehrhaften Selbstbehauptung zu lähmen oder zu zersetzen sucht;
2. wer es unternimmt, einen Soldaten oder Wehrpflichtigen des Beurlaubtenstandes zum Ungehorsam, zur Widersetzung oder zur Tätlichkeit gegen einen Vorgesetzten oder zur Fahnenflucht oder unerlaubten Entfernung zu verleiten oder sonst die Manneszucht in der deutschen oder einer verbündeten Wehrmacht zu untergraben;
3. wer es unternimmt, sich oder einen anderen durch Selbstverstümmelung, durch ein auf Täuschung berechnetes Mittel oder auf andere Weise der Erfüllung des Wehrdienstes ganz, teilweise oder zeitweise zu entziehen.

(2) In minder schweren Fällen kann auf Zuchthaus oder Gefängnis erkannt werden.

§ 6

I Die §§ [. . .] 70 des Militärstrafgesetzbuches sind in folgender Fassung anzuwenden:

[. . .]

§ 70

Bei Fahnenflucht ist auf Todesstrafe oder auf lebenslanges oder zeitiges Zuchthaus zu erkennen.

§ 7

(1) Die Ehrenstrafe der Dienstentlassung gegen Offiziere, Unteroffiziere und Mannschaften im wehrpflichtigen Alter fällt weg. Statt dessen wird erkannt:

1. gegen Offiziere und Unteroffiziere auf Verlust eines höheren Dienstgrades.

[. . .]

RGBl I, Nr. 147, v. 26. 8. 1939, 1456

28. Der Prozeß

Stöhrs Prozeß vor dem Marinefeldkriegsgericht in Kiel war mit zwei Verfahrensproblemen belastet. Zunächst waren sich die Richter nicht einig, ob sie den Fall nach altem »Friedens«-recht oder nach dem verschärften Kriegssonderstrafrecht aburteilen sollten. Sodann unterlief ihnen bei der Urteilsfindung ein schwerwiegender Verfahrensfehler, so daß die Angelegenheit vor einem zweiten Gericht erneut verhandelt werden mußte.
Im Haftbefehl und in der Anklageschrift ist von einem »militärischen Verbrechen« die Rede. Für den Rechtskundigen bedeutete dies, daß Stöhr nach der Vorstellung des Vertreters der Anklage nach dem seit dem 26. August geltenden Kriegssonderstrafrecht abgeurteilt werden sollte. Der erkennende Richter setzte jedoch in den Akten an dieser Stelle mit Recht ein Fragezeichen an den Rand.[306] Er entschied darum auch, Stöhr nach »Friedens«recht abzuurteilen. Für ihn hatte der Angeklagte am Tage der Einberufung, am 22. August, und damit noch im Frieden, Fahnenflucht begangen. Das Gericht mußte darum beim geringeren Strafmaß bleiben, die Tat war nur als »militärisches *Vergehen*« einzustufen.
Allerdings, einen minderschweren Fall wollte keiner der Richter annehmen, was auch möglich gewesen wäre. Dann hätte das Gericht noch unter dem Strafrahmen des § 70 MStGB bleiben können. In der Urteilsbegründung liest man darum:

»Der Angeklagte war vor Begehung der Fahnenflucht nach seinem eigenen Geständnis auf die Strafbarkeit einer Nichtbefolgung des Gestellungsbefehls hingewiesen worden. Er hat sich in einer hartnäckigen und querköpfigen Weise der Einsicht für die Staatsnotwendigkeiten verschlossen. Seine Einstellung, die er nicht einmal unter dem Druck des schwebenden Verfahrens und der Kriegsgerichtsverhandlung zu revidieren versucht hat, ist in höchstem Maße verderblich und schädigend. Wenn das Gericht von der Verhängung der Höchststrafe absah, so tat es dies nur wegen der Haltung, die der Angeklagte im letzten Weltkriege an den Tag gelegt hat. Damals meldete er sich, 16 Jahre alt, als Kriegsfreiwilliger zu den Waffen. Eine Strafe von einem Jahr Gefängnis erschien dem Gericht die notwendige, aber auch ausreichende Sühne für die schmähliche Fahnenflucht des Angeklagten.«[307]

Das Urteil – ein Jahr Gefängnis – war das Ergebnis des ersten Gerichtsverfahrens gegen Stöhr. In dem folgenden Verfahren vor dem Reichskriegsgericht wurde er zum Tode verurteilt. ▶ *(UA Stöhr, Bl. 58)*

Gericht
des 2. Admirals der Ostseestation.

St.L.J. II Nr. 75 3/9

Mit den Gründen und den richterlichen Unterschriften zu den Akten gebracht am 7. November 1939.
Kiel, 7.11.1939. Klockmann
Marinejustizinspektor.

Urteil

im Namen des Deutschen Volkes.

In der Strafsache gegen den Oberfeldwebel d.L. Hermann Stöhr

von der 1. Schiffsstammabteilung

wegen Fahnenflucht

hat ein am 1. November 1939 in Kiel

auf Befehl des Gerichtsherrn und 2. Admirals der Ostseestation

Feld/ zusammengetretenes Kriegsgericht,

an dem teilgenommen haben

als Richter:

1. Marinekriegsgerichtsrat [redacted], Verhandlungsleiter,
2. Korvettenkapitän [redacted]
3. Stabsmechaniker [redacted]

als Vertreter der Anklage:

Marinekriegsgerichtsrat [redacted]

als Urkundsbeamter der Geschäftsstelle:

Marinejustizinspektor [redacted]

für Recht erkannt: Der Angeklagte wird wegen Fahnenflucht zu einem Jahr Gefängnis und zu Rangverlust verurteilt.

Auf die erkannte Strafe werden zwei Monate der erlittenen Untersuchungshaft angerechnet.

Gründe:

Der Gerichtsherr, der damals 61jährige Vizeadmiral Adolf von Trotha, forderte vor der Bestätigung ein Gutachten über das Urteil ein. Es läßt sich lebhaft vorstellen, wie schwer es dem ehemaligen Chef des Stabes der Hochseeflotte in der Skagerrakschlacht und späteren Ehrenführer der Marine-Hitlerjugend fallen mußte, ein in seinen Augen zu mild ausgefallenes Urteil unterschreiben zu müssen.[308] Der Gutachter, ein Marineoberkriegsgerichtsrat, bestätigte das Ersturteil im Schuldausspruch. Er beantragte aber überraschenderweise dennoch die Wiederaufnahme des Verfahrens in einer erneuten Verhandlung mit veränderter Besetzung.[309] Das Gericht hatte vergessen, – dies die zweite Schwierigkeit im Prozeß –, die nach § 74 MStGB vorgesehene zusätzliche Ehrenstrafe auszusprechen. Das Mißgeschick war dem Gericht unterlaufen, weil der Angeklagte in Zivilkleidung erschienen war, so daß die Offiziere nicht vor Augen hatten, daß Hermann Stöhr vom Ersten Krieg her noch den Rang eines Feldwebels bekleidete.[310] Die – jedenfalls für Stöhr – spannende Frage war nun, nach welchem Recht die Richter des zweiten Verfahrens das Strafmaß für die Ehrenstrafe festlegen würden. Wenn sie, wie es der Gutachter vorschlug, in der Hauptstrafe bei einem Jahr Gefängnis blieben, dann hätten sie eigentlich bei der Ehrenstrafe gleichfalls nach altem Recht auf unehrenhafte Entlassung aus der Wehrmacht erkennen müssen. Davon auszugehen war eine Illusion. Denn die Kriegsgerichte waren je länger je mehr im Dritten Reich nicht einem ihrer Meinung nach abstrakten Prinzip, nämlich der »Gerechtigkeit«, sondern einem konkreten Zweck, dem »Nutzen für das Volk«, verpflichtet.[311]

Der zweite Prozeß

Das am 1. November in neuer Besetzung tagende Feldkriegsgericht nahm den Widerspruch in Kauf und entschied sich im Urteilsspruch für ein Jahr Gefängnis – nach altem Recht – und für die Ehrenstrafe der Degradierung zum Matrosen – nach dem Kriegssonderstrafrecht.[312]
Die schon vom ersten Gericht dem Angeklagten entgegengebrachte Verachtung bringt die Urteilsbegründung des zweiten Prozesses noch schärfer zum Ausdruck:

»Bei dem Strafmaß ist berücksichtigt worden, daß Fahnenflucht das schimpflichste Verbrechen ist, dessen sich ein Deutscher Soldat schuldig machen kann. Die eigenartige und inkonsequente Einstellung des Angeklagten konnte dabei nicht zu seinen Gunsten berücksichtigt werden (§ 48 MStGB). Es ist ihm vielmehr durch eine empfindliche Strafe zu Gemüte zu führen, daß seine individualistische, jedes Gemeinschaftsdenken vermissen lassende Einstellung durchaus fehl am Platze ist. Zugleich ist eine empfindliche Strafe auch um deswillen erforderlich, um etwaigen Gleichge-

Gerichtsherr im ersten Kriegsgerichtsprozeß Stöhrs war der damals 61jährige Vizeadmiral Adolf von Trotha. Von Trotha war Ehrenführer der Marine-HJ. Auf dem Bild bei einer Ansprache von Reichsjugendführer Baldur von Schirach im Grunewaldlager der Hitlerjugend im August 1936. Erste Reihe von links: Admiral?, Obergruppenführer von Jagow, Admiral von Trotha, Korpsführer Hähnlein, Stabschef der SA Lutze, Reichsminister der Erziehung Rust. *(Ullstein Bilderdienst Nr. 30705 p)*

sinnten zu zeigen, daß das Deutsche Reich und das Deutsche Volk in dem ihm aufgezwungenen Kriege kein Verständnis für derartige abseitige Auffassungen hat und haben kann, daß jene also nachdrücklichst gewarnt werden, es dem Angeklagten gleich zu tun. Von einem minderschweren Fall konnte keine Rede sein, da sich der Angeklagte völlig uneinsichtig gezeigt und bereits zu erkennen gegeben hat, daß er nach Strafverbüßung genau wieder ebenso handeln werde.“[313]

Am 7. November wurde das Urteil vom Gerichtsherrn bestätigt, am 15. November Stöhr die Rechtskraft des Urteils eröffnet. Er hatte im Wehrmachtsgefängnis Torgau eine einjährige Gefängnishaft anzutreten.[314]

29. Der Angeklagte

Hermann Stöhr blieb während seines ganzen Prozesses seiner Entscheidung vom 2. März 1939 treu.[315] Er lehnte aus Gewissensgründen den Dienst mit der Waffe ab und war bereit, ersatzweise einen Arbeitsdienst zu leisten. Dies stieß bei den ihn vernehmenden Militärbeamten und bei seinen Richtern aus drei Gründen auf zunehmendes Unverständnis:

1. Stöhr gehörte der evangelischen Kirche an wie vermutlich die Mehrzahl, wenn nicht alle seine Richter. Er argumentierte betont als Christ und begründete seine Gewissensentscheidung mit klaren theologischen Überlegungen. Im Vernehmungsprotokoll vom 25. September wurde ausdrücklich festgehalten:

»Auf Befragen: Einer Sekte gehöre ich nicht an und habe nie einer solchen angehört.
Ich bin am 16. November 1914 als Kriegsfreiwilliger bei der II. Werftdivision in Wilhelmshaven eingetreten und war bis Ende 1919 Soldat; damals war ich noch nicht 17 Jahre alt, habe mir noch nicht so viel Gedanken über viele Dinge gemacht und jedenfalls noch nicht in dem Maße meine heutige Überzeugung gehabt, nach der ich mir Gewissensbisse darüber machen muß, Soldat mit der Waffe zu sein.«[316]

In der ausführlichsten Darlegung seines Standpunktes im Schreiben vom 2. November an das Gericht schrieb Stöhr:

Der »Weg positiven Christentums, nach dem man Böses mit Gutem zu vergelten hat, verpflichtet mich in meiner Volksverbundenheit wie im Verkehr von Volk zu Volk. Aus diesem Grunde suche ich meinem Vaterlande in einer besseren Art zu dienen als mit der Waffe. [. . .]
Meine Auffassung und die des positiven Christentums ist die: Was im Gehorsam gegen Gott und das Gewissen getan wird, schadet niemals einem Volk und Staat. Es kann auch niemals als strafwürdig und ehrlos betrachtet werden.«[317]

Wie schon den Offizieren der Wehrerfassungsbehörde in Stettin,[318] so erschien jetzt auch den Marinerichtern in Kiel der Gedanke, daß ein evangelischer Christ für seine Entscheidung gegen den Kriegsdienst sich auf Bibel und Bekenntnis berufen könnte, völlig absurd. Für sie war Stöhr darum »hartnäckig und querköpfig«. Seine Einstellung war »in höchstem Maße verderblich und schädigend«.[319]
Ähnlich urteilte auch der Vertreter der Anklage in einer Aktennotiz für den Gerichtsherrn, Admiral von Trotha, wenn er schreibt: »Er ist ein Querkopf, oder aber auch ein frecher Lügner.«[320]

2. Das Gericht wußte: Stöhr war Kriegsfreiwilliger des Ersten Weltkriegs und Doktor der Staatswissenschaften. Hinzu kam, daß er hartnäckig seine Staatsloyalität und seine Vaterlandstreue betonte: »So lasse ich mir auch meine Verbundenheit mit meinem Volk durch keinen Waffenträger in Frage stellen«, so schrieb Stöhr dem Gericht.[321] Doch gerade diese Umstände konnten die Richter nicht in Übereinstimmung mit Stöhrs Wehrverweigerung bringen.

3. Selbst wenn die Richter Stöhrs Teilnahme am Ersten Weltkrieg als Strafmilderungsgrund anerkannten – wozu sie tatsächlich bereit waren –, ein Freispruch aus Gewissensgründen kam allein schon aus rechtlichen Gründen für sie nicht in Frage. Dagegen stand der jede Gewissensentscheidung ausschließende § 48 des Militärstrafgesetzbuches.
Höchst wahrscheinlich zur Verblüffung seiner Richter, bald auch zu deren Verärgerung, schenkte Stöhr jedoch dem Dilemma, in dem sich gerade wohlmeinende Richter befanden, keinerlei Beachtung. Er rechnete wohl allen Ernstes anfänglich damit, daß der Hinweis auf seine Gewissenslage ihn von dem Vorwurf der Fahnenflucht befreien könnte.
Blieb man beim Wortsinn der Fahnenflucht, wie Stöhr es tat, dann war ihm ja auch Flucht nicht vorzuwerfen. So früh als überhaupt nur möglich hatte er sich beim Wehrersatzamt gemeldet und war von sich aus zu einem ersatzweisen Arbeitsdienst, wenn es sein mußte sogar in Form von Zwangsarbeit, bereit. Daß dies für die staatliche Gemeinschaft unzumutbar sein könnte, ließ er nicht gelten:
»Der Umstand, daß ein Paragraph aus dem Jahre 1926 eine religiöse Begründung für gegenstandslos erklärt, rechtfertigt es nicht, meine Berufung auf den christlichen Glauben heute und in diesem Falle gleichfalls für gegenstandslos zu erklären. Noch weniger geht es an, diese meine Gesinnung als strafverschärfend zu werten«, schrieb Stöhr kühn dem Gericht. Ohne Mühe konnte er den in dieser Sache vermutlich wenig informierten Richtern eine Reihe von Staaten nennen, die ihren Bürgern seit langem das Recht auf Kriegsdienstverweigerung eingeräumt hatten: »Daß diese meine Glaubenshaltung von staatlicher Rechtssprechung respektiert werden kann, zeigen Militärgesetze nordischer Staaten und Englands.«[322]
Stöhrs Argumentation stand allerdings solange auf schwachen Füßen, als die Kirchen und deren Theologen ihm in seiner Entscheidung nicht beitraten. Wie sich längst gezeigt hatte, konnte er gerade darauf nicht hoffen.
Die Kriegsdienstverweigerung ist »eine Haltung, die sich zwangsläufig aus meinem Bekenntnis zum positiven Christentum ergibt«, so hatte Stöhr dem Gericht gegenüber festgestellt. Nie im Dritten Reich war jedoch dieses Thema vor einem Forum der Kirche verhandelt worden, auch nicht auf einer der Synoden der Bekennenden Kirche.

Und so mußte Stöhr – völlig auf sich gestellt und stellvertretend für eine ganze Kirche – im kleinen Gerichtssaal in Kiel die Grundfrage zu klären versuchen, ob nicht doch ein evangelischer Christ ohne Rücksicht auf § 48 MStGB unter Berufung auf die Schrift und auf sein Gewissen, die Pflicht und das Recht habe, seinem Vaterland anders zu dienen als mit der Waffe. Ohne Verteidiger – »die Bestellung eines Verteidigers von Amts wegen ist weder notwendig noch sachgemäß«, hieß es in der gerichtlichen Verfügung[323] – suchte Stöhr seine Richter in lange Erörterungen zu verwickeln. Nach deren Auffassung war freilich dafür jetzt keine Zeit und dieser Prozeß auch nicht der richtige Ort. Kein Wunder, daß Stöhr sich später darüber beklagen konnte, man habe ihm »wiederholt das Wort zur Verteidigung abgeschnitten«. Es muß fast tumultuarisch in der Verhandlung zugegangen sein. Noch während Stöhr sprach, waren die Richter schon aufgebrochen und hatten den Saal verlassen.[324] Hatte Stöhr ihnen zu viel zugemutet?
Aus der Sicht der Richter war der Fall eindeutig: »Stöhr muß wissen, dazu bei seiner Intelligenz, daß es keinen Einspruch mehr gegen das Urteil gibt und daß das, was er [. . .] beanstandet, nach dem geltenden Gesetz gar nicht anders behandelt werden konnte.«[325] Stöhr dagegen war entschlossen, auch den NS-Staat als Obrigkeit in Pflicht zu nehmen, zumal dieser nach dem Parteiprogramm der NSDAP den »Standpunkt eines positiven Christentums« vertrat.[326] Und darum forderte er die Richter zu einer persönlichen Stellungnahme zum – in seinen Augen – unhaltbaren § 48 MStGB heraus. Man sollte sich dabei doch auch vor Augen halten, daß noch im Zweiten Weltkrieg in jeder Feldkriegsgerichtsverhandlung bei der Vereidigung der Beisitzer der lebendige Gott angerufen wurde.[327]
Die Fronten waren klar: In der Urteilsbegründung hoben die Richter hervor, »daß das Deutsche Reich und das Deutsche Volk in dem ihm aufgezwungenen Kriege kein Verständnis für derartige abseitige Auffassungen hat und haben kann.«[328] Stöhr dagegen setzte in seinem Einspruch dem entgegen: »Nach allgemein-geltender Auffassung positiven Christentums steht Gott unendlich viel höher als alle Vaterländer. Sein Wille gilt unbedingt. Wo man seinen Willen zu übergehen wagt, gereicht es einem jeden Lande zum größten Verderben. Sein Wille offenbart sich uns in Christus und in der Heiligen Schrift.«[329]
Es scheint so, daß die Mitglieder des Feldkriegsgerichts überzeugt waren, korrekt nach Recht und Gesetz zu urteilen. Das mit § 48 MStGB gestellte Problem hat sie vermutlich kaum bewegt. Für sie war der Angeklagte ein »Querkopf« mit »einer individualistischen, jedes Gemeinschaftsdenken vermissen lassenden Einstellung«, ein Mann mit »konfusen«, »abseitigen«, »verderblichen und schädlichen Auffassungen«.[330] Damit unterschieden sie sich freilich im Kern kaum mehr vom Geist der nationalsozialistischen Volksjustiz, für die Fahnenflucht und Wehrkraftzersetzung ein und dasselbe

geworden war und die darum im Fahnenflüchtigen einen Volksschädling erblickte, den es auszurotten galt.[331] Es ist schwer zu sagen, inwieweit Stöhrs Richter im einzelnen diese Perversion des Rechtsdenkens innerlich bejaht und bewußt aktiv mitvollzogen haben. Einzelne Äußerungen des Gerichtsherrn und des Vertreters der Anklage lassen letzteres vermuten.
Es ist offensichtlich, daß Hermann Stöhr nicht von allem Anfang an erkannt hat, wie hoffnungslos seine Lage angesichts der Rechtslage und angesichts dieser Rechtsauffassung tatsächlich war. Es dauerte annähernd vier Wochen bis ihm klar wurde, daß die Militärjustiz ihm weder das Angebot eines Alternativdienstes machen würde, noch sonst einen Ausweg offen ließ, es sei denn, er würde widerrufen. Doch daran war für ihn nicht zu denken. Seit dem 1. November unterschrieb er darum seine Briefe an das Gericht konsquent mit dem Zusatz »Untersuchungsgefangener« und vermied jeden militärischen Titel. Bis in diese Äußerlichkeiten hinein wehrte sich Stöhr jetzt gegen die Vereinnahmung durch das Militär. Und so schrieb er am 15. November an den 2. Admiral der Ostseestation:

»Ich erhebe Einspruch dagegen, daß mir der Rang und die Uniform eines Matrosen der Kriegsmarine zuerkannt werden soll. Ich kann aus Gewissensgründen meinem Vaterlande nicht mit Waffen, sondern nur mit Arbeit dienen. So muß ich es ablehnen, die Uniform eines Soldaten zu tragen. Auch in diesem Fall füge ich mich unter Protest nur dem Zwange äußerer Gewalt.«[332]

Im selben Brief bat Stöhr – voller Ahnung, was ihn in Zukunft erwarten würde – noch um »Auskunft darüber, ob ich nach Verbüßung der Gefängnisstrafe in meinen Zivilberuf zurückkehren kann oder ob ich mit einer Wiederholung des Gerichtsverfahrens vom 1. Nov. 1939 rechnen muß, in dem die gleichen Argumente fortbestehen.«[333]
Die Antwort von Vizeadmiral von Trotha war so zynisch wie unmißverständlich: »Was nach Verbüßung der Strafe geschieht, wird danach in erster Linie von Ihrem eigenen Verhalten abhängen.«[334] Wie noch zu sehen sein wird, bestanden auf Seiten des Kriegsherrn schon sehr konkrete Vorstellungen und waren in den Akten auch schon genaue Anweisungen erteilt.[335]

Kiel, den 11. Oktober 1939

44

An den 2. Admiral

der Ostseestation

<u>Kiel</u>

Herr Admiral!

Gestern Vormittag gegen 11 Uhr wurde ich zu einem Jahr Gefängnis verurteilt, weil mir mein christlicher Glaube verbietet, Soldat zu sein. Ich ging in diese Gerichtsverhandlung ohne Verteidiger in der Annahme, daß mir persönlich ausreichende Gelegenheit zur Verteidigung geboten würde. Das war jedoch nicht der Fall, im Gegenteil wurde mir wiederholt das <u>Wort zur Verteidigung</u> abgeschnitten.

Beim Verlassen des Saales wurde mir noch mitgeteilt, daß ich vor Bestätigung des Urteils noch <u>Einwendungen</u> erheben könnte. Da ich dies nicht mündlich tun durfte – die Richter hatten zudem den Saal bereits verlassen –, muß ich dies hiermit schriftlich nachholen:

1. Mich wegen „Fahnenflucht" zu verurteilen geht m. E. nicht an, wenn man meine pünktliche Antwort vom 19. August berücksichtigt. Diese kann auch nicht als unaufrichtig verdächtigt werden. Eine Fahnenflucht ist m. E. nur dort gegeben, wo man sich pflichtvergessen einer vaterlandslosen Gesinnung schuldig macht.

2. Meine Verurteilung erfolgte letztlich ~~wegen~~ einer Haltung, die sich zwangsläufig

An den 2. Admiral
der Ostseestation
Kiel

Kiel, den 11. Oktober 1939

Herr Admiral!

Gestern Vormittag gegen 11 Uhr wurde ich zu einem Jahr Gefängnis verurteilt, weil mir mein christlicher Glaube verbietet, Soldat zu sein. Ich ging in diese Gerichtsverhandlung ohne Verteidiger in der Annahme, daß mir persönlich ausreichende Gelegenheit zur Verteidigung geboten würde. Das war jedoch nicht der Fall; im Gegenteil wurde mir wiederholt das Wort zur Verteidigung abgeschnitten.

Beim Verlassen des Saales wurde mir noch mitgeteilt, daß ich vor Bestätigung des Urteils noch Einwendungen erheben könnte. Da ich dies nicht mündlich tun durfte – die Richter hatten zudem den Saal bereits verlassen –, muß ich dies hiermit schriftlich nachholen:

1. Mich wegen »Fahnenflucht« zu verurteilen, geht m. E. nicht an, wenn man meine pünktliche Antwort vom 19. August berücksichtigt. Diese kann auch nicht als unaufrichtig verdächtigt werden. Eine Fahnenflucht ist m. E. nur dort gegeben, wo man sich pflichtvergessen einer vaterlandslosen Gesinnung schuldig macht.

2. Meine Verurteilung erfolgte letztlich wegen einer Haltung, die sich zwangsläufig aus meinem Bekenntnis zum positiven Christentum ergibt. Sie kann daher niemals in einem Staat zu Recht bestehen, der auf dem Boden positiven Christentums stehen will.

Der Umstand, daß ein Paragraph aus dem Jahre 1926 eine religiöse Begründung für gegenstandslos erklärt, rechtfertigt es nicht, meine Berufung auf den christlichen Glauben heute und in diesem Falle gleichfalls für gegenstandslos zu erklären. Noch weniger geht es an, diese meine Gesinnung als strafverschärfend zu werten.

3. Meine Auffassung vom positiven Christentum ist zwar in dieser Sache nicht die der Mehrheit, wohl aber die einer anerkannten Minderheit. Dafür hätte ich bereits bei der Gerichtsverhandlung den Beweis erbracht, wenn sie mir hierfür genügend Zeit gelassen hätte.

4. Daß diese meine Glaubenshaltung von staatlicher Rechtsprechung respektiert werden kann, zeigen Militärgesetze nordischer Staaten und Englands. Es ist also nicht so, wie es mir die Urteilsbegründung entgegenhält: Ein Staat könne hierauf nicht eingehen.

5. Einen Gerichtsentscheid, der mich zu Arbeitsleistungen oder auch zu Zwangsarbeit verurteilt, könnte ich anerkennen. Nicht anerkennen kann ich jedoch das Urteil: ich hätte hier ein Unrecht getan und dafür eine Gefängnis-Strafe verdient.

Hermann Stöhr
Untersuchungsgefangener in Kiel-Wik
im Range eines Oberfeldwebels d. L. [der Landwehr]

UA Stöhr, Bl. 44

Kiel-Wik, den 2. November

An den 2. Admiral
der Ostseestation

Herr Admiral!
Gestern wurde ich zu einer Gefängnisstrafe von einem Jahr verurteilt und degradiert, weil ich aus einer evangelischen Glaubenseinstellung heraus meinem Vaterlande nicht mit der Waffe zu dienen vermag.
Soweit dies Urteil dem aufgehobenen Urteil vom 10. Oktober 1939 gleicht, gelten dagegen meine fünf Einwendungen vom 11. Oktober 1939. Darüber hinaus habe ich gegen das Urteil vom 1. November 1939 Folgendes einzuwenden:
1. Das Urteil ist nicht vollständig. Zwar hat das Gericht m. W. mit dem Urteil vom 1. November 1939 meine Straftat in ihrer Gesamtheit beurteilen wollen, d. h. unter Ablehnung eines zweiten gleichen Gerichtsverfahrens, wenn nach Ableistung der Strafe die gleichen Gewissensbedenken fortbestehen, was anzunehmen ist. So denke ich, daß ich nach evtl. Ableistung dieser Gefängnisstrafe in meinen Zivilberuf zurückkehren kann. Die Urteilsbegründung ließ jedoch diesen Punkt ausdrücklich unklar.
2. Wie ich den Soldatenstand eines Oberfeldwebels für mich ablegen mußte, so kann ich mich auch nicht als einfacher Soldat der Kriegsmarine ansehen.
3. Wenn mir eine Strafe wegen Fahnenflucht zuerkannt bleibt, so muß ich entschieden ablehnen, das Ehrenrührige dieser Bestrafung für mich anzuerkennen. Die Urteilsbegründung vom 1. November 1939 hob jedoch ausdrücklich hervor, daß die verfügte Gefängnisstrafe und Degradierung meine Ehrenhaftigkeit nicht unangetastet lasse.
An Punkt 2 und 3 wird m. E. deutlich, daß sich eine Militärdienstverweigerung aus Gewissensgründen nicht als Fahnenflucht bestrafen läßt. Das deutsche Militär-Recht, wie es mir entgegengehalten wurde, hat hier offenbar eine Lücke, derzufolge ein falsches Urteil gefällt wurde. Ein rechtes Urteil hätte – wenn ich das hier einflechten darf – nach dem Vorbild nordischer Staatsgesetze einen Arbeits-Dienst zu verfügen, der den üblichen Militär-Dienst an Schwere und Dauer übertrifft.
4. Die Urteilsbegründung vom 1. November 1939 entwarf ein derart falsches Bild meiner Gewissenshaltung, daß ich mich dagegen verwahren muß. Meiner Einstellung liegt kein verantwortungsloser Individualismus zugrunde, der da denkt: Ich kann tun und lassen, was mir beliebt. Es sind auch keine konfusen Ideen. Wie die Leitung der Gerichtsverhandlung vom 10. Oktober 1939 grundsätzlich nicht auf meine Motive eingehen mochte, es ließ die Gerichtsverhandlung vom 1. November 1939, für die nur insgesamt eine halbe Stunde vorgesehen war, zur Klärung dieses Hauptpunktes keine Zeit.
Eine Reihe Erklärungen hatte ich bereits hierüber abgegeben; sie müssen meinen Akten beigefügt sein. Sie scheinen jedoch nicht ausgereicht zu haben,

um meine Glaubenshaltung verständlich zu machen. Sonst hätte man mir nicht nahelegen können, meinem Vaterlande vor Gott den Vorzug zu geben.
Nach allgemeingeltender Auffassung positiven Christentums steht Gott unendlich viel höher als alle Vaterländer. Sein Wille gilt unbedingt. Wo man seinen Willen zu übergehen wagt, gereicht es einem jeden Lande zum größten Verderben. Sein Wille offenbart sich uns in Christus und in der Heiligen Schrift.
Für das Verhältnis von Volk zu Volk lassen sich drei Wege in der Bibel erkennen
a) der gesetzlich-jüdische, der da sagt: Auge um Auge, Zahn um Zahn,
b) der heidnische Weg, da man mit Lamech (1. Mos. 4,23–24) spricht: Ich habe einen Mann erschlagen für meine Wunde und einen Jüngling für meine Beule: Kain soll siebenmal gerächt werden, aber Lamech siebenundsiebenzigmal,
c) der Weg Christi. Auf die Frage (Matth. 18,21–22) Wie oft muß ich meinem Bruder vergeben? antwortet Jesus: Nicht siebenmal, sondern siebenzigmal siebenmal.
Dieser Weg positiven Christentums, nach dem man Böses mit Gutem zu vergelten hat, verpflichtet mich in meiner Volksverbundenheit wie im Verkehr von Volk zu Volk. Aus diesem Grunde suche ich meinem Vaterlande in einer besseren Art zu dienen als mit der Waffe.
Was dieser Darstellung meiner Grundhaltung noch an Klarheit fehlt, will und muß ich nachholen bis die Begründung meiner Verurteilung darauf verzichtet, mir und meiner Straftat konfuse Ideen zu unterstellen.
Denn erst nach Klärung dieser Beweggründe kann das, wofür ich verurteilt worden bin, gerichtlich beurteilt werden. Darf das, was ich getan habe, wirklich als strafwürdig oder gar als ehrlos angesehen werden [?]
Meine Auffassung und die des positiven Christentums ist die: Was im Gehorsam gegen Gott und das Gewissen getan wird, schadet niemals einem Volk und Staat. Es kann auch niemals als strafwürdig und ehrlos betrachtet werden. Auch hier gilt das, was Luther 1522 seinem Kurfürsten schrieb: Wer am meisten glaubt, wird hier am meisten schützen.
So lasse ich mir auch meine Verbundenheit mit meinem Volk durch keinen Waffenträger in Frage stellen.
Ich bitte daher um eine eingehende Überprüfung des gegen mich gefällten Urteils vom 1. November 1939 und um seine Nicht-Bestätigung.

Heil Hitler!

Hermann Stöhr
Untersuchungs-Gefangener

UA Stöhr, Bl 60 f.

An den 2. Admiral
der Ostseestation

Nachtrag

Herr Admiral!

Meine Einwendungen gegen das Gerichtsurteil vom 1. November 1939 habe ich noch mit Folgendem zu ergänzen:

Die Gerichtsverhandlung vom 10. Oktober 1939 wollte die meiner Straftat zugrunde liegende Gewissensanliegen zunächst als unwesentlich, aber dann als strafverschärfend bewerten. Die Urteilsbegründung vom 1. November 1939 bezeichnete die bei mir zugrunde liegenden Ideen als konfus.

Da der Tatbestand meiner Militärdienstverweigerung (oder Fahnenflucht) in eindeutigen klaren Erklärungen festliegt, kann in dem zuletzt ergangenen Urteil vom 1. November 1939 auch nur mein Gewissens-Anliegen als strafverändernd beurteilt worden sein.

Mir ist das Doppelte der Mindestgefängnis-Strafe (aus dem Fahnenfluchtparagraphen) zuerkannt. Außerdem ist mir das Ehrenrührige meines Verhaltens formell hervorgehoben worden. Letzteres wiegt m. E. stärker als eine Verzehnfachung der Mindeststrafe. So bin ich, auch wenn man den m. E. unpassenden Fahnenfluchtparagraphen zugrunde legt, elf Mal zu hoch bestraft.

Dieser strafverschärfenden Bewertung meiner Beweggründe steht der Umstand gegenüber, daß das Gericht diesen Punkt nicht der Klärung für wert erachtete. Nichts in der Gerichtsverhandlung konnte darauf schließen lassen, daß mir in der Urteilsbegründung überraschenderweise entgegengehalten wurde, meiner Haltung lägen konfuse Ideen zugrunde.

Daß es zu diesem mich überraschenden Urteil über den Hauptpunkt meiner Straftat kam, führe ich auf das Schlußwort des Vertreters der Anklage zurück. Nach dem Schlußwort meiner Verteidigung trug er zu deren Abschwächung noch materiell herabsetzende Belastungen meiner Einstellung vor, die ich nicht mehr richtig stellen konnte. Ich meldete mich hierfür zu Wort; denn das Schlußwort der Anklage enthielt keine bloße Richtigstellung meiner Schlußworte, sondern neue Belastungsargumente. Aber die Gerichtsleitung hob eiligst die Verhandlung auf. Ich bin zwar ohne Verteidiger gelassen worden, aber einige der zahlreichen Anwesenden mögen meine Wortmeldung bezeugen können. Jedenfalls erhielt ich keine Gelegenheit auf die letzte Beschuldigungen der Anklage zu antworten. Das letzte Wort hatte der Vertreter der Anklage.

Auf dieses mein fehlendes Schlußwort und auf das letzte Wort der Anklage führe ich es zurück, daß mir eine Strafe zuerkannt wurde, die um ein Vielfaches das Mindestmaß überschreitet.

So bitte ich auch aus diesem Grunde das Urteil vom 1. November 1939 nicht zu bestätigen.

Heil Hitler! Hermann Stöhr
Untersuchungsgefangener

UA Stöhr, Bl. 62

30. Die Zeugen

In den Gerichtsakten finden sich von drei Personen Zeugenaussagen: Zwei Briefe eines Jugendfreundes, Pastor Klütz von Züllchow in Pommern, zwei Briefe des ältesten Bruders, Bankrat Alfred Stöhr aus Berlin, und ein kirchlich-theologisches Gutachten von Superintendent Max Diestel, Berlin. Alle diese Schreiben waren für den Prozeßausgang ohne Bedeutung. Doch sie zeigen Hermann Stöhr noch einmal von einer ganz anderen Seite: aus dem Blickwinkel seiner Freunde und engsten Verwandten.

Die Briefe sprechen für sich und bedürfen kaum einer Erläuterung. Grundsätzlich ist freilich zu bedenken, daß bei Zeugenaussagen vor einem Kriegsgericht immer auch taktische Überlegungen zugunsten des Angeklagten die Feder geführt haben können. Es ist bekannt, daß erfahrene Anwälte im Dritten Reich nicht selten versucht haben, ihre Klienten über den § 51 StGB (verminderte Zurechnungsfähigkeit) vor dem sicheren Tod zu bewahren. Sowohl Pastor Klütz als auch Stöhrs Bruder sprachen das Gericht direkt auf diese Möglichkeit an: »Oft standen wir vor der Frage, ob der Mann noch normal ist«, schreibt Klütz. Sein Brief endet mit der ausdrücklichen Bitte um »Hinzuziehung eines Psychiaters bei der Beurteilung dieses bedauerlichen Falles«.[336] In fast gleichlautenden Formulierungen machte auch Stöhrs Bruder dem Gericht den Vorschlag der »Prüfung verminderter Zurechnungsfähigkeit [. . .] im Interesse der gerechten Urteilsfindung«.[337] Vielleicht haben die beiden sich sogar abgesprochen.

Es kann aber auch sein, daß selbst die engsten Freunde damals Stöhrs Schritt nicht mehr verstanden. Jedenfalls fällt auf, wie verunsichert sie gelegentlich sind. So gab – um ein Beispiel zu nennen – Pastor Klütz auf die Frage des Gerichts, ob dessen Schreiben an den Angeklagten weitergegeben werden dürfte, die bemerkenswert zurückhaltende Antwort:

»Ich bitte dem Angeklagten von meinem Brief nur in dem Fall Kenntnis zu geben, wenn es der Verhandlung selbst dient und dort unbedingt notwendig erachtet wird. Verständlicherweise möchte ich in diesem Fall darum bitten, daß der Genannte von dem Brief so verständigt wird, daß er erkennt, daß jene wie diese Zeilen nur aus der Sorge um ihn und seine Familie geschrieben sind.«[338]

Und Stöhrs Bruder erklärte dem Gericht, vermutlich nachdem er sich zuvor des Rats eines Juristen versichert hatte:

»Die geminderte Zurechnungsfähigkeit ist anderer Art als die für eine Straflosigkeit aus § 51 StGB hergeleitete. [. . .] Kurz gesagt, es liegt nicht religiöser Wahnsinn vor, sondern ein aus seelischer Not geborener, fanatischer Glaube an eine ›Berufung‹.«[339]

Hinter diesen mühsam abgerungenen Deutungen von Stöhrs Motiven tritt von Mal zu Mal deutlicher das Bild des unerschrockenen und einsamen Zeugen hervor, wie wir ihn schon in den bisherigen Kapiteln kennengelernt haben; der Bruder schreibt dem Gericht:

»Sein religiöser Fanatismus steigerte sich von Jahr zu Jahr, besonders nach der Machtübernahme auch seine Sorge um die Freiheit des Wortes in den christlichen Kirchen, wo er sich laienpriesterlich und schriftstellerisch betätigte. Er geriet in eine Geistesverfassung hochgradiger Besorgnis um diese Belange des Vaterlandes, die seine Zurechnungsfähigkeit in politischer und militärischer Beziehung außerordentlich verminderte, so daß er sich der Strafbarkeit seiner Handlungsweise nicht bewußt sein dürfte.«[340]

Ähnlich Pastor Klütz:

»Hermann Stöhr nahm immer regen Anteil an den politischen Ereignissen und stand sofort dem seiner Meinung nach Schwächeren bei. Es war selbstverständlich, daß er durch diese Haltung nicht nur bei Fremden aneckte, sondern darüber hinaus seine bisherigen Freunde auf schwere Proben stellte.«[341]

Der dritte Zeugenbrief verdient besondere Aufmerksamkeit![342] Mit ihm liegt die bislang einzige bekannte Äußerung zur Frage der Kriegsdienstverweigerung von seiten einer maßgebenden Persönlichkeit im deutschen Protestantismus während des Zweiten Weltkriegs vor. Stöhr hatte sich nach der für ihn enttäuschend verlaufenen ersten Gerichtsverhandlung in einem Brief an den geschäftsführenden Vorsitzenden der Deutschen Vereinigung des Weltbundes für internationale Freundschaftsarbeit der Kirchen, den Berliner Superintendenten Max Diestel, gewandt. Das Gericht hatte den Brief Stöhrs in der Kontrolle passieren lassen, nicht ohne in einem Begleitschreiben den Kirchenmann ausdrücklich darauf hinzuweisen, daß die vom Gericht in Stöhrs Schreiben rot angestrichenen Einwendungen gegen das Urteil nach dem geltenden Recht belanglos sind. Zur Belehrung wurde dem Adressaten der volle Wortlaut von § 48 MStGB mitgeliefert.[343]
Max Diestel hätte dieser Belehrung nicht bedurft. Er war seit 1931 stellvertretender Vorsitzender der Deutschen Vereinigung des Weltbundes und in vielen ökumenischen Begegnungen erfahren. Der damals 67jährige, dienstälteste Superintendent Berlins gehörte der Bekennenden Kirche an und war Mitglied des Berliner Bruderrats.[344]
Mit Max Diestel hatte Stöhr einen durchaus kompetenten Zeugen und Sachverständigen für sich gewinnen können. Diestels Brief beweist, daß bei Einführung der allgemeinen Wehrpflicht in Deutschland tatsächlich Verhandlungen des Weltbundes mit Vertretern des Kriegsministeriums mit dem Ziel einer Sonderregelung für Kriegsdienstverweigerer stattgefunden

Superintendent Max Diestel war geschäftsführender Vorsitzender der Deutschen Vereinigung des Weltbundes für internationale Freundschaftsarbeit der Kirchen. Stöhr stand mit ihm bis in seine letzten Tage hinein in brieflicher Verbindung. (Foto: privat)

haben, wenn auch ohne Erfolg.[345] Angesichts der Rechtslage, nach der in Deutschland Kriegsdienstverweigerung in keinem Fall eine Chance hatte, war Diestel um die Aufgabe einer gutachterlichen Äußerung nicht zu beneiden. Seine Stellungnahme dem Gericht gegenüber konnte darum auch – so ist zu vermuten – weder das Gericht noch Stöhr voll befriedigen, trotz des erkennbaren Wohlwollens, das Diestel für Stöhr gezeigt hatte. (Vgl. vollen Wortlaut Seite 207 f.)
Diestels Vorschlag, Stöhr als Krankenpfleger zu einer Sanitätsgruppe einzuziehen, wie es zum Beispiel in England möglich war, hätte nach damaligem deutschem Recht auch Ausbildung an der Waffe bedeutet. Spätestens beim Eid wäre der Konflikt für Stöhr unausweichlich geworden, da er diesen unter allen Umständen verweigern wollte. Für ihn konnte darum auch offen bleiben, ob Diestel nur zum Schein und in bester Absicht oder aus ehrlicher Überzeugung sich von ihm sehr betont distanziert hat (»Als alter Soldat bin ich ganz anderer Meinung als Dr. Stöhr . . .«).[346] Stöhr hatte sich längst entschieden, Zeuge der Wahrheit und des Friedens und nichts als dies zu sein, welche Risiken damit auch immer verbunden waren.
Der Gerichtsherr scheint dies verstanden zu haben, wie eine Bemerkung auf dem Rand des Diestelschen Schreibens zeigt. Zu den beiden Schlußsätzen (»Diese Leute tun ja im Inland wenig Schaden und stehen ziemlich isoliert da. Für die Wehrfreudigkeit in Deutschland ist also von Dr. Stöhr wenig zu befürchten.«) wurde mit grünem Stift – der Aktenfarbe von Admiralen – ohne Rührung die Weisung notiert:

»Im Augenblick vielleicht nicht, möglicherweise aber bei langer Kriegsdauer! Bei Strafende wird Überführung in KZ vorzusehen sein.«

Pastor G. Klütz
Vorsteher der Krüppelanstalt »Bethesda« – Züllchow

Züllchow i. Pommern, den 2. 10. 1939
Südstraße 1

An das
Kriegsgericht
Kiel

In der Festungs-Kommandantur Kiel-Wiek befindet sich – wahrscheinlich in der Arrestanstalt – der frühere Marinezahlmeister Oberfeldwebel Hermann Stöhr. Wie ich bereits Herrn Kriegsgerichtsrat W[. . .] vom Kriegsgericht des 2. Korps mitteilte, halte ich es im Interesse des Verständnisses der Strafangelegenheit, in die einzugreifen ich nicht die Absicht habe, für geraten, auch dort meine Meinung wissen zu lassen.
Ich kenne Hermann Stöhr seit mehr als 25 Jahren und glaube daher einen einigermaßen klaren Überblick über seine persönliche Entwicklung zu haben. Damals schickte sich, soweit ich das in der Erinnerung habe, der Sekundaner

Hermann Stöhr an, sich kriegsfreiwillig bei der Marine zu melden. Seine Berichte aus jener Zeit, ebenso wie die von den ersten Kommandos waren fröhlich und vaterlandsfroh, wie man das bei einem jungen Kriegsfreiwilligen nicht anders erwarten kann. Meiner Meinung nach wurden die Schilderungen, ja die Gesamtstimmung der Berichte anders, seit der damalige Zahlmeister-Aspirant auf S. M. S. [Seiner Majestät Schiff] »Göben« in der Türkei Dienst tat. Als der Genannte nach Kriegsende in die Heimat zurückkehrte, war er ein völlig anderer geworden, bzw. wurde er dies in jenen ersten Nachkriegsjahren. Ich entsinne mich auf ein Zusammentreffen Pfingsten 1920 in Kassel. Der Gedanke, die Bergpredigt in die Tat umzusetzen, beseelte damals schon den 23jährigen so stark, daß alle Gegenargumente restlos von ihm niedergeredet wurden. Bei dieser Verwirklichung der Bergpredigt spielte naturgemäß auch die Stelle eine große Rolle, die von der Feindesliebe spricht. Und so tauchte damals schon der Gedanke eines religiösen Pazifisten auf, wie er inkonsequenter [sic] nicht gedacht werden kann. In der gleichen Inkonsequenz liegt heute noch die Bereitwilligkeit Stöhrs, in Munitionsfabriken mitzuarbeiten, aber nicht die Uniform anzuziehen. Auf unendlich vielen Konferenzen, bei Zusammenkünften christlicher Studenten und bei ähnlichen Veranlassungen trat Hermann Stöhr immer wieder heraus, um seine Ideen zu vertreten. Es war erklärlich, daß er den meisten seiner Altersgenossen, zumal ihm auch niemand folgte, allmählich auf die Nerven fiel. Damals entstand der Satz: »Hermann Stöhr stört.«
Seine Gedanken wanderten immer zu den andern und immer war es der Schwächere, der den Dr. Stöhr auf den Plan rief, für ihn einzutreten. Ob es die Inder waren, die unter dem Druck des Englischen Empires standen und sich unter Gandhis Führung mit passivem Widerstand rüsteten oder die Chinesen, die sich gegen die japanische Invasion verteidigen mußten. Hermann Stöhr nahm immer regen Anteil an den politischen Ereignissen und stand sofort dem seiner Meinung nach Schwächeren bei. Es war selbstverständlich, daß er durch diese Haltung nicht nur bei Fremden aneckte, sondern darüber hinaus seine bisherigen Freunde auf schwere Proben stellte. Soweit ich mich entsinne, wurde Dr. Stöhr bereits trotz seiner guten Examina 1931 infolge seiner Haltung arbeitslos und hat seit der Zeit auch eine ordnungsmäßige Beschäftigung nicht mehr gehabt. Seine Gedanken waren stets auf eben die aktuellen Ereignisse ausgerichtet, so daß ihm die an sich nächstliegende Sorge scheinbar fern lag. Der Genannte lebte bei seiner Mutter und verzehrte die Pension, die diese als Witwe bekam, ebenso wie das Gehalt seiner Schwester. Alle Versuche, eine Stellung zu bekommen, schlugen fehl, da man sehr bald merkte, daß man einen Phantasten vor sich hatte. Sein Verhältnis zu mir selbst war in den letzten Jahren stark getrübt, weil ich es auf Grund unserer langjährigen Bekanntschaft immer wieder wagte, ihm meine Meinung zu sagen, ihn auch darauf aufmerksam machte, daß die Nächsten, an die er als Christ zu denken habe, nicht die Chinesen seien, sondern Mutter und Schwester, für die er zu sorgen habe, statt daß er sich von ihnen versorgen lasse.

Trotzdem ich es an Deutlichkeit wohl nicht fehlen ließ, trotzdem auch die Stettiner Pastoren, die Stöhr alle der Reihe nach besuchte, um sie für seine Gedanken zu gewinnen, wohl in mehr oder weniger deutlicher Antwort ihn ihre Absicht fühlen ließen, erschien Hermann Stöhr nach kurzer Zeit sicher wieder bei ihnen, um das fragliche Thema noch einmal durchzusprechen.
Wir haben uns oft gefragt: Ist Dr. Stöhr so naiv oder ist er so dumm, daß er es nicht merkt, wie man ihn ablehnt? Oft standen wir vor der Frage, ob der Mann noch normal ist. Aber dann erschienen Bücher und Broschüren, die nicht nur von großem Fleiß, sondern auch von vielen Kenntnissen und großen Fähigkeiten Zeugnis ablegten. Immerhin liegen meiner Meinung nach stark psychopathische Züge vor, die ich früher an Hermann Stöhr nicht entdeckt hatte. Ich habe mich häufiger gefragt, ob der Genannte nicht vielleicht ein Opfer des Weltkrieges wurde. Denn menschlich verständlich ist die Gesamthaltung Dr. Stöhrs sicherlich nicht. Als wir ihm seinerzeit den Rat gaben, doch mit seinen Ideen die Schweizer oder andere ausländische Pazifisten zu beglücken und nach dort zu ziehen, lehnte er dies mit der Begründung ab: ich bin doch Deutscher und liebe Deutschland.
Abschließend möchte ich bitten, die Hinzuziehung eines Psychiaters bei der Beurteilung dieses bedauerlichen Falles in freundliche Erwägung zu ziehen.

Heil Hitler!
Klütz
Pastor

UA Stöhr, Bl. 30/31

Berlin-Zehlendorf, den 8. Oktober 1939
Thürstr. 18

An den Herrn Untersuchungsführer
Marinekriegsgerichtsrat B[. . .]
Kiel
Gericht des 2. Admirals der Ostseestation

Aus Ihrem gefl. Schreiben vom 4. ds. Mts. an Herrn Pastor Klütz, Züllchow i. Pomm., das mir schriftlich zur Kenntnis gekommen ist, habe ich erfahren, daß gegen meinen Bruder, Dr. rer. pol. Hermann Stöhr Anklage wegen Fahnenflucht erhoben ist, Termin: 10. Oktober ds. Jr.
Im Interesse der gerechten Urteilsfindung darf ich, falls angängig, trotz der Kürze der Zeit ergebenst bitten, für die Hauptverhandlung die Prüfung verminderter Zurechnungsfähigkeit aus nachfolgenden Gründen und unter Hinweis darauf vorzunehmen, daß er sich der Strafbarkeit seiner Handlungsweise nicht bewußt gewesen ist. Mein Bruder, der seine staatswissenschaftliche Doktorarbeit zunächst als begeisterter Vaterlandsverteidiger über die im Weltkriege versenkte Tonnage schreiben wollte, kam durch die Nahrungssor-

gen und seelischen Nöte der Inflationszeit und seine neue Arbeit über die einsetzende »Auslandshilfe« der Quäker usw. immer stärker in das radikalpazifistische Fahrwasser: Nie wieder Krieg. Durch seine Auslandsreisen kam er auch in Verbindung mit Kriegsdienstverweigerern, besonders in Frankreich, in denen er Kämpfer und Märtyrer sah für das christliche Ideal des Friedens auf Erden, nicht aus militärischer Feigheit, sondern in der trügerischen Hoffnung, daß, wenn eine solche Haltung in allen Staaten eingenommen würde, dies Ziel erreicht werden könnte.
Sein religiöser Fanatismus steigerte sich von Jahr zu Jahr, besonders nach der Machtübernahme auch seine Sorge um die Freiheit des Wortes in den christlichen Kirchen, wo er sich laien-priesterlich und schriftstellerisch betätigte. Er geriet in eine Geistesverfassung hochgradiger Besorgnis um diese Belange des Vaterlandes, die seine Zurechnungsfähigkeit in politischer und militärischer Beziehung außerordentlich verminderte, so daß er sich der Strafbarkeit seiner Handlungsweise nicht bewußt sein dürfte.
Er lebt nicht nur priesterlich im Sinne des »allgemeinen christlichen Priestertums«, mit dem Vorrecht auf Dienst ohne Waffe, sondern ist in dem Gedanken der »Nachfolge Christi« geradezu »eins«, daß er wie jener vor Pilatus auf den Spruch vertraut: Ich finde keine Schuld an ihm.

In der Hoffnung auf wohlwollenden Richterspruch
mit Heil Hitler!
Alfred Stöhr
Bankrat

UA Stöhr, Bl. 42

Berlin-Zehlendorf, den 15. Okt. 1939
Thür Str. 18

An den Herrn Untersuchungsführer
beim Gericht des 2. Admirals der Ostseestation
Kiel

Sehr geehrter Herr Marinekriegsgerichtsrat!

Für die frdl. Benachrichtigung vom 12. ds. Mts. sage ich Ihnen meinen verbindlichen Dank.
Ein ärztliches Attest über die geistige Verwirrung, in die mein Bruder Hermann geraten ist, kann ich leider, auch nach Rückfrage bei den beiden Geschwistern in Stettin, nicht vorlegen, da eine diesbezügliche Konsultation nicht stattgefunden hat.
Die geminderte Zurechnungsfähigkeit ist auch anderer Art als die für eine

Straflosigkeit aus § 51 St.G.B. hergeleitete, vielmehr dürfte die Strafbarkeit auch im Hinblick auf § 48 M.St.G.B. m.E. so gering sein, daß wohl die kleinst-zulässige Strafe in Frage kommen könnte, die dann unter die Amnestie des Führers fallen dürfte. Kurz gesagt, es liegt vor nicht religiöser Wahnsinn, sondern ein aus seelischer Not geborener, fanatischer Glaube an eine »Berufung«, eine auf religiöser Grundlage beruhende Mission, als Reformator, als Führer zu wirken.
Daher trotz aller Hinweise auf den § 48, der Glaube meines Bruders an seine Straflosigkeit.
Als etwaige mildernde Umstände möchte ich noch folgende Punkte herausstellen:

1.) m.W. ist mein Bruder noch nicht für die neue Kriegsmarine auf den Führer vereidigt worden.
2.) Die angenommene Fahnenflucht ist im August d.Js., also schon vor Kriegsausbruch erfolgt.
3.) Die Amnestie des Führers könnte auch im Hinblick auf Punkt 1 u. 2 wohl die Einstellung des Verfahrens begründen.
4.) Leidet mein Bruder an Ischias bzw. Nervenlähmungen und an chronischen Reizungen in den Luftwegen, so daß er aus diesen Ursachen und nicht aus Blödigkeit oft ein schmerzerfülltes, verstörtes Gesicht zur Schau trägt.
5.) Da mein Bruder dortseits nicht militärisch eingekleidet worden ist, hat er es vielleicht auch an der inneren Haltung des uniformierten Soldaten fehlen lassen. Die Annahme der Fahnenflucht aus seiner Äußerung, daß er auch einem nochmaligen Einberufungsbefehl nicht Folge leisten würde, kann daher wohl außer Betracht bleiben.
6.) Der Umstand, daß er als Dr. rer. pol. außerstande ist, Anträge zu dem Urteil zu stellen und sich zu verteidigen, läßt wohl besser als ein anfechtbares Attest rein juristisch den Schluß zu, daß er aus religiösem Irrwahn in der heutigen Zeit für militärische wie politische Belange als vermindert zurechnungsfähig zu betrachten ist.

Mit der ergebenen Bitte, ihm den Weg in die Freiheit erleichtern zu helfen und nochmaligem Dank für alle Ihre Mühe.

Heil Hitler!
Alfred Stöhr
Bankrat

UA Stöhr, Bl. 46

Der vertrauliche Brief des geschäftsführenden Vorsitzenden der Deutschen Vereinigung des Weltbundes für internationale Freundschaftsarbeit der Kirchen, Superintendent Max Diestel, ist die einzige bekannt gewordene Äußerung zur Kriegsdienstverweigerung eines leitenden Kirchenmannes im Zweiten Weltkrieg. (UA Stöhr, Bl. 48) ▶

Deutsche Vereinigung des Weltbundes für internationale Freundschaftsarbeit der Kirchen

Vorsitzender: Oberdomprediger D. Burghart, Berlin, geistl. Vizepräsident des Ev. Oberkirchenrates
Stellv. Vors.: Superintendent Diestel, Berlin-Lichterfelde
Schriftführer: Pfarrer R. Jordan, Wilhelmshorst (Westhavelland)

i.R.

Aktenzeichen:
Tgb. Nr.:

Berlin-Lichterfelde, den 19.Oktober 1939
Tietzenweg 130
Fernruf: G 3 (Lichterfelde) 3475
Postscheckkonto: Berlin 1127 78

Gericht 2. A. d. O.
Eing. 23. OKT. 1939
Anl. 1
B.-Nr.

An den

Herrn Marinekriegsgerichtsrat

K I E L

Gericht des 2.Admirals der Ostseestation

Sehr geehrter Herr Gerichtsrat,

Haben Sie verbindlichen Dank für Ihre freundliche Mitteilung, die dem Brief von Dr.rer.pol. S T Ö H R an mich beilag.

Ich habe seinerzeit mit dem betreffenden Referenten im Kriegsministerium bei der Verkündigung des Wehrgesetzes diese Sachen durchgesprochen, namentlich im Hinblick auf Quäker und Mennoniten. Aber es gibt ja auch noch einige andere, die, ohne diesen Religionsgemeinschaften beigetreten zu sein, von ihrem Gedankenkreis stark beeindruckt wurden, namentlich während der Zeit, als die sogenannte Quäkerspeisung hier im Gange war und die amerikanischen und englischen Quäker durch ihr ganzes Auftreten einen nicht unbedeutenden Einfluß in weiteren Kreisen ausübten.

Ich kenne Dr. STÖHR nicht genauer, aber doch so weit, daß ich sagen kann, er gehört zu den wohlmeinenden, aber etwas verbohrten Menschen, die ohne tiefere theologische Bildung vom Gefühl aus diese Fragen anfassen. Bei meiner Verhandlung im Kriegsministerium wurde mir zugesagt, daß in der praktischen Behandlung solcher Fälle man nachsichtig verfahren wolle und dafür habe ich auch schon Beweise erhalten. Die Gesetzgebung hat ja auch in anderen Ländern den religiösen Bedenken gegen Waffendienst Rechnung getragen. Auch in Frankreich, wo man bei

Kriegsdienstverweigerung

Kriegsdienstverweigerung sehr viel schärfer verfährt als ande- wo, hat man in solchen Fällen, die durch echte religiöse Bede- ken hervorgerufen sind, doch einen Ausweg gesucht, um keinen Märtyrer zu schaffen. So ist ein französischer protestantisch Geistlicher, der sich lieber ins Gefängnis stecken ließ, als die Waffe in die Hand zu nehmen, nach mehrfachen Verhandlunge von der Wehrmacht kurzer Hand als Hilfsgeistlicher zu einem Divisionspfarrer nach Nordafrika geschickt worden. Wenn Dr.S' vielleicht zu einer Sanitätsgruppe als Krankenpfleger eingezo werden könnte, so würde mir das als die beste Lösung dieses Falles erscheinen und jeglichem Schein eines Märtyrertums vor- beugen.

Als alter Soldat bin ich ganz anderer Meinung als Dr. STÖHR, aber als Christ fühle ich mich mit verpflichtet, den "Schwachen im Glauben aufzuhelfen". Außerdem aber kenne ich einigermaßen die Stimmung im Auslande uns gegenüber. Leider ist ja zu sagen, daß alle solche Fälle dort gar leicht zu Pro- pagandazwecken benutzt werden, auch in neutralen Ländern, wo der Waffendienstverweigerer aus religiöser Gewissenspflicht gesetzlich gegen Waffendienst geschützt ist. Darum scheint mi daß die allgemeine politische Lage dahin deutet, daß wir solc Fälle mit sanfter Hand behandeln. Diese Leute tun ja im Inlan wenig Schaden und stehen ziemlich isoliert da. Für die Wehrfre- digkeit in Deutschland ist also von Dr.STÖHR wenig zu befürch

Mit nochmaligem verbindlichem Dank
Ihr ganz ergebener

Vietor.

stellv.(geschäftsführender) Vorsitzender

31. *Exkurs:* Zur Geschichte des Weltbundes im Dritten Reich und zur Situation der Kriegsdienstverweigerer im Zweiten Weltkrieg

Ohne Zweifel ist es erstaunlich, daß in den Prozeßakten von Hermann Stöhr ein gutachtlicher Brief des geschäftsführenden Vorsitzenden der deutschen Vereinigung des Weltbundes für internationale Freundschaftsarbeit der Kirchen zu finden war und daß Superintendent Diestel noch 1939 im Namen dieser ökumenischen Friedensbewegung gegenüber einem deutschen Kriegsgericht für einen entschiedenen Pazifisten eingetreten ist.[347] So mutig dieses Auftreten tatsächlich war, so wenig darf man die Bedeutung, die der Weltbund damals in Deutschland noch hatte, überschätzen. Trotz des von Diestel verwendeten offiziellen Weltbundbriefkopfes war sein Schreiben eher eine persönliche Erklärung als eine Stellungnahme mit kirchlichem Gewicht.[348] Man kann sogar fragen, ob von dem einst sehr aktiven deutschen Zweig der ökumenischen Bewegung im Oktober 1939 noch sehr viel mehr als der Briefkopf vorhanden war. Auch wenn das ursprüngliche Ziel – das Vertrauen in die weltumspannende Gemeinschaft des Glaubens und der Kirche – in den Herzen der ehemaligen Mitglieder noch lebendig sein mochte, die Weltbundvereinigung als Organisation war im Hitlerdeutschland längst in die »innere Emigration« gegangen.
Bereits im Februar 1934 hatte Diestel als stellvertretender Vorsitzender in einem Lagebericht die Parole ausgegeben:

> »In Anbetracht der gegenwärtigen Lage scheint es geboten, sich der größten Zurückhaltung zu befleißigen, selbst auf die Gefahr hin, daß dieses Schweigen im Ausland ja auch als Antwort gedeutet werden könnte.«[349]

Im Rückblick fällt freilich auf, daß einzelne Anhänger des Weltbundes in Deutschland diese Zurückhaltung mit zunehmender Brutalisierung der Naziherrschaft wieder aufgegeben haben, wenngleich sie in der Zielrichtung ihrer Engagements deutliche Unterschiede machten. Es läßt sich zeigen, daß der wachsenden Hilfe für verfolgte Juden von seiten vieler Weltbundmitglieder nicht ein ebenso eindeutiges Eintreten für die wenigen mit dem Tod bedrohten Kriegsdienstverweigerer entsprach.

Beispiel: Weltbundtagung in Larvik im August 1938

Ein Beispiel hierfür waren der Verlauf und die Ergebnisse der Tagung des Internationalen Rates des Weltbundes für Freundschaftsarbeit der Kirchen vom 19. bis 30. August 1938 in Larvik bei Oslo/Norwegen. Von deutscher Seite hatten daran Superintendent Max Diestel, Pfarrer Hermann Maas, Pfarrer Richard Jordan und Prof. Julius Richter teilgenommen.[350] Zwei Themen standen bei diesem ökumenischen Treffen im Vordergrund: Die Judenverfolgung in Deutschland und die wachsende Aufrüstung. Zum ersten Thema kam unter maßgeblicher Beteiligung der deutschen Delegation ein beachtenswerter Aufruf an alle Nationalräte zustande, in dem es heißt:

»Noch wissen nicht alle, oder sie vergessen es immer wieder, wie verzweifelt die Lage der nichtarischen Christen in Deutschland und dem früheren Österreich und wie hoffnungslos vor allem die Lage derer ist, die nach den Nürnberger Gesetzen als Juden gelten, auch wenn sie getauft sind. Für sie bleibt kaum eine andere Wahl als auswandern oder sterben.«[351]

Eindeutiger hätte nicht gesprochen werden können. Die deutsche Gruppe zog sich damit alsbald auch den Zorn des Kirchlichen Außenamtes und staatlicher Stellen in Deutschland zu. Nicht von ungefähr; denn Diestel und Maas hatten im selben Monat zusammen mit Pfarrer Heinrich Grüber begonnen, im Auftrag der Bekennenden Kirche »Kirchliche Hilfsstellen für evangelische Nichtarier« aufzubauen.[352]

Dies war die eine Seite. Auf der andern Seite steht die ebenfalls in Larvik vom Weltbund angenommene Entschließung zu Krieg und Rüstung, die sehr viel allgemeiner und sehr blaß ausgefallen war. Sie mündet in die Bitte, die »Regierungen zu ersuchen, baldigst miteinander Verhandlungen anzuknüpfen, damit sie [. . .] Mittel und Wege finden zu einer friedlichen Bereinigung internationaler Streitigkeiten, die einen Rückgriff auf die Waffen unnötig macht.«[353]

Sehr viel konkreter war der Bericht des damaligen Pfarrers der deutschen evangelischen Gemeinde in Oslo, Pfarrer Günther, der als Gast an der Tagung teilnahm und für seinen Dienstvorgesetzten, Bischof Heckel im Kirchlichen Außenamt in Berlin, notiert hatte:

»Bei der Tagung in Larvik ist mir folgendes bemerkenswert erschienen:

1. Das immer wieder zu Tage tretende Abrücken vom Pazifismus, sowohl von dem allgemein humanitären, als dem religiös gefärbten.

Es wurde betont, daß der Friede, den der Weltbund meine, der Friede in Christo sei, daß dieser allein auch die Grundlage eines Völkerfriedens sein könne. Alle Verständigungsarbeit der Kirchen gründe sich daher auf Verkündigung des Evangeliums und Verbreitung des Glaubens an Christus, den Gekreuzigten und Auferstandenen.

Diese Schau aller Verständigungsarbeit vom Evangelium her war offenbar echt. Die daraus folgende Begrenzung und Abgrenzung der Arbeit des Weltbundes gegenüber pazifistischen und anderen Organisationen der Völkerverständigung ist nie früher so radikal zu Tage getreten. Auch die Amerikaner (Oldhams Vortrag hatte eine geradezu lutherische Linie) schlossen sich dieser Haltung an, entweder indem sie direkt zustimmten oder – wo sie das nicht konnten – schwiegen.

2. Das Bestreben, jede Kollision mit Politik zu vermeiden.
Namentlich waren die deutschen Vertreter eifrig und einmütig bestrebt, alles auszumerzen, was etwa wie politisches Urteil oder gar Parteinahme aussehen konnte. [. . .]«[354]

Diese Sicht des Konferenzverlaufs entsprach durchaus der von Superintendent Diestel. In einem Bericht für den Reichsminister für kirchliche Angelegenheiten vom 7. 9. 1938 sprach er von »Besprechungen über das schwierige Problem eines ›christlichen Friedens‹, das deswegen geklärt werden mußte, weil der Weltbund sich deutlich vom vulgären Pazifismus abgesetzt hat, mit dem er von schlecht unterrichteten Leuten manchmal in einen Topf geworfen wurde.«[355] Diestel erläuterte die vom Weltbund verfolgte »Linie« mit Gedanken des norwegischen Bischofs Berggrav, der »den nationalen Charakter der Kirchen in Gegensatz zur übernationalen Idee der Kirche stellte, deren Verwirklichung – wie er einige Tage später in der Aula der Universität Oslo ausführte – in der ›Endzeit‹ erst zu erwarten sei.«
Man darf durchaus die Frage stellen, was bei dieser theologischen Deutung des Selbstverständnisses des Weltbundes für »internationale« Freundschaftsarbeit der Kirchen vom ursprünglichen Biß dieses Arbeitszweiges der ökumenischen Bewegung noch übrig blieb.

Siegmund-Schultze an Weihnachten 1939

Eine deutsche Stimme aus dieser Zeit stand Stöhrs Entscheidung wohl am nächsten. Sie kam freilich aus dem Ausland, aus der Emigration. Friedrich Siegmund-Schultze schrieb an Weihnachten 1939 aus seinem Schweizer Exil einen von tiefer Depression erfüllten Rundbrief an seine Freunde. Hermann Stöhr wird ihn aller Wahrscheinlichkeit nach nie zu lesen bekommen haben:

»Das ist die große Not dieser Zeit: daß unser Glauben an die ewige Liebe matt wird; und daß damit auch unsere Liebeskraft erlahmt.
Ist unser Ringen um den Frieden nicht aussichtslos? Sind die bösen Mächte nicht stärker als die guten? Ja, was ist gut? Und wenn wir nicht lassen können von dem Wege, den wir in Jesus gefunden haben: ist Sein Weg wirklich dazu bestimmt, uns aus der Not zu führen und unsere Welt zu wandeln? Müssen wir von neuem den Weg des Leidens gehen lernen? Auf die Erlösung warten? Ist die Versöhnung nur zwischen Gott und dem Menschen zustande gekommen und reicht nicht bis hin zu den Beziehungen der Menschen untereinander? [. . .].«

Im Blick auf die von der nationalsozialistischen Gewaltherrschaft bedrohten kleinen Staaten stellte Siegmund-Schultze sich und seinen Freunden die Frage nach einer ernsthaften Alternative:

»Hat der Pazifismus für Völker, die in dieser Weise bedroht werden im heutigen Weltzustand eine Alternative bereit, die im Ernst der Gesamtheit der Bevölkerung eines solchen Landes, seiner Regierung oder auch nur einer verantwortlichen Gruppe Führender vorgeschlagen werden könnte?«

Und den Weg Stöhrs im Auge, fuhr Siegmund-Schultze fort:

»Wir radikalen Pazifisten ziehen uns gern auf die Verpflichtungen und Gesinnungen zurück, die wir als einzelne pflegen und zur Darstellung bringen können. Die besondere Berufung, die uns zuteil geworden ist, der göttlichen Liebe ganz zu vertrauen und damit auf die Anwendung von Gewalt zu verzichten, gibt uns persönlich einen festen Standort. Wir wollen die Gnade, die uns in diesem Auftrag und in dieser Gemeinschaft geschenkt ist, nicht unterschätzen. Aber nachdem es durch die Bemühungen der vergangenen Jahre soweit gekommen ist, daß die Menschen, die diese Haltung einnehmen, in einigen Ländern eine gesicherte Stellung gewonnen haben, sind wir doppelt verpflichtet, uns zu fragen, ob und inwieweit diese Grundsätze auf größere Gruppen, auf die Völker als solche heute Anwendung finden können. [...] Nach meiner Meinung werden wir noch deutlicher als zuvor dem einzelnen sagen müssen: Nur wenn du in der Nachfolge Christi die Gewißheit gefunden hast, daß du dich einer Forderung der Allgemeinheit entziehen sollst, darfst du und sollst du persönlich den Kriegsdienst verweigern. Aber wie du einer besonderen Berufung bedarfst, um dich einer solchen allgemeinen Pflicht zu entziehen, so setzt auch der Entschluß eines Volkes, seine Freiheit nicht zu verteidigen, eine tiefe innere Überzeugung voraus.«[357]

Kriegsdienstverweigerer im 2. Weltkrieg in Deutschland

Wir wissen noch sehr wenig über das Schicksal von Kriegsdienstverweigerern im Zweiten Weltkrieg; bis jetzt ist nur folgendes bekannt:

Auf *evangelischer Seite* hat neben Hermann Stöhr noch Martin Gauger kompromißlos den Kriegsdienst verweigert und zwar durch Flucht ins Ausland. Nachdem ihn die SS im später besetzten Holland verhaftet hatte, wurde er im Juli 1941 in Buchenwald ermordet.[358]

Auf *katholischer Seite* werden sieben Namen genannt[359]: Michael Lerpscher und Josef Ruf, zwei Brüder der Christkönigsgesellschaft, wurden 1940 vom Reichskriegsgericht (RKG) verurteilt und hingerichtet. Auch der Begründer dieser Gemeinschaft, Max Josef Metzger, wurde 1944 – allerdings nicht durch ein Urteil des RKG, sondern nach einem Prozeß vor dem Volksgerichtshof – unter dem Vorwurf des Hochverrats – getötet.[360] 1942 verurteilte das RKG Franz Reinisch, Angehöriger des Pallotinerordens[361] wegen Verweigerung des Fahneneids zum Tode. Reinisch nahm seinen Tod bewußt als Opfertod zur Ehre Christi auf sich. Im August 1941 wurden Ernst

Volkmann,[362] im August 1943 Franz Jägerstätter[363] und im Juli 1944 Richard Reitsamer, alle als Kriegsdienstverweigerer hingerichtet. Josef Fleischer, der ebenfalls verweigert hatte und verhaftet wurde, kam mit dem Leben davon.

Die deutschen *Mennoniten,* die man traditionell zu den Friedenskirchen zählt, haben entsprechend eines Beschlusses ihrer Ältesten- und Predigerversammlung vom 10. 1. 1938 »den Grundsatz der Wehrlosigkeit« im Dritten Reich nicht mehr »geübt«.

Von zwei *Quäkern* in Deutschland ist bekannt, daß sie den Kriegsdienst verweigert haben. Beide überlebten: Gerhard Halle wurde wegen einer Kriegsverwundung aus dem Krieg 1914/18 von einsichtigen Ärzten ausgemustert. Manfred Pollatz entschloß sich unter der Androhung der Ermordung seiner Eltern, doch noch Soldat zu werden.[365]

Sieben Mitglieder der *Siebenten-Tages-Adventisten-Reformationsbewegung,* die wegen Fahneneidverweigerung vom Reichskriegsgericht, anderen Kriegsgerichten bzw. durch Himmlerbefehl den Tod fanden, kennen wir namentlich.[366]

Die größte Zahl an Opfern hatten die *Zeugen Jehovas* (Ernste Bibelforscher) zu beklagen. 1939 zählten sich im »Großdeutschen Reich« noch etwa 20 000 Menschen zu dieser seit 1935 von der Gestapo mit Versammlungsverbot belegten Religionsgemeinschaft. Man schätzt, daß im Zweiten Weltkrieg allein in Deutschland etwa 6000 bis 7000 Zeugen Jehovas den Kriegsdienst verweigert haben. Darum richtete sich das Hauptaugenmerk der Gestapo und des Sicherheitsdienstes der SS auf diese Gruppe. Nach eigenen Angaben der Zeugen Jehovas wurden im Dritten Reich etwa 6000 Anhänger verhaftet, 2000 wurden in Konzentrationslager gebracht, 635 starben in der Haft und 203 wurden aufgrund eines gerichtlichen Todesurteils hingerichtet.

32. Das Todesurteil vor dem Reichskriegsgericht

Am 15. Oktober schrieb Stöhrs Bruder dem Gericht in Kiel, – wir kennen den Brief schon –, sein Bruder sei seines Wissens »noch nicht für die neue Kriegsmarine auf den Führer vereidigt worden«.[368] Damit sollte wohl das Kieler Kriegsgericht für unzuständig und das Urteil für ungültig erwiesen werden. Was der Bruder in bester Absicht für den Angeklagten in Erinnerung brachte, bedeutete am Ende dessen Tod.
Lapidar heißt es in den Gerichtsakten in einem Vermerk vom 17. November:

»Stöhr weigert sich, den Fahneneid auf den Führer zu leisten. Es wird erneut Tatbericht beim 2. Admiral der Ostseestation eingereicht.«[369]

Schon in seiner ersten Erklärung vom 2. März 1939 hatte Hermann Stöhr sich festgelegt:

»Ich habe Gottes Geist Gehorsam geschworen. Daneben verliert eine zusätzliche Eidesleistung unbedingten Gehorsams gegenüber einer Obrigkeit für mich jeden Sinn. So verbietet sich mir auch der übliche Eid, entsprechend den Weisungen des Neuen Testamentes (Matth. 5,34 und Jak. 5,12).«[370]

Es gab nicht wenige Christen, die im Zweiten Weltkrieg nur mit einem inneren Vorbehalt oder auch mit schlechtem Gewissen den auf Hitler persönlich abzuleistenden Eid gesprochen haben:

»Ich schwöre bei Gott diesen heiligen Eid, daß ich dem Führer des deutschen Reiches und Volkes, Adolf Hitler, dem Oberbefehlshaber der Wehrmacht, unbedingten Gehorsam leisten und als tapferer Soldat bereit sein will, jederzeit für diesen Eid mein Leben einzusetzen.«[371]

Erneute Anklage: Wehrkraftzersetzung

Nachdem Stöhr sich geweigert hatte, diesen Eid abzulegen, – er befand sich bereits zur Strafverbüßung im Militärgefängnis Torgau –, war eine neue »Tatsache« geschaffen und zwar jetzt eindeutig *nach* Inkrafttreten der Kriegssonderstrafrechtsverordnung. Der Gerichtsherr in Kiel beim 2. Admiral der Ostseestation zögerte nicht lange. Das war jetzt ein Fall für das Reichskriegsgericht in Berlin.
Die erneute Anklage lautete auf ein Verbrechen nach § 5 Abs. 1 Ziff. 3 KSSVO, d. h. »Wehrkraftzersetzung«. Sie wurde in aller Regel mit dem Tode bestraft.[372]

Am 9. Januar 1940 wurde Hermann Stöhr vom Wehrmachtgefängnis Torgau in das Militäruntersuchungsgefängnis Berlin – NW 40, Lehrterstraße 61 überführt.[373] Über den Prozeß vor dem Reichskriegsgericht haben wir keine Kenntnis, da bis heute die Akten hierüber nicht zu finden waren, vielleicht auch vernichtet sind. Lediglich eine Aktennotiz des Oberreichskriegsanwalts besagt, daß »der Matrose Hermann Stöhr durch Feldurteil des 3. Senats des Reichskriegsgerichts vom 16. 3. 1940 wegen Zersetzung der Wehrkraft zum Tode verurteilt« und das Urteil, »nachdem der Führer und Reichskanzler von seinem Begnadigungsrecht keinen Gebrauch machte, am 21. 6. 1940 vollstreckt« wurde.[374]

Wie die Richter in Berlin Recht fanden und Recht sprachen, bleibt darum dem Halbdunkel unserer Vermutungen überlassen. Erinnerungen von Feunden, die sich teilweise nur auf's Hören-Sagen berufen können, ergeben nur die Umrisse eines Bildes.

Auch in Berlin scheinen gute Freunde Hermann Stöhr bestürmt zu haben, die Hilfsangebote nicht auszuschlagen. Er selbst schrieb im Brief an seine Mutter vom 19. März 1940:

»Es hat nicht an mehr oder minder wohlmeinenden Versuchen gefehlt, die mich zu einer anderen Meinung zu bringen wünschten. Es war jedoch so, daß mich dies nur bestärkt hat in der Erkenntnis, daß Gott auch den Völkern geboten hat, einander zu helfen und zu lieben. In Dingen einer von Gott geschenkten Erkenntnis aber zu lügen, nur um mir das kleine Leben zu erhalten, das ging nicht.«[375]

Helmut Gollwitzer, der Hermann Stöhr allerdings nicht persönlich gekannt hat, schrieb nach dem Krieg aus der Erinnerung:

»Wohlwollende Offiziere versuchten ihn durch Kompromisse, die sie ihm anboten, zu retten: er sollte nur Schreibstubendienst bei rückwärtigen Einheiten tun oder Sanitäter werden.«[376]

Erich Gramm, der seinen Freund Stöhr auf dem letzten Gang zum Grab begleitet hat, hielt in einem späteren Rückblick fest:

»Das Kriegsgericht, einem Ausweg nicht abgeneigt, war mit einem Alternativdienst in einem Seuchenlazarett einverstanden.«[377]

Kenner der sonstigen Urteile des Reichskriegsgerichts werden die Chancen, die tatsächlich für Stöhr noch vorhanden waren, eher skeptisch beurteilen. Selbst wenn Stöhr sich noch hätte umstimmen lassen, die Aussichten waren gering, daß die Richter des Reichskriegsgerichts davon beeindruckt worden wären. Nach den »Rechtsgrundsätzen des Reichskriegsgerichts zu § 5 KSSVO«, die als Sonderheft 1940 allen Wehrmachtsgerichten zugegangen ist, war »Zersetzung der Wehrkraft [. . .] die Störung oder Beeinträchtigung der totalen völkischen Einsatzbereitschaft zur Erringung des Endsieges«. Bei diesem Delikt gab es kein Pardon. In einer Entscheidung vom 24.

Januar 1940 kam das Reichskriegsgericht zu der Feststellung, »die besonderen Verhältnisse der Wehrmacht und die Notwendigkeiten des Krieges zwingen dazu, vermindert zurechnungsfähige Täter grundsätzlich nicht anders zu behandeln als strafrechtlich voll verantwortliche.«[378]
Und einen Tag nach der Bestätigung von Stöhrs Todesurteil durch den Präsidenten des Reichskriegsgerichts lagen allen Richtern die neuen Richtlinien des Führers für die Strafzumessung bei Fahnenflucht vom 14. April 1940 auf dem Tisch.
Hitler erinnerte darin an einen Erlaß des Oberkommandos der Wehrmacht vom 21. Dezember 1939, aus dem er wörtlich zitierte:

»Im Kriege, und zwar schon am Anfang des Krieges, muß mit den schärfsten Mitteln durchgegriffen werden, um die Mannszucht innerhalb der Truppe zu erhalten und um jeden Versuch einer Feigheit von vornherein zu unterdrücken. Wenn an der Front gerade die Besten ihr Leben für das Vaterland lassen müssen, kann niemand es verstehen, daß man zur gleichen Zeit Feiglinge und Saboteure in Zuchthäusern konserviert.«[379]

Im Zweiten Weltkrieg wurden von deutschen Kriegsgerichten mehr als 10 000 Soldaten zum Tode verurteilt und hingerichtet. Etwa dreiviertel davon standen unter dem Vorwurf der Fahnenflucht oder der Wehrkraftzersetzung. Im Ersten Weltkrieg – ein erschreckender Vergleich – gab es nur 48 in Deutschland vollstreckte Todesurteile, die von Kriegsgerichten verhängt worden waren.[380]

»Seine Kirche aber schwieg . . .«

Einen letzten Versuch zur Rettung Stöhrs unternahm der Gefängnispfarrer Harald Poelchau. In seinen Lebenserinnerungen schrieb er:

»Nur ein einziger Fall eines Mitglieds der evangelischen Kirche ist mir begegnet, das um des christlichen Liebesgebots willen den Kriegsdienst verweigerte und hingerichtet wurde: Hermann Stöhr, Mitglied des Internationalen Versöhnungsbundes, Offizier des Ersten Weltkriegs, Inhaber eines Verlages mit dem Wahlspruch ›ut omnes unum sint‹ – Damit sie alle eins seien –, zog die Konsequenz, bewußt und gefaßt.
Seine Kirche aber schwieg und ließ ihn im Stich. Diese Not der Bedrängten wollte sie nicht aufnehmen. Ich suchte ihren damaligen höchsten Geistlichen auf, um seine Stimme für Stöhr zu gewinnen, aber D. Marahrens berief sich auf ein Rechtsgutachten eines Kirchenjuristen und schwieg. Das Versagen der offiziellen Kirche, nicht nur wegen ihrer Abhängigkeit vom Regime, sondern auch aus ihrer inneren Taubheit gegenüber diesem Gewissensanliegen war für die Christenheit beschämend.«[381]

Das volle Ausmaß der Beschämung zeigt sich erst, wenn man sich vor

Landesbischof Marahrens war dienstältester Landesbischof und Mitglied des »Geistlichen Vertrauensrats«. Er sah sich 1940 nicht in der Lage, Stöhrs Gnadengesuch bei Hitler zu unterstützen. (Foto: privat)

Augen hält, was den Geistlichen Vertrauensrat – nach eigener Einschätzung damals das höchste geistliche Gremium des deutschen Protestantismus – in jenen Tagen wesentlich mehr beschäftigt hatte. Im Protokoll der Sitzung des GVR vom 12. April 1940 – den Vorsitz führte Marahrens –, bei der die Unterstützung des Gnadengesuchs für Stöhr hätte besprochen werden können, sucht man vergeblich eine entsprechende Notiz. Wichtiger war da schon die Verabschiedung eines Glückwunschtelegramms (»gemeinsam mit namentlicher Unterzeichnung«) zum Geburtstag des Führers, wichtiger war die Anordnung eines Glockengeläuts am 20. April 12 Uhr, sowie eine Abkündigung zu Hitlers Geburtstag im Gottesdienst am 21. April. Und wichtiger war der Entwurf für ein Rundschreiben an die Landeskirchen für geplante Glockenopferfeiern.[382] Letzteres fordert geradezu zum Vergleich mit dem Schweigen zu Stöhrs Gnadengesuch heraus. Die Kirchen waren vom Beauftragten für den Vierjahresplan, Generalfeldmarschall Göring, aufgefordert worden, alle Bronzeglocken abzuliefern, »damit unser Volk durch eine genügend große Metallreserve gegen alle Möglichkeiten der weiteren Kriegsentwicklung gewappnet ist«. Es sollte – nach dem Willen der Kirchenleitung – ein freudiges Opfer für Führer und Vaterland werden. Denn »die Glocken haben«, wie es im Glockenaufruf heißt, »schon in so manchem Krieg ihr Leben dahingeben müssen, um nach dem Kriege wieder schön und strahlend aufzuerstehen.« Und in einer nicht zu überbietenden Blasphemie wird der Vergleich gezogen: »Was von dem toten Metall gilt, gilt in viel tieferem Sinne von uns Menschen [. . .] und nur das Volk, dessen Söhne auch vor dem Opfer des Lebens nicht zurückschrecken, wird von Gott großer Aufgaben gewürdigt.«[383]

Briefe aus der Haft

Liest man die wenigen Briefe, die uns von Stöhr aus der Haft in Berlin erhalten sind, dann sieht man, daß ihn Welten von den geschäftigen Sorgen trennten, die die Spitze der offiziellen Kirche umtrieben.

»Was auch immer eintreten mag«, so schrieb Stöhr an seinen Freund Alfred Peter am 25. April, »unsere Hauptsorge sei nicht die Erhaltung unseres kleinen Lebens, sondern die, daß wir von Gottes Wegen nicht abweichen«. Er freute sich über den erwachenden Frühling: »Eine Ulme hat hier auf dem Gefängnishof schon geblüht; eine Kastanie und Linde bekommt Blätter.« Und er erfreute sich »der vielen freien Zeit, die ich zum Bibelstudium habe«.[384]

Noch am 28. Mai gab Stöhr die Hoffnung auf eine positive Antwort auf sein Gnadengesuch nicht auf, die sich wohl – wie er meinte – »wegen der anhaltenden militärischen Aktionen im Westen« hinausgezögert habe. Wie Jakob

Ausgabe A
(Reich)

29
(S. 27 und 28 fallen aus; sie enthalten nur altpreußische Angelegenheiten)

Gesetzblatt der Deutschen Evangelischen Kirche

1940 | Ausgegeben zu Berlin, den 9. Mai 1940 | Nr. 8

Deutsche Evangelische Kirche

Aufruf des Geistlichen Vertrauensrats der Deutschen Evangelischen Kirche betr. Glocken-Opferfeiern

Geistlicher Vertrauensrat
der Deutschen Evangelischen Kirche
V. R. 57/40

Charlottenburg, den 26. April 1940
Marchstraße 2

An
die obersten Behörden der deutschen evangelischen Landeskirchen

Aufruf des Geistlichen Vertrauensrats der Deutschen Evangelischen Kirche

Der Beauftragte für den Vierjahresplan, Generalfeldmarschall Göring, hat die Beschlagnahme und Ablieferung sämtlicher Glocken aus Bronze angeordnet, damit unser Volk durch eine genügend große Metallreserve gegen alle Möglichkeiten der weiteren Kriegsentwicklung gewappnet ist. Da die weitaus überwiegende Zahl der Bronzeglocken dem kirchlichen Leben dient, sind es die Kirchengemeinden, die zuerst und vor allem von dieser Anordnung betroffen werden.

Wir wissen, daß es unsere Gemeinden mit Stolz erfüllt, dieses Opfer für den Führer und das Vaterland bringen zu dürfen. Niemand wird das Opfer, das von ihnen erwartet wird, gering schätzen. Die Stimme der Glocken hat seit Menschengedenken unser ganzes kirchliches und völkisches Leben begleitet, alle wichtigen Ereignisse im Leben des einzelnen und der Gemeinschaft, der Häuser und Familien in Stadt und Land. Aber vor allem haben die Glocken Sonntag für Sonntag die Gemeinde zur Kirche gerufen und in vielen Gegenden täglich des Morgens und des Abends zum Gebet. Immer wieder haben sie an Den erinnert, den es über alle Dinge zu fürchten, zu lieben und zu ehren gilt, haben unüberhörbar gemahnt: O Land, Land, Land, höre des Herrn Wort! Dazu haben unsere Väter sie gestiftet und gegossen.

Darum fällt uns der Abschied von ihnen schwer wie der Abschied von guten Freunden. Aber der wahre Wert eines Opfers besteht in der Freudigkeit, mit der es gebracht wird. Und darin wollen und werden unsere Gemeinden sich von niemand übertreffen lassen. Die Glocken haben schon in so manchem Krieg ihr Leben dahingeben müssen, um nach dem Kriege wieder schön und strahlend aufzuerstehen. Was von dem toten Metall gilt, gilt in viel tieferem Sinne von uns Menschen. Nur wer bereit ist, sein Leben einzusetzen, vermag das Leben zu gewinnen, und nur das Volk, dessen Söhne auch vor dem Opfer des Lebens nicht zurückschrecken, wird von Gott großer Aufgaben gewürdigt. In solchem Geiste wollen wir Führer und Vaterland die Glocken schenken und in dieses Opfer unsere heißen Wünsche und Gebete flechten.

Gott segne den Führer! Er schütze und schirme unser deutsches Vaterland!

Der Geistliche Vertrauensrat der Deutschen Evangelischen Kirche
D. Marahrens Schultz D. Hymmen

Aufruf des Geistlichen Vertrauensrats betr. Glockenopferfeiern

an der Furt des Jabbok, so rang Stöhr mit Gott: »Ich lasse dich nicht, du segnest mich denn.« (1. Mose 32, 27 b)[385]
Das letzte, was wir von Stöhrs Hand haben, ist ein überaus zärtlich gehaltener Geburtstagsbrief an seine damals zehnjährige Patentochter Caritas Peter: »Ich lege Dir ein Lesezeichen mit Krokus-Blumen bei. Und eine Pfingstkarte. Hast Du auch schon einen Maikäfer gefangen? Wachsen Krokuspflanzen in Eurem Garten?«[386]
Dicht neben dieser Heiterkeit wohnte freilich auch der Zweifel in Stöhrs Herz und das Ringen um Klarheit in einer Entscheidung, die er letztlich in völliger Einsamkeit traf.
Was ihm dabei Boden unter die Füße gab, waren die Bibel und das pommersche Gesangbuch.

Mtr. Stöhr

Berlin-Tegel, den 25. April 1940
Militär-Untersuchungsgefängnis
Seidelstr. 39

Lieber Freund!
Herzlichen Dank für Deinen Brief vom 10. April und für eure Anteilnahme am Verlust meiner Mutter und meinem Ergehen.
Am 13. April ist mein Urteil vom 16. März bestätigt worden. So liegt die Vollstreckung des Urteils beim Führer, dem mein Gnadengesuch vom 18. März wohl jetzt zugeleitet wird. Ich sehe dieser Entscheidung zuversichtlich entgegen, zumal ich von viel Fürbitte weiß. Es ist mir auch selbst ein großes Anliegen meiner Fürbitte für die Obrigkeit, daß die Rechtspflege in derartigen Fällen kein Blut vergießt.
Sollte es Gott jedoch anders wollen, so müssen wir auch darin seine gnädige Fügung zu erkennen suchen.
Was auch immer eintreten mag, unsere Hauptsorge sei nicht die Erhaltung unseres kleinen Lebens, sondern die, daß wir von Gottes Wegen nicht abweichen. Daß ich sowieso das 5. Gebot nicht ganz erfülle, ist mir klar, wir brauchen da nur Matth. 5, 21–26 und 38–48 nachzulesen, um zu erkennen, wieviel Sünde uns noch anhaftet. Aber mit klarem Wissen und Willen die Befolgung dieses Gebots einzuschränken, das ist mir eine zu ungeheuerliche Zumutung.
Ich kann auch niemals zugeben, daß *ein* Gottesgebot wider das andere streitet (und als ob wir uns dann für das geringste Übel entscheiden könnten oder für den Weg, der uns (und andere) am meisten schont). Für mich besteht zwischen dem 5. Gebot und Röm. 13, 1 kein Gegensatz. Gerade *weil* ich mich der jeweiligen Obrigkeit verpflichtet fühle gem. Röm. 13, 1, kann ich ange-

Alfred Peter war seit den Anfängen Mitglied des Versöhnungsbundes und einer der engsten Freunde von Hermann Stöhr. Er war auch einer der letzten, die ihn im Militärgefängnis in Tegel sprechen konnten.
Die Aufnahme hat Stöhr selbst aufgenommen. Er war ein leidenschaftlicher Amateurfotograf. *(Foto: privat)*

sichts Dan. 4, 14b und A. G. 5, 29 nicht das 5. Gebot teilweise außer Kraft setzen. Noch besser läßt sich mir der Einklang beider Gebote herstellen, wenn ich von 1. Tim. 2, 2 ausgehe. –

Es ist nicht unsre Aufgabe, einen scheinbaren Gegensatz hier zu einem wirklichen herauszupicken. Mehr sollte es (auch in unsrer Fürbitte) unsre Sorge sein, daß wir Gottes Geboten folgen in dem Maße, als seine Kraft in den Schwachen mächtig sein will. Was uns an Treue gegenüber *einem* Gebot geschenkt wird, kommt uns zugute bei der Befolgung eines andern Gebots. So glaube ich auch für diesen Fall an das Gegenteil von einer Pflichtenkollision.

Daß Gott größer ist als unser Herz, dies Wort möchte ich auch niemals in *den* Zusammenhang stellen, als ob es uns möglich sei, auf Gnade hin zu sündigen. Ich möchte keinem zureden, einen solchen Schritt (und sei er noch so klein) mit Wissen und Willen zu tun.

Wenn ich mich den geltenden Militär-Gesetzen unter Verleugnung eines Gottesgebotes füge, so hat solche Verleugnung auch für viele andre m. E. verhängnisvolle Folgen. Denk doch auch, bitte, daran.

Es pflegen sowieso (und zu allen Zeiten) *die* Menschen in der Mehrheit zu sein, die Gott nur als Dekoration aber nicht als den Allmächtigen Eifrigen gelten lassen wollen. –

Eure Grünewald-Bilder und Postkarten erfreuen mich immer noch. Gesundheitlich geht es mir wieder ein Stück besser als zu der Zeit, da ich meine Mutter verlor. Meine Schwester hat das alles – denke ich – weit mehr mitgenommen. Vor drei Wochen besuchte sie mich, da schien sie mit ihren Nerven sehr heruntergekommen zu sein. Wenn Du kannst, schreib ihr bitte einmal wieder.

Hoffentlich bist Du und Deine Frau wohlauf. Eure beiden Ältesten sind wohl in Magdeburg. Grüße bitte auch sie, wie auch Hilde und Gottfried. Und besonders Caritas. Was sie mir damals schickte, hat mich so besonders erfreut.

Ich habe jetzt auch gerade an P. Burkhardt schreiben können, und will es auch an Diestel tun.

Jetzt wird es Frühling, da werdet Ihr Euch Eures Gartens freuen. Auch ich bin nicht so ganz abgeschnitten vom Erwachen der Natur. Eine Ulme hat hier auf dem Gefängnishof schon geblüht; eine Kastanie und Linde bekommt Blätter; und so wird's hier weiter gehen. – Und dann freue ich mich der vielen freien Zeit, die ich zum Bibelstudium habe. In *der* Beziehung bin ich ja besser dran, als die andern draußen.

So hab Du und Deine Frau herzlichen Dank für alles Gedenken und seid vielmals gegrüßt

von

Eurem

Hermann Stöhr

Mtr. Stöhr

12/419

Berlin-Tegel, den 28. Mai 1940
Wehrmachtsuntersuchungsgefängnis
Seidelstr. 39

Lieber Freund!
Dir und Deiner Frau herzlichen Dank für alles Gedenken. Ich habe wieder ein paar ruhige Wochen hinter mir. In *der* Beziehung habe ich es wohl besser als die meisten andern Berliner in ihrer Hast. So kann ich in meinem Bibelstudium fortfahren und freue mich jetzt des soviel verlästerten Erzvaters Jakob, besonders der Stellen 1. Mos. 28, 14b; 32, 27b u. 49, 18.
Die Beantwortung meines Gnadengesuches verschiebt sich anscheinend wegen der anhaltenden militärischen Aktionen im Westen. So habe ich es mir schon abgewöhnt, auf diese Antwort zu sehr zu warten.
Ich las neulich so etwas: Ist es Eure Kirche, die jetzt umorganisiert ist oder einen neuen Namen erhalten hat?
Ich bin dankbar, mich in viel Fürbitte von Freunden geborgen zu wissen. Und ebenso dafür, daß ich der Freunde all in Ruhe und bei viel Zeit so gedenken kann. Es kommt mir dabei zustatten, daß ich mir früher über die Gebetsempfehlung des 1. Tim. Briefes und über die andern Kirchen einige Gedanken machte.
Grüß bitte Frl. Stocks mit beiliegender Psalm 119, 81-Karte.
Vor 20 Jahren schrieb mir ein Freund: Wir fühlen uns alle eng verbunden in der Liebe und im Gebet. Das Wort wurde mir in diesen Wochen wieder lebendig, daß ich Euch beide damit dankbar grüßen möchte.

Hermann Stöhr

Zu Seite 224

Brief von Hermann Stöhr aus dem Militärgefängnis in Tegel an seine damals 10jährige Patentochter Caritas Peter. ▶ *(Archiv: Dr. Hildemarie Streich)*

28. V. 1940 2

Liebe Caritas!

Zu Deinem Geburtstage, da Du nun dein erstes Lebensjahrzehnt vollendest, sende ich Dir herzliche Grüße. Und gute Wünsche für Dein zweites Lebensjahrzehnt! Dies zweite ist ja eins der schönsten. Da möchte ich meinen Wünschen für Dich die Richtung geben, die Du aus der Losung meines Geburtstages von 1940 erkennen kannst.

Ich lege Dir ein Lesezeichen mit Krokus-Blumen bei. Und eine Pfingstkarte. Hast du auch schon einen Maikäfer gefangen? Wachsen Krokuspflanzen in Eurem Garten?

Du hast mir damals einen so schönen Brief geschrieben. Den habe ich immer noch, um mich daran zu freuen. Nur Deine Schüsseldeckchen sind schon verbraucht. Sie haben mir aber viele Tage den Tisch beim Essen verschönt. Dafür danke ich Dir.

Hast du im Musizieren Fortschritte gemacht? Was gefällt Dir jetzt in der Schule am besten? Ich würde mich, wenn ich in Deiner Lage wäre, jetzt in besonders gutem Vorlesen üben. Das ist nämlich eine große Kunst. Besonders dann, wenn das, was Du vorliest, ebenso natürlich klingt, wie Dein sonstiges Sprechen.

Grüße herzlich Deine drei Schwestern und Deinen Bruder. Und sei Du besonders herzlich gegrüßt von

Deinem Patenonkel

Hermann Stöhr

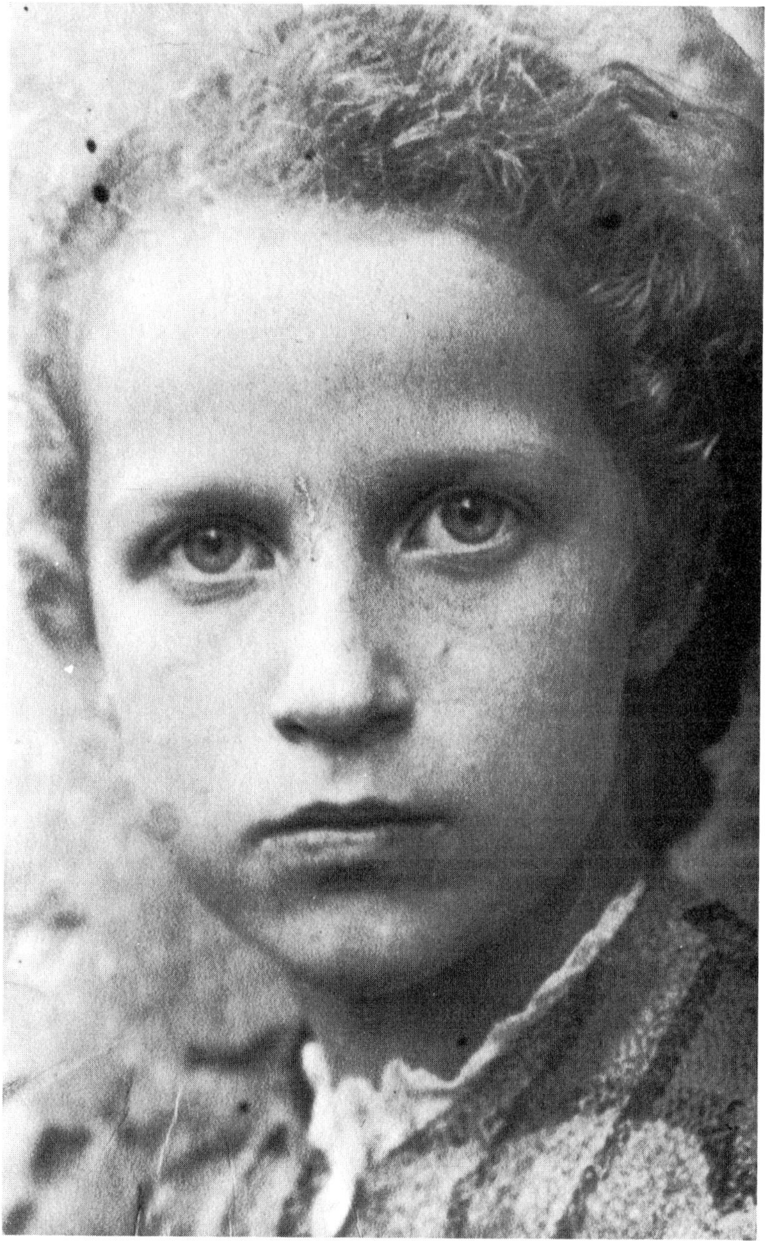

Caritas Peter, Stöhrs Patenkind. Das Foto hat der Patenonkel selbst kurz vor seiner Verhaftung noch aufgenommen. *(Foto: privat)*

33. »Lasset uns mit Jesu ziehen«: Ein Laienspiel aus der Haft

Kurt Böhme berichtete kurz nach dem Krieg, daß Stöhr in seiner Haft ein Laien-Pfingstspiel und andere Arbeiten angefertigt habe.[387] Sie sind verschollen. Seine Verwandten lebten 1940 in Stettin und mußten später ihr Hab und Gut auf der Flucht zurücklassen. Überraschenderweise tauchten jedoch vor kurzem doch noch Aufzeichnungen Stöhrs aus der Haft auf: »Ein Laienspiel in drei Teilen.« Der Titel »Lasset uns mit Jesu ziehen« ist der Anfang eines unserer Gesangbuchlieder (EKG 252). Stöhr schrieb das Stück in den letzten Wochen seiner Haft. Es liegt uns in einer minutiös geschriebenen Kopie aus der Hand seiner Schwester vor.[388]
Hermann Stöhr war kein Theologe, aber er lebte mit der Bibel und seinem Gesangbuch. Sie waren ihm wichtiger als vieles andere. Beides durfte er in der Haft behalten wie er ausdrücklich in zwei Briefen erwähnt.[389]
Mit Hilfe dieser beiden Bücher, einer Lutherbibel und dem Pommerschen evangelischen Gesangbuch von 1931, legte Stöhr in dem genannten Spiel persönlich Rechenschaft vor seinem himmlischen Vater ab. Gelöst von der Vorstellung, daß sein Stück je von ihm oder von andern aufgeführt würde, reihte er Bibeltext an Bibeltext, Gesangbuchvers an Gesangbuchvers.
Beim Lesen – man ist versucht, immer wieder laut zu lesen – gewinnt man den Eindruck, Stöhr wollte wie auf einer großen Orgel alle Register ziehen, um sich seiner Zweifel und seines Glaubens, seiner Angst und seiner Freude gewisser zu werden.
Die Themen der drei Teile des »Laienspiels« sind *»Nachfolgen«, »Leiden«, »Sterben«*. Hermann Stöhr notierte als Regieanweisung:

> »Die Spieler sitzen an einem Tisch mit Bibel und Gesangbuch. Der Tisch ist erhellt von einer bis drei Kerzen.«

Das Spiel beginnt mit dem Gemeindegesang:

> »Lasset uns mit Jesu ziehen,
> seinem Vorbild folgen nach,
> in der Welt der Welt entfliehen,
> auf der Bahn, die er uns brach,
> immerfort zum Himmel reisen,
> irdisch noch schon himmlisch sein,
> glauben recht und leben rein,
> in der Lieb den Glauben weisen.
> Treuer Jesu, bleib bei mir;
> gehe vor, ich folge dir.« [EKG 252, Vers 1]

Im *ersten Teil* des Spiels blickt Stöhr in einer längeren Einleitung zurück auf frühere Diskussionen unter Freunden über die Frage, welche der vielen Weltanschauungen zur Erkenntnis der Wahrheit führen und kommt dann zu dem Schluß:

»C: Seit Jesus über diese Erde ging,
will sich der Herrgott nur in diesem seinem Sohn
von Menschen recht erkennen und finden lassen.
B: Ganz eitel sind da alle Sonderwege
des menschlichen Verstandes oder bloßer Phantasie.
A: In Christus weist uns Gott den Weg des Lebens,
der andere Weg führt in den Tod.
Da haben wir uns zu entscheiden. –
Wir aber wollen uns an Jesus Christus halten.
C: Wer anders hat denn solche Worte ewigen Lebens?
Wo anders winkt uns so viel Freud',
als da, wo wir auf Jesus sehn?
A: Doch seine Worte allein,
sie lassen uns nicht voll begreifen,
was er in seinem Wort und Wirken schenkt.
Erst wenn wir seinen Worten folgen,
erkennen wir, daß er von Gott gesandt.
B: Von Jesus selbst ergeht an uns der Ruf:
Kommt, folgt mir nach!
So laßt uns seinem Rufe wirklich folgen,
daß wir ihm inniger verbunden sind.«

Stöhr suchte biblische Beispiele; er nennt Menschen, die den Ruf zur Nachfolge angenommen hatten, wie die Brüder Petrus und Andreas, Jakobus und Johannes, Philippus und auch Nathanael. Besonders Nathanael – so bemerkt Stöhr – hatte Bedenken:

»Was kann aus Nazareth denn Gutes kommen?«

Die Person C fällt dann ins Wort:

»Wie heute viele Deutsche sagen würden:
Was kann vom Judenvolke Gutes kommen?«

Sodann beschäftigte Stöhr die Frage, was es bedeutete, wenn »es heißt: Es folgt ihm nach viel Volk. Verstanden alle diese Menschen Jesu Ernst?« Person B antwortet:

»Die meisten werden ihn verstanden haben.
Doch viele kehrten ihm alsdann den Rücken.
Was Jesus fordert, war für sie zuviel.
So war es damals, ähnlich ist es heute
mit unserem deutschen Kirchenvolk.«

So schwer es sein mag, »den rechten Weg im 20. Jahrhundert zu finden«, Stöhr formulierte als Erfahrung seines Lebens:

»A: Den Weg hilft er uns selber finden,
wenn wir uns nicht mehr an ihm ärgern,
wenn wir ihn lieb'n, uns seiner freuen.
B: Er ging den Weg der Liebe und des Helfens.
Er heilte Not, wo immer er sie fand.
Er zeigt den Menschen Gott als Vater,
macht sie zu Kindern Gottes,
daß sie einander Brüder werden.
A: Der Weg, den Jesus ging,
verdeutlicht uns sein ganzes Wesen.
Sein Wort und Tun stimmt überein
und beides kann uns Vorbild sein.«

Das Ziel des Christusweges ist das

»Reich des Vaters [. . .],
für das er Kämpfer zu gewinnen sucht.
Es ist das Gottesreich auf Erden,
das jetzt mit Jesus angebrochen ist,
ein Reich des Friedens, der Gerechtigkeit.«

Der erste Teil schließt in der Gewißheit:

»A: Um dieses Reich des Glaubens geht der Kampf.
Sein König Jesus zieht uns da voran.
Wir streiten mit an seiner Seite,
auch wenn's durch Trübsal geht und Leid.«

Der zweite Teil, der unter dem Thema »Leiden« steht, wird mit der Frage des Skeptikers eröffnet:

»C: Wir woll'n mit Jesus leiden?
Ist das denn wirklich euer Ernst?«

C wird von den beiden andern Gesprächspartnern belehrt, wie Jesus in Matthäus 5 selig preist alle, die Leid tragen; in gleicher Weise hätten auch der 1. Petrusbrief, die Apostelgeschichte, der Hebräerbrief und Paulus im Brief an die Philipper, wie überhaupt die ganze Schrift das Leiden um Christi willen vorhergesagt.
Und wieder der Einwand:

»C: Hier wird das Leid um Christi willen
als Gnade, Würde und Geschenk gepriesen.
Doch müssen wir mit solchem Leid
noch hier in unserer Christenheit
so rechnen wie zu Kaiser Neros Zeiten?«

Die Antwort geben wieder Gesangbuchliederdichter. Stellvertretend für die vielen Verse, die Stöhr aus dem Pommerschen Gesangbuch zitiert, soll Benjamin Schmolck aus dem 17. Jahrhundert stehen:

»Je größer Kreuz, je näher Himmel,
wer ohne Kreuz, ist ohne Gott . . .«

Stöhrs Antworten spiegeln deutlich die Erfahrungen des persönlichen Erlebens der vergangenen Jahre:

»B: Von Jesus Christus hieß es:
Des Menschen Sohn muß viel leiden. (Mark. 8, 31)
Ganz ähnlich sagt es Paulus von den Christen:
Alle, die gottselig leben wollen in Christo Jesu,
müssen Verfolgung leiden. (2. Tim. 3, 12)
C: Ja, wenn da stände ›können leiden‹,
dann könnt ich es schon eher glauben.
Denkt ihr denn wirklich,
daß uns im 20. Jahrhundert derartiges widerfahren muß?
B: Stell dich mal ganz auf Gottes Warte,
betrachte dir die Händel dieser Welt.
Bald wirst du sehen und erkennen,
wie vieles faulig und verrottet ist. –
Dann wage gegen jedes Unrecht anzugehen.
A: Da wirst du nie mit fertig.
Nimm dir nur eins heraus
und greif das Unrecht tapfer an.
Bekenne mal den Anspruch Gottes
auf alle Dinge dieser Erde,
und mit Entschiedenheit.
Dann wirst du sehen,
was das kostet an Kampf und Leid und Schmerz.
C: Kannst du mir nicht ein Beispiel nennen?
A: Versuch mal einen Feind zu lieben
mit jener Liebe, die Jesus uns empfiehlt.
Nimm hierfür einen Feind
der eigenen Verwandtschaft, deines Standes,
und du wirst sehen, was das kostet.
B: Wer klar die Schäden seiner Zeit bekennt,
läuft heute immer noch Gefahr
in Acht und Bann getan zu werden;
ja selbst in einen Kirchenbann,
wo sich die Kirche angeglichen hat
dem Geist der Welt, dem Geist der Zeit.
A: Und jede Zeit hat solch ein Zeugnis nötig,
das Zeugnis rechter Christen,
die Kreuz und Leid bejahn,

wo es um Gottes Ehre geht
und wider Wahnideen falscher Menschen.
C: Du denkst, es kann dem Christen dann
mit diesem Kreuz sogar der Tod beschieden sein?
A: Das kann schon sein.
Es stände faul um eine Kirche,
die ihrer Zeit nicht dienen könnte
auch mit dem Blute einiger ihrer Glieder.«

Es wäre falsch zu meinen, Hermann Stöhr habe sich in eine Art Leidensmystik hineingesteigert. Kaum ist der Einwand des Skeptikers durch ein Schriftwort oder durch einen Gesangbuchvers abgewehrt, meldet sich die Glaubens- und Gewissensnot von neuem:

»C: Geht aber dieses Beten um Kreuz und Leid
nicht doch ein Stück zu weit?
Ist uns nicht vertrauter jenes Leben,
da wir von Krankheit und von Leid
erlöst zu werden wünschen?«

Oder:

»C: Was Gott uns schickt an Leid,
das will ich tragen.
Doch wenn wir denken,
wir könnten noch weit Schwereres ertragen,
so ist das eitle menschliche Vermessenheit.«

Und als die Personen A und B sich gegenseitig aufgerichtet haben mit Trost- und Leidensworten aus den Evangelien, aus dem Römerbrief, aus 2. Korinther und aus dem Hebräerbrief, da wird dem heutigen Leser, dem es der Worte vielleicht schon zuviel sind, der Einwand aus dem Mund genommen:

»C: Wer wirklich Leid und Kreuz bejaht,
der wird nur ungern davon reden.
Wer in zu großen Worten hiervon spricht,
der wird es selten halten mit der Tat.
Je mehr ein Petrus und die Jünger prahlten,
sie würden ihren Herren nie verlassen,
je schneller flohen sie davon,
als ihren Herrn die Häscher fingen.
A: Das ist schon richtig,
aber soll'n wir nun deshalb hiervon schweigen[?]
Die Bibel spricht zu uns davon.
Sie will uns drüber unterrichten,
wie Jesus seinen Weg durch Leiden ging
und wie er uns und seine Jünger
dazu beruft, ihm nachzufolgen.

C: So ist es doch recht angebracht,
uns diese Gotteswege klarzumachen,
damit wir Christi Vorbild gut verstehn
und ihm dann nicht zuwiderhandeln.
A: So dürfen wir uns auch ermahnen
und trösten, wie's Johannes tat:
›Fürchte dich vor keinem,
das du leiden wirst!
Siehe, der Teufel wird etliche von euch
ins Gefängnis werfen,
auf daß ihr versucht werdet,
und werdet Trübsal haben zehn Tage.
Sei getreu bis in den Tod,
so will ich dir geben
die Krone des Lebens.‹ (Offb. 2,10)«

Als Stöhr in der Gefängniszelle in Tegel Vers um Vers aufschrieb, war das Todesurteil über ihn bereits gesprochen. Was ihm an irdischer Hoffnung auf Rettung blieb, war das Gnadengesuch, über das Hitlers Präsidialkanzlei zu entscheiden hatte.
Und so notierte Stöhr im *dritten Teil* seines Spiels eine Strophe aus Johann Heinrich Schröders Lied »Jesu hilf siegen«, die in unseren Gesangbüchern heute allerdings fehlt:

»Jesu hilf siegen,
wenn's nun kommt zum Sterben,
mach du mich würdig
und stetig bereit . . .
Wenn du mich rufest,
gib, daß ich mit Freuden
zu dir mög fahren
ins himmlische Zelt.«

Es ist bewegend, festzustellen, daß Hermann Stöhr in der Beschäftigung mit dem Laienspiel – man kann dies fast Seite um Seite nachvollziehen – sich immer stärker seines Weges gewiß wurde. Schließlich konnte er sogar, in einer Art höherer Ironie, den Vergleich zwischen den um jene Zeit durch Frankreich stürmenden Soldaten und seiner eigenen Lage ziehen:

»A: Es ist was Großes,
wenn Menschen frei von Furcht bereit sind,
für Christus und die Wahrheit,
ihr Leben einzusetzen. –
Wo diese innere Freiheit uns beseelt,
stehn wir dem Herrn ein groß Stück näher.
B: Soldaten singen mitunter:
›Siegreich woll'n wir Frankreich schlagen,

sterben als ein tapfrer Held.‹
Bereitschaft zum Einsatz des Lebens
spricht auch aus diesem Vers:
›Und setztet ihr nicht das Leben ein,
nie wird euch das Leben gewonnen sein.‹
C: Der letzte Vers ist wohl
Gedanken Jesu nachgedichtet.
Doch bleibt es schon bemerkenswert,
daß viel mehr Menschen sich für ird'sche Reiche opfern
als für das ew'ge Reich des Herrn.«

Hermann Stöhr hat im letzten Brief an seine Mutter geschrieben, daß es nicht an Versuchen gefehlt hat, ihn zu einer anderen Meinung zu bringen. Unter diesen waren sicher auch solche, die ihn von der »Sinnlosigkeit« seines Martyriums zu überzeugen versucht haben. Er selbst ging noch einen Schritt weiter. Ihn quälte der Gedanke, der fast absurd erscheinen mag, daß er seine »unwissenden« Richter in die Rolle des Mörders drängen werde:

»C: Das wird doch aber nicht bedeuten,
daß Jesu Jünger jeden Tod erdulden,
der ihnen irgend drohen mag. –
Und wär's nicht auch ein Unrecht,
den andern schuldig werd'n zu lassen,
der einen Jünger Jesu töten will?
A: Dies Töten muß vor Gott vertreten,
wer solches Urteil wider Christen spricht.
Ein solcher Christ wird davor warnen.
Man wird ihn hören,
wo man den Herren fürchtet.
Das Warnen wird nichts nützen,
wo man es vorzieht, wider Gott zu streiten.
C: Dann wäre es in jedem Falle falsch,
wenn sich ein Christ ohn' Widerstand
dem Todesurteil preisgeb'n würde?
B: Das wäre ganz so pflichtvergessen,
als wenn ein tüchtiger Soldat
den Tod absichtlich sucht in einer Schlacht.
A: Ein Christ wird sich verteidigen,
wo immer er Verstehen findet.
Doch zeigt uns das Verhalten Jesu,
daß es auch Fälle gibt zu schweigen.
Wer wider Gott und seine Boten kämpft,
den kann der Herr zum Mörder werden lassen.
B: Bei Jesus ist mir das bemerkenswert,
daß er verschied'ne Male
dem nahen Tode aus dem Wege ging.

Das eine Mal wich er von dannen (Matth. 12, 15)
als Pharisäer ihn töten wollten.
Dann suchte man Jesus zu greifen,
doch seine Stunde war noch nicht gekommen (Joh. 7, 30);
so konnte niemand ihn ergreifen.
Feindsel'ge Nazarener wollten
den Herrn einen Berg hinunterstürzen,
da ging er mitt'n durch sie hinweg (Lk. 4, 30).

C: So gibt der Herr den Jüngern diesen Rat:
Wenn ihr in einer Stadt verfolget werdet,
dann flieht in eine andre. (Matth. 10, 23)

B: Das ist von Paulus auch befolgt.
Als man ihn in Damaskus greifen wollte,
entwich er durch ein Fenster aus der Stadt. (2. Kor. 11, 32).
Das war von ihm gewiß nicht Leidensscheu;
dazu hat Paulus für den Herrn zuviel gewagt.
Er hat es einmal den Philippern
ausführlich so erläutert:
›. . . daß Christus hochgepriesen werde
an meinem Leibe,
es sei durch Leben oder durch Tod.
Denn Christus ist mein Leben
und Sterben ist mein Gewinn.
Sintemal aber im Fleisch leben
dient mehr Frucht zu schaffen,
so weiß ich nicht,
welches ich erwählen soll.
Denn es liegt mir beides hart an:
Ich habe Lust
abzuscheiden und bei Christo zu sein,
was auch viel besser wäre;
aber es ist nötiger im Fleisch bleiben
um euretwillen.‹ (Phil. 1, 20–24)

A: Dies letzte Wort ›um euretwillen‹
wird oft von feigen Menschen gern mißbraucht,
wenn man dem Kreuz und Leid entgehen will,
da sagt solch Mensch nur allzu schnell,
er müsse seinen Kindern sich erhalten,
auch seine christlich gute Arbeit wäre wichtiger,
als glaubensmutig zu bekennen,
wo es gefährlich wird.

C: Ja, darf man wirklich leichten Sinn's
die Seinen im Stiche lassen?

A: Wo man dem Herrn
bis in den Tod gehorsam ist,
da kann man ganz getrost und ohne Sorge sein.

Für alle Hinterbliebenen
und auch für hinterbliebene Arbeit,
da sorgt der Herr in seiner Güte.
Zuviele Menschen gibt's hingegen,
die sich in eitler Überheblichkeit
für unentbehrlich hier auf Erden halten,
wenn Gott nach einsatzfreudigen Bekennern ruft.

B: Das denk ich auch.
Gott weiß von uns noch jeden zu ersetzen.
Dagegen gibt es viele christusferne Menschen,
die nur ein christlicher Bekennermut
zum Glauben bringt und rettet.
Man muß schon rechnen mit dem Einsatz
des eigenen Lebens,
wo es um Christus geht
und um sein Königreich.

A: Wann unsre Zeit für solchen Einsatz da ist,
sei ganz dem Herrn anheimgestellt.
Doch unsrerseits sei ja das Menschenherz
nicht zu erfinderisch in scheinbar guten Gründen,
das letzte Opfer stets hinauszuschieben.«

Fast endlos scheinen die Fragen, die in den sich hinziehenden Tagen und Nächten Hermann Stöhr beschäftigt haben. Gelegentlich steht am Rande des Manuskripts ein Datum, das den Fortschritt einer inneren Entwicklung erkennen läßt.
Das Spiel endet mit einem Gemeindegesang, wie es begonnen hatte:

»Lasset uns mit Jesu leben!
Weil er auferstanden ist,
muß das Grab uns wiedergeben.
Jesu, unser Haupt du bist;
wir sind deines Leibes Glieder,
wo du lebst, da leben wir.
Ach erkenn uns für und für,
trauter Freund, für deine Brüder!
Jesu, dir ich lebe hier,
dorten ewig auch bei dir.« [EKG 252, Vers 4]

34. Die letzte Nacht

Am 17. Juni 1940, es war ein Montag, wurde Hermann Stöhr ein letztes Mal vom einen Gefängnis in ein anderes verschoben, von Tegel nach Plötzensee. Es war das Zeichen des nahenden Endes.

Am 20. Juni abends wurde ihm eröffnet, daß »der Führer von seinem Begnadigungsrecht keinen Gebrauch gemacht« hatte.[390] Längst war auch dieser Satz inhaltsleer. Bei mehr als 500 Todesurteilen durch Kriegsgerichte allein im ersten Kriegsjahr übte Hitler dieses Recht nicht mehr persönlich aus. Die Präsidialkanzlei entschied allmonatlich pauschal über die ihr vorgelegten Listen mit den Namen der Todeskandidaten.[391]

Die Hinrichtung war auf den folgenden Tag, 6 Uhr früh, festgesetzt worden. Harald Poelchau, wie Hermann Stöhr altes Versöhnungsbundmitglied, hielt in dieser letzten Nacht bei seinem Freund Nachtwache. Ungefähr tausendmal hat er diesen Dienst im Dritten Reich Todeskandidaten in Plötzensee und in Brandenburg erwiesen.

Es war auch für ihn eine besonders schwere Nacht, an die er sich später noch zurückerinnert hat. Vielleicht hat Poelchau – wie auch sonst schon – bei der Gefängnisleitung erreichen können, daß ihm die Verantwortung für den Häftling für die nächsten Stunden allein überlassen war. Dann gab es auch nicht die sonst üblichen zwei Wachleute in der Zelle, und Stöhr wäre in seiner letzten Nacht ohne Handschellen geblieben.[392]

Ehe der Morgen kam, schrieb Stöhr die uns erhaltenen Abschiedsbriefe an den Bruder, an die Schwägerin und an die Schwester; das letzte war ein Brief an einen Pastor, der ihn immer wieder besucht und in der Fürbitte begleitet hatte.[393]

Am Ende feierten Poelchau und Stöhr Jesu Jüngermahl; es war die Nacht von Donnerstag auf Freitag.[394]

Harald Poelchau: Die letzte Nacht vor der Hinrichtung

Wenn der Morgen in die Todeszelle graute, kam die Krise für den Gefangenen. Niemand wurde von ihr verschont. Gewöhnlich drang dann in das Schweigen oder in das halblaut geführte Gespräch plötzlich der Amselruf von draußen herein, ein Warnruf, weil auf dem Hof besonders viel gegangen wurde. Der Gefangene zuckte zusammen und fragte: »Wie spät ist es? Wieviel

Harald Poelchau im Gefängnis in Plötzensee. Er war von 1933 bis 1945 Gefängnispfarrer in Tegel und in Plötzensee und hat neben Unzähligen auch Hermann Stöhr auf seinem letzten Weg begleitet.
(Foto: Informationszentrum Berlin – Gedenk- und Bildungsstätte Stauffenbergstraße)

Zeit habe ich noch?« Ich mußte ihm dann die Armbanduhr zeigen. Ich hielt sie ihm vor die Augen. Worte nutzten nichts, denn jeder Gefangene glaubte, ich wolle ihn schonen.
Es galt nun, in den letzten zwei Stunden alle Kräfte zusammenzunehmen. Die beiden Beamten – wenn ich mich mit dem Gefangenen nicht allein befand – waren meist in der Morgendämmerung erschöpft und abgefallen. Die Abschiedsbriefe mußten um diese Zeit fertig geschrieben sein. Der Gefangene hatte nicht mehr die Nerven dazu. Ich versuchte noch mit kleinen Mitteln zu helfen. Zigaretten wurden bis zuletzt gewünscht, ich hatte sie stets vorrätig, wenn die amtlich ausgegebenen Zigaretten längst verbraucht waren. Und dann hatte ich Wein von meinem Abendmahlswein zur Verfügung. Es war eigentümlich, wie gerade solche scheinbaren Nebensächlichkeiten die geistige und körperliche Haltung des Verurteilten strafften.
In den ersten Jahren, als Hinrichtungen noch nicht zum alltäglichen oder allnächtlichen Ereignis gehörten, nahm eine Vollstreckung die Nachbarzellen, ja, das ganze Gefängnis seelisch stark in Anspruch. Es kam darauf an, in der Nacht möglichst leise zu sein, um die Genossen in den Nebenzellen nicht zu beunruhigen.

Man möge sich den riesigen Bau des Gefängnisses vorstellen, in dem sechshundert Menschen in halberleuchteten Zellen nachts schlafen sollen. Das hatte etwas Unheimliches und Triebhaftes, wie ein großes Tier, das im unruhigen Halbschlaf zusammengeduckt liegt. Es war nicht so, als herrsche dort Totenstille, sondern man spürte, wie hinter jeder dieser verriegelten Eisentüren ein Mensch mit aller Inbrunst um sein Leben und sein Recht rang.
Ich fühlte das fast körperlich, wenn ich in den Nächten einen Verurteilten zu betreuen hatte und durch die matt erleuchteten, hallenden, langen Korridore des Gefängnisses schritt.

Poelchau (1949), 48–50

Berlin-Plötzensee, den 21. Juni 1940
Königsdamm 7, Haus 3

Lieber Herr Pastor!
Ihrem Fräulein Schwester und Ihnen einen herzlichen Gruß. An diesem 21. Juni, 6 Uhr morgens, wird mein Urteil vollstreckt. Der Führer hat von seinem Begnadigungsrecht keinen Gebrauch gemacht. Das wurde mir am 20. 6., 20 Uhr, mitgeteilt. So ist es also doch der Wille Gottes, GOTTES gnädiger Wille. Für manches habe ich zu danken in meiner neuneinhalbmonatigen Haft, und ich denke, auch für diesen Ausgang und Eingang werde ich einst zu danken haben.
Aber hier möchte ich vor allem Ihnen danken und den Freunden, die meiner in Fürbitte gedacht haben. So konnte ich bis hierher im Glauben an GOTTES Güte weitergehen.
Und auch Ihr mögt Euch in solchem Glauben nicht beirren lassen, wie auch die Dinge sich weiter entwickeln werden. Mit Matth. 5,4–5 möchte ich da grüßen.
Keiner möge über meinen Weg traurig sein. Ich denke, Grund zu haben, diesen Weg bis zu Ende in Dankbarkeit und Freude zu gehen. Und schließlich ist es nicht nur ein Ausgang, sondern auch ein Eingang.
Daß wir uns in der Ewigkeit alle wiedersehen, das wird unsre Freude noch erhöhen.
Der Herr, der mich behütet hat bis hierher auf meinen Wegen, der wird es mir und Euch weiterhin tun.
Im Herrn verbunden grüßt Ihr dankbarer Hermann Stöhr.

Die Zeichen der Zeit, 10. Jg. (1956), 421

35. Das Ende

Um 6 Uhr in der Frühe war es soweit. Hermann Stöhr wurde enthauptet, wie das Sterberegister der St. Johannis-Kirchengemeinde ausweist.[395] Die Kriegsstrafverfahrensordnung sah als Todesart für einen Soldaten Erschießen vor. Nur Frauen waren grundsätzlich zu enthaupten.[396] Offensichtlich sollte Stöhr mit der den Mann »entehrenden« Enthauptung bestraft werden, weil er sich geweigert hatte, ein »mannhafter« Soldat zu sein.
Noch bis in das Jahr 1934 hinein hatte das Geschäft des Enthauptens in Plötzensee ein Scharfrichter mit Hilfe eines Beils vollzogen. Als jedoch die Zahl der Todesurteile sprunghaft anstieg, ging das Nazi-Regime zum maschinellen Betrieb über. Hitler hatte damals in der besonders gut ausgerüsteten Schlosserei des Gefängnisses Tegel zwanzig Guillotinen bauen lassen, um für die kommenden Jahre gerüstet zu sein.[397]

Das Fallbeilgerät von Plötzensee, mit dem Stöhr den Tod fand. Hitler hatte bereits 1934 von der Schlosserei des Gefängnisses Tegel zwanzig Guillotinen bauen lassen.
(Foto: Landesbildstelle Berlin)

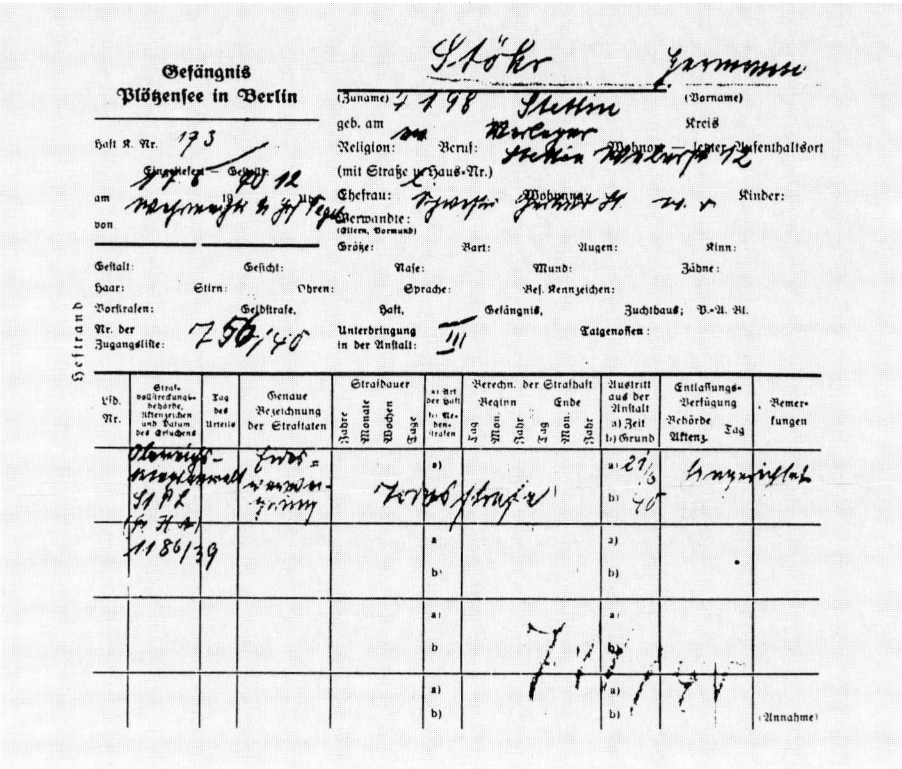

Gefängnis Plötzensee in Berlin

(Zuname) Stöhr (Vorname) Hermann

geb. am 4. 1. 98 Stettin Kreis

Religion: Beruf: Verleger Wohnort — letzter Aufenthaltsort (mit Straße u. Haus-Nr.) Stettin

Haft K. Nr. 173

Eingeliefert — Gestellt 17. 6. 40 12

am 19

von

Ehefrau: Wohnung: Kinder:

Verwandte: (Eltern, Vormund)

Größe: Bart: Augen: Kinn:

Gestalt: Gesicht: Nase: Mund: Zähne:

Haar: Stirn: Ohren: Sprache: Bes. Kennzeichen:

Vorstrafen: Geldstrafe, Haft, Gefängnis, Zuchthaus; V.-A. Bl.

Nr. der Zugangsliste: 756/40

Unterbringung in der Anstalt: III

Tatgenossen:

Heftrand

Lfd. Nr.	Strafvollstreckungsbehörde, Aktenzeichen und Datum des Ersuchens	Tag des Urteils	Genaue Bezeichnung der Straftaten	Strafdauer Jahre	Monate	Wochen	Tage	a) Art der Haft b) Nebenstrafen	Berechn. der Strafhaft Beginn Tag	Mon.	Jahr	Ende Tag	Mon.	Jahr	Austritt aus der Anstalt a) Zeit b) Grund	Entlassungs-Verfügung Behörde Aktenz.	Tag	Bemerkungen
	Oberreichsanwalt St PL (RKA) 1186/39		Fahnenflucht					a) Todesstrafe b)							a) 21/6 b) 40	Hingerichtet		
								a) b)							a) b)			
								a) b)							a) b)			
								a) b)							a) b)			(Annahme)

Karteikarte aus dem Gefängnis Plötzensee, dem Hinrichtungsort Stöhrs
(Document Center Berlin)

Die Richtstätte war in Plötzensee in einem Schuppen im innersten Bereich des Gefängnisses untergebracht. Ein großer schwarzer Vorhang, der durch eine Ziehvorrichtung aufgerissen und wieder geschlossen werden konnte, teilte den Hinrichtungsschuppen in zwei Teile. Im kleineren Raum hatte man die Guillotine aufgestellt. Im größeren Raum stand der Richtertisch mit dem Kruzifix. Das Kruzifix mußte in späteren Jahren entfernt werden.

Der Verurteilte wurde mit entblößtem Oberkörper in den Vorraum geführt. Nach Verlesen des Urteils sprach der Vertreter der Anklage die feststehende Formel: »Scharfrichter, walten Sie Ihres Amtes!« Mit einem harten Ruck wurde der schwarze Vorhang zurückgezogen. Der Todeskandidat hatte sich an ein hochgeklapptes, am Kopfende ausgekehltes Brett zu stellen. Ehe er sich besinnen konnte, kippten die Henkersknechte das Brett mit

ihm um neunzig Grad, so daß der Kopf sich genau unter dem Fallbeil befand. In derselben Sekunde sauste das Fallbeil herab, der Kopf des Verurteilten flog in einen bereitgestellten Weidenkorb.
Für das eingeübte Team der Henkersknechte dauerte der ganze Vorgang nicht länger als drei Minuten.[398]
Als Harald Poelchau am Morgen des 21. Juni 1940 die Haftanstalt Plötzensee verlassen hatte und nach Hause ging, führte ihn sein Weg auch am Friedhof an der Seestraße vorbei.[399] Hier sollte Hermann Stöhr seine letzte Ruhe finden. Es war das einzige Mal, daß Poelchau eine Bestattung eines Leichnams von Plötzensee auf dem evangelischen Friedhof der St. Johannisgemeinde erreichen konnte. Nur im kleinsten Kreis, so lautete die Auflage, durfte die Beerdigung stattfinden. Die öffentliche Verkündigung der Friedensbotschaft war untersagt worden.[400]

Das Schriftwort, das Stöhrs Freunde später für dessen Grabstein bestimmt haben, steht in Weisheit Salomonis 3, 1 bis 3:

»Aber der Gerechten Seelen sind in Gottes Hand,
und keine Qual rührt sie an.
Vor den Unverständigen werden sie angesehen,
als stürben sie,
und ihr Abschied wird für eine Pein gerechnet
und ihre Hinfahrt für ein Verbrechen;
aber sie sind im Frieden.«[401]

Ein Schreiben des Oberreichkriegsanwalts ist das einzige amtliche Dokument, das uns über den Prozeß Stöhrs vor dem Reichskriegsgericht Auskunft gibt. Die Prozeßakten selbst sind bis heute nicht gefunden worden. Vielleicht sind sie verbrannt oder vernichtet worden. (UA Stöhr, Bl. 89) ▶

Der Oberreichskriegsanwalt
StPL (RKA) 1186/39

Berlin-Charlottenburg 5, den 28.6. 1940
Witzlebenstraße 4—10
Fernruf: 30 06 81

Gericht 2. A. d. O.
Eing. - 1. JULI 1940
B.-Nr. ____ Anl.

An

das Gericht des 2. Admirals der Ostseestation
in Kiel.

In der Strafsache gegen den Matrosen Hermann Stöhr übersende ich anliegend die Strafakten St.L.J II Nr. 75/39 zurück.

Der Matrose Hermann Stöhr wurde durch Feldurteil des 3. Senats des Reichskriegsgerichts vom 16.3.1940 wegen Zersetzung der Wehrkraft zum Tode verurteilt. Das Urteil ist am 13.6.1940 rechtskräftig geworden und wurde, nachdem der Führer und Reichskanzler von seinem Begnadigungsrecht

keinen

keinen Gebrauch machte, am 21.6.1940 vollstreckt.

Im Auftrage
gez. Dr. Bischoff

Ausgefertigt:
Hepka,
[illegible]

1. Kompanie
1. Schiffsstammabteilung
Eing. ____ 194
6989
B.-Nr. ____ Anl.

Gericht
des 2. Admirals der Ostseestation
J II 75/40.

Kiel, den 1. Juli 1940.

I. Schr. an das Wehrmachtgefängnis Torgau.
[illegible]
Zusatz: [illegible] vom 10. November 1939 [illegible] J. Nr. 9193/39 vom 18.11.1939.
II. U. m. V. a.) Kommando 1. S. St. A.
b.) 2. A. d. O. [illegible]
zur Kenntnisnahme.
Der Gerichtsherr
[illegible]

[illegible]

36. Sterben *für* den Frieden?

Hermann Stöhr ließ den Skeptiker in dem in der Haft geschriebenen Laienspiel die Frage stellen, ob auch heute noch »der Märtyrer Tod der Same der Kirche« sein könne.[402] Im Sommer 1940 sah es nicht danach aus.

An Stöhrs Todestag verkündeten die Zeitungen Hitlers größten Triumph: Das Diktat eines Waffenstillstands für Frankreich. In Deutschland rechnete man mit einem baldigen Friedensschluß. Jedoch schon tags zuvor – Hermann Stöhr war noch am Leben – hatte sich Hitler mit Admiral Raeder vertraulich über die Möglichkeit einer Landung in England unterhalten. Entsprechend war auch in der Präambel zu den Waffenstillstandsbedingungen von Compiègne der Satz zu lesen: »Der Zweck der deutschen Forderungen ist es, [. . .] die Voraussetzungen zu schaffen für die Gestaltung eines neuen Friedens, dessen wesentlicher Inhalt die Wiedergutmachung des dem Deutschen Reich selbst mit Gewalt angetanen Unrechts sein wird.«[403] Konnte noch ein Zweifel darüber bestehen, daß Hitler niemals einen Verteidigungskrieg, sondern einen Revanche- und Raubkrieg im Sinne hatte?

Die Deutsche Evangelische Kirche stellte solche Überlegungen freilich damals nicht an. In derselben Woche, in der Stöhr zu Grabe getragen wurde, rüstete sie sich zum Beflaggen ihrer Kirchen, zu einem von Hitler angeordneten Läuten der Glocken für sieben Tage und zu Dankgottesdiensten anläßlich des siegreich verlaufenen Frankreichfeldzugs.[404]

Es ist ein geradezu absurder Gedanke, daß in der Berliner St. Johanniskirche im selben Gottesdienst, in dem Hitlers Sieg über Frankreich dankbar gefeiert wurde, in der Fürbitte aller Wahrscheinlichkeit nach auch der Name des in der vorangegangenen Woche auf dem Kirchfriedhof der Gemeinde bestatteten Hermann Stöhr Erwähnung fand. Der Gegensatz zwischen ihm und seiner Kirche wäre dann kaum jemals größer gewesen als in dieser gottesdienstlichen Stunde.[405]

Von zwei Menschen wissen wir, daß ihnen damals Stöhrs Tod zum Nachdenken Anlaß gab und zur Anfechtung wurde. Beide sind einen andern Weg als Stöhr gegangen.

Eberhard Bethge berichtet, als Stöhr von den Militärbehörden 1939 belangt worden war, habe *Dietrich Bonhoeffer* an dessen Schicksal »erschütterten Anteil genommen«.[406] Bonhoeffer hatte sich allerdings zu dieser Zeit bereits für den Weg des Verschwörers entschieden, worin ihm Stöhr niemals hätte folgen können. Und so waren die beiden, die sich

einmal in der Entschlossenheit, kein Soldat Hitlers zu werden, sehr nahe gestanden hatten, in jenen Junitagen 1940 – mindestens den äußeren Umständen nach – so fern wie nie zuvor. Am Tage, da Stöhr an seinen Hinrichtungsort überführt wurde, am 17. Juni, sehen wir Bonhoeffer in einem Kaffeegarten bei Memel mit zum Hitlergruß erhobener Hand stehend das Deutschlandlied singen. Als die Siegesmeldung von Frankreichs Kapitulation aus dem Radio tönte, waren die Menschen in diesem Lokal begeistert auf die Stühle gesprungen und Bonhoeffer – bereits ein Doppelleben führend – riß seinen verdutzten Freund Bethge hoch mit den flüsternden Worten: »Heb den Arm. Jetzt ist nicht mehr die Zeit, bei solchen Trivialitäten zu riskieren, aufzufallen. In Zukunft werden ganz andere Risiken einzugehen sein.«[407]
Auch von *Helmut Gollwitzer*, damals Pfarrer in Dahlem, wo er den im KZ sitzenden Martin Niemöller vertrat, wissen wir, daß ihn »die Nachricht vom Todesweg Stöhrs [. . .] in jenen Monaten unablässig beschäftigt« hat. Gollwitzer ist dann dennoch der für ihn anstehenden Einberufung zum Kriegsdienst gefolgt in der Hoffnung, als Sanitätssoldat von der Waffe keinen Gebrauch machen zu müssen. »Den Ausschlag gab die Empfindung des Mangels an Gewißheit«, so Gollwitzer rückblickend, »daß dieser Weg mit seinen Konsequenzen der von mir geforderte und nicht ein eigenmächtiger gewählter sei.«[408]
Im Gegensatz dazu hatte Stöhr, wofür seine Briefe ein beredtes Zeugnis sind, den eindeutigen Ruf zu dem von ihm gewählten konsequenten Weg der Nachfolge vernommen. Darin blieb er jedoch allein. So muß die Frage nach der Frucht seines Opfers für die Zeit des Dritten Reiches offen bleiben. Nicht nur, daß Landesbischof Marahrens die erbetene Unterstützung des Gnadengesuchs für Stöhr mit Gründen verweigert hatte[409]; auch die Bekennende Kirche der altpreußischen Union hatte Distanz zu Stöhr gehalten. Jedenfalls hatte sie keine Veranlassung gesehen, den Namen des inhaftierten Hermann Stöhr auf ihre Fürbittelisten zu setzen.[410]

Zum »neuen Anfang«, zu dem die Evangelische Kirche sich 1945 in der Stuttgarter Schulderklärung bekannt hat, gehört es darum wohl auch, daß die heute Älteren ihre Mitschuld erkennen und Alte wie Junge den Anruf aus Stöhrs Glaubenszeugnis vernehmen, so daß »der Geist der Gewalt und der Vergeltung, der heute von neuem mächtig werden will, in aller Welt gesteuert werde und der Geist des Friedens und der Liebe zur Herrschaft komme, in dem allein die gequälte Menschheit Genesung finden kann« (Stuttgarter Schulderklärung).[411]

Anmerkungen

Anmerkungen zur Einleitung

1 Die im Jahre 1981 im Auftrag der Evangelischen Kirche in Deutschland für den Reichstag in Berlin erstellte Ausstellung ist dokumentiert in: Eberhard Röhm/ Jörg Thierfelder, Evangelische Kirche zwischen Kreuz und Hakenkreuz, 1982, 2. A.
Beratend wirkten bei der Ausstellungsplanung aus der Evang. Arbeitsgemeinschaft für kirchliche Zeitgeschichte mit: Ltd. Archivdirektor Dr. Heinz Boberach, Bundesarchiv Koblenz; Prof. Dr. Georg Kretschmar, Universität München, Dr. Carsten Nicolaisen, Universität München; Prof. Dr. Klaus Scholder, Universität Tübingen; Archivdirektor Dr. Hartmut Sander, Evangelisches Zentralarchiv in Berlin.
2 Bethge (1982); vgl. unten Kap. 22
3 Oehme, 72–79. Zur Definition des »Kriegsdienstverweigerers« vgl. unten Anm. 45.
4 Daur
5 Einen entsprechenden Hinweis verdanke ich Ltd. Archivdirektor im Bundesarchiv Dr. Heinz Boberach.

Anmerkungen zu Kapitel 1

6 Gollwitzer (1951), 353 ff.
7 Es handelt sich um eine Namensverwechslung. Tatsächlich starb dessen Bruder Herbert den Seemannstod. (Auskunft der Tochter von Alfred Stöhr, Frau Jutta Sporleder)
8 Die Briefe werden zitiert nach Daur; 6–8: auch dort finden sich nur Auszüge, allerdings wesentlich umfangreichere als bei Gollwitzer. Die Originale der Briefe waren nicht mehr aufzufinden.

Anmerkungen zu Kapitel 2

9 Erich Gramm, Eine Begegnung des »III. Reiches« mit dem Versöhnungsbund. EZA: IFoR 280 a
10 Sterberegister der Evang. St. Johannis-Kirchengemeinde in Berlin-Tiergarten, Jahrgang 1940, lfd. Nr. 641
11 Wenn nicht anders angegeben verdanke ich die Angaben über die Familie Stöhr Frau Ilse Dachmann und Frau Marie Stresow
12 vgl. oben Kap. 1
13 Die Eiche Jg. 11(1923), 81. Vgl. unten Kap. 32 und Anm. 384
14 Das Evang. Deutschland Jg. 8 (1931), 344; AELKZ Jg. 64 (1931), Sp 1003, zit. nach Nowak, 203
15 Vgl. unten Kap. 8; Bornemann, 118
16 Poelchau (1949), 8 ff.; Poelchau, Ansprache bei der Gedächtnisfeier am 21. 6. 1947 für Hermann Stöhr. In: Daur, 13 ff.

17 Die Angaben von Vera Brittain (The rebel Passion, S. 136), daß Harald Poelchau die Beerdigung gehalten hat, beruht wohl auf einem Mißverständnis. In ihrer Quelle, Erich Gramms Bericht (vgl. oben Anm. 9), heißt es ausdrücklich: »Ein Geistlicher, den ich nicht kannte . . .«. Poelchau wäre als Versöhnungsbundmitglied Gramm bekannt gewesen. Nach dem Sterberegister (vgl. Anm. 10) hielt Pfarrer Marbach die Beerdigung. Rätselhaft bleibt, warum Poelchau nicht bei der Bestattung anwesend war.

18 wie Anm. 9) und Oehme, 67 f., sowie Schr. Dr. Hildemarie Streich v. 25. 6. 1985

Anmerkungen zu Kapitel 3

19 Poelchau (1949), 12

20 Daur, 14

21 Schriftwechsel mit der Behörde in Kopie beim Verfasser.
Die Frage sei erlaubt, wie es hat dazu kommen können, daß ein solches Denkmal (und das war es, wenn auch künstlerisch unbedeutend) aus der Frühzeit der evangelischen Friedensbewegung – unbemerkt von deren vielen heutigen Anhängern – fast über Nacht hat eingeebnet werden können. Das Handeln der Behörden war so korrekt wie banal. Die Entdeckung dieses Vorgangs gab für den Verfasser den Anstoß, die noch vorhandenen schriftlichen Zeugnisse als Male des Erinnerns zu sammeln und zu veröffentlichen.

22 Daur

Anmerkungen zu Kapitel 4

23 Daur, 4

24 Quellen für die Lebensbeschreibung sind, wenn nicht anders erwähnt: Lebenslauf in der Rostocker Inaugural-Dissertation, 177; Personalakte Hermann Stöhr, in: ADW, CA, Nr. 1448; UA Stöhr: Verkürzter Auszug aus der Stammrolle; Auskünfte von Frau Maria Stresow. Belege im einzelnen finden sich in den folgenden Kapiteln.

25 Brief des Bruders Bankrat Alfred Stöhr an das Gericht des Admirals der 2. Ostseestation v. 8. 10. 1939. UA Stöhr, Bl. 42

25a Gerhard Strathenwerth, Vaterland und Reich. In: Mitteilungen zur Förderung einer deutschen christlichen Studentenbewegung Nr. 282, (15. 7. 1922), 74–76. Hermann Stöhr, Reich Gottes oder Reich der Welt. In: Mitteilungen zur Förderung . . . Nr. 287 (15. 1. 1923), 58 f.
Vgl. auch Kupisch, 163. Es muß offen bleiben, wie früh Stöhrs innere Wende anzusetzen ist. Sein Jugendfreund Klütz schrieb im Oktober 1939 an das Kriegsgericht: »Als der Genannte [sc. Stöhr] nach Kriegsende in die Heimat zurückkehrte, war er ein völlig anderer geworden, bzw. wurde er dies in jenen ersten Nachkriegsjahren.« (Brief von G. Klütz v. 2. 10. 1939. UA Stöhr, Bl. 30; vgl. Kap. 30)
Vgl. auch Stöhrs spätere Auseinandersetzung mit der DCSV unten Kap. 7 und Anm. 70

26 Document Center, Berlin; den Hinweis verdanke ich Frau Gertraude Geiss

27 Schr. von Frau Dr. Hildemarie Streich geb. Peter an den Verfasser v. 25. 6. 1985

28 Siegmund-Schultze (1966), 34 A. 20; derselbe (1962), 24; Hermann Erbacher, Zeitschriften-Verzeichnis theologischer Bibliotheken, Neustadt an der Aisch 1980, Nr. 56

29 vgl. die Bibliographie von Hermann Stöhr im Literaturverzeichnis, sowie die Besprechung einzelner Bücher in den folgenden Kapiteln.

Anmerkungen zu Kapitel 5

30 Zu Siegmund-Schultzes Tätigkeit vgl. Conway, Delfs und Bornemann; zum folgenden besonders Bornemann, 15f.

31 Zeugnis von Siegmund-Schultze für Stöhr vom 1. 5. 1925: EZA: EOK Gen I Nr. 6 Bd. III

32 Fünfter Rundbrief an die deutschen Teilnehmer des Weltkirchenkongresses in Prag vom 17. 8. 1928. EZA: ÖA D X b 2

33 Stöhr (1930), 5f.

34 Schr. Siegmund-Schultzes an Stöhr v. 5. 6. 1935. EZA: ÖA S III a; Schr. Stöhrs an Siegmund-Schultze v. 12. 5. 1939 und Schreiben Siegmund-Schultzes an Stöhr v. 26. 8. 1939. EZA: ÖA S III c

35 wie Anm. 31); der Arbeitsausschuß des Deutschen Versöhnungsbundes hat in seiner Sitzung am 24. 7. 1924 in Königsfeld die Arbeit Stöhrs als Hilfssekretär in Berlin bestätigt. Die Eiche Jg. 12 (1924), 596

36 Die Eiche Jg. 12 (1924), 267ff., 435f.; Die Eiche Jg. 13 (1925), 207f.

37 Deutscher Versöhnungsbund: Bericht über die Arbeit für 1925. S. 1, EZA: ÖA J III b 2.
Siegmund-Schultze sprach in einem nach dem Krieg abgefaßten Bericht von 195 Mitgliedern zu Beginn des Jahres 1926, wozu etwa die dreifache Zahl jüngerer Gesinnungsgenossen kam. (Handschriftl. Manuskript. EZA: 626/Kasten 44)

38 Hermann Stöhr, Versöhnung oder Trotz? In: Junge Gemeinde. Jg. 1924, 8. Mai 1924, Blatt 19
Soweit sich das sagen läßt, stand der Kreis um Siegmund-Schultze politisch weitgehend dem »Christlichen Volksdienst« nahe. So war der im Deutschen Zweig des Weltbundes führende D. Friedrich A. Spieker gleichzeitig 1. Vorsitzender des Christlich-sozialen Volksdienstes in Berlin, der Mark Brandenburg und der Grenzmark. Siegmund-Schultze vertrat für sich den Standpunkt parteipolitischer Neutralität. Dies schloß nicht aus, daß er 1931 dem Reichsvorstand des Christlich-Sozialen Volksdienstes mit beratender Stimme beitrat. Sowohl Siegmund-Schultze als auch Stöhr tauchen als Referenten auf dem Programm für einen »Politischen Kursus des Christlichen Volksdienstes« im November 1928 auf, einer Veranstaltung, die eindeutig als Werbeveranstaltung für die Partei ausgewiesen war.
(Anfrage des CSV v. 21. 1. 1931 und Antwort Siegmund-Schultzes vom 27. 1. 1931, Einladung des CSV zum »Politischen Kursus« von November 1928 bis April 1929. EZA: 626/II–26,8)

39 Stöhr (1930), 69

40 Böhme

41 Siegmund-Schultze (1962), 28f.

42 Die Eiche Jg. 12 (1924), 596

43 Donat: Artikel »Deutsches Friedenskartell«

44 Die Eiche Jg. 13 (1925), 102.
Auf einer in den Akten des Deutschen Evangelischen Kirchenbundesamtes liegenden gedruckten Einladung des DFK zum 23. Weltfriedenskongreß ist folgende, von Präsident Kapler veranlaßte Randnotiz zu finden: »Bln. Charlottenb., 12. Sept. 1924. Mit Rücksicht auf den unpersönlichen Charakter der Einladung zu den Akten. Der Präsident.«

45 Als radikale Kriegsdienstverweigerung kann man verstehen »die in friedlicher Weise und offen demonstrierte persönliche Weigerung, der Aufforderung einer Obrigkeit Folge zu leisten, wenn diese verlangt, militärische Handlungen oder eindeutig die Kriegführung begünstigende Handlungen (wie z. B. Tätigkeit in der Rüstungsindustrie) auszuführen oder sich hierfür ausbilden zu lassen.« (Hartmann, 2) Davon zu unterscheiden sind gewaltsamer Widerstand, Desertion, Überlaufen zu einer gegnerischen Armee oder Emigration zur Vermeidung einer Einberufung. In all diesen Fällen kann der Standpunkt radikaler Kriegsdienstverweigerung durchaus die tiefere Ursache der Handlung gewesen sein. Da dies aber meist nicht »aktenkundig« geworden ist wie z. B. in einem Verweigerungsprozeß, lassen sich in diesen Fällen selten eindeutige Feststellungen treffen.
Nicht von radikaler Kriegsdienstverweigerung kann man m. E. sprechen, wenn die Bereitschaft zum waffenlosen Dienst im Heer vorliegt. Einen Kompromißweg stellt der Fall der Kriegsdienstverweigerung bei Bereitschaft zum Sanitätsdienst dar. Da in den meisten Ländern, in denen dieser Weg angeboten wird, damit gleichzeitig die Ausbildung an der Waffe verbunden ist, in der Erwartung, im Notfall davon Gebrauch zu machen, legt sich für radikale Kriegsdienstverweigerer die Ablehnung dieser Möglichkeit nahe.

46 Paul Freiherr von Schoenaich (1866–1954) schied im Juli 1919 aus der Reichswehr aus und wurde radikaler Pazifist. Ab 1929 leitete er zusammen mit F. Küster die DFG. (Donat, 339 f.)

Anmerkungen zu Kapitel 6

47 Rouse-Neill Bd. 2, 140 ff.
48 Conway; Delfs, bes. 15 f.
49 Rouse-Neill Bd. 2, 141
50 Stöhr (1930), 52
51 G. Kauffmann/A. Hinderer, Handbuch der Evang. Presse, 1929, 236
52 Rouse-Neill Bd. 2, 137 ff.; Steege, 124 ff.; Schweitzer
53 Bornemann, 55
54 Rouse-Neill Bd. 2, 164–169; Besier (1982), 111–125; Die Eiche Jg. 7 (1919), 138–151
55 Rouse-Neill Bd. 2, 165
56 Besier (1982), 122 A. 32
57 Besier (1982), 124 A. 39
58 Besier (1982), 116 A. 16

Anmerkungen zu Kapitel 7

59 Donat, 200 f.
60 John Nevin Sayre, Siegmund-Schultze. In: Delfs, 95
61 Siegmund-Schultze, Von den Anfängen ... In: Gressel, (1964), 20
62 Gressel (1972), 59
63 Stöhr (1930), 63 f.
64 Gressel (1964), 54
65 Stöhr (1930), 64; zur Anerkennung von Kriegsdienstverweigerern in verschiedenen Ländern während und nach dem Ersten Weltkrieg vgl. unten Kap. 20
66 Siegmund-Schultze (1962), 19 f.
67 Stöhr (1930), 65
68 Louise Nestler: Waldus Nestler (Mskr.), 5. In: EZA: IfoR 280 a

69 privates Schr. Stöhrs an Dr. Joachim Müller, DCSV, v. 11. 11. 1924. EZA: 51/I IV c 61
70 Schr. Siegmund-Schultzes an Generalsekretär Pastor Hermann Weber v. 19. 12. 1924. EZA: 51/I IV c 61
71 Kobe, 87–89
72 Die Eiche Jg. 16 (1928), 178 ff.
73 Delfs, 89
74 Siegmund-Schultze (1962), 19
75 Gressel. In: Donat, 200
76 Boyens (1969) Bd. 1, 205; vgl. auch unten Kap. 31

Anmerkungen zu Kapitel 8

77 Conway, 236 ff.
78 Utermann, 319
79 Nachrichten aus der Sozialen Arbeitsgemeinschaft Nr. 8/1916; zitiert nach Gramm, 85
80 Das folgende nach Gramm, 84–118
81 Schrey, 256
82 Bericht (maschschr.) von Siegmund-Schultze über den Überfall. EZA: 626/ Kasten 27
83 Siegmund-Schultze (1962), 8 ff.; Maas, 260; Conway, 232
84 Gramm, 117 f.
85 a. a. O., 118

Anmerkungen zu Kapitel 9

86 Holl (1976), 366
87 Donat 86 (Artikel »Deutsches Friedenskartell«, R. Lütgemeier-Davin); auch für das folgende wurden die entsprechenden Stichwortartikel bei Donat herangezogen.
88 Gaede nennt als Organe, die der Friedensarbeit verpflichtet waren: Die christliche Welt (Hg. Martin Rade), Auflage 3000; Die Eiche (Hg. Friedrich Siegmund-Schultze), Auflage 2000; Sonntagsblatt des arbeitenden Volkes – Der religiöse Sozialist (Schriftleiter: Erwin Eckert, später Gotthilf Schenkel), Auflage 3000. Diesen standen gegenüber die nationalkonservativen Kirchenzeitungen und die konservativ gestimmte Sonntagspresse mit einer Auflage von 2 Millionen Exemplaren.
Ähnliche Zahlenverhältnisse ergeben sich, wenn man die Gruppen, die sich im Friedenskartell zusammengeschlossen hatten, mit den wehrfreudigen Verbänden vergleicht. Die zahlenmäßig stärkste Gruppe auf seiten des Nationalprotestantismus war der Evangelische Bund zur Wahrung protestantischer Interessen, der schon 1920 510 000 Mitglieder zählte, die in 40 Hauptvereinen und 3300 Zweigvereinen organisiert waren. Der Evangelische Bund war der Vereinigung Vaterländischer Verbände (VVV) angeschlossen, der außerdem der Stahlhelm, der Reichsbund Schwarz-Weiß-Rot, der Werwolf, der Nationalverband deutscher Offiziere und andere angehörten. (Gaede, 1976, 416 f.)
89 Holl (1981); dort besonders die beiden Beiträge von W. Wette; vgl. zur Definition des radikalen Kriegsdienstverweigerers oben Anmerkung 45.
90 Dibelius, 127–138
91 Hahnenfeld 109 ff.; vgl. auch unten Kap. 20

92 Die Eiche Jg. 17 (1929) Heft 3; zit. nach Gressel (1964), 60 f.
93 Nowak, 190
94 Dibelius, 181
95 a. a. O., 198–201

Anmerkungen zu Kapitel 10

96 Die Eiche Jg. 11 (1923), 208
97 Louise Nestler, Waldus Nestler (Mskr.), 4. EZA: IfoR 280 a
98 vgl. u. a. unten Kap. 13
99 Handschriftl. Manuskript von Siegmund-Schultze »Dr. Stöhr«, 3. EZA: 626/ Kasten 44
100 Schreiben Stöhrs vom 17. 12. 1925, EZA: EOK Gen I Nr. 6 Bd. III
101 Zeugnis von Siegmund-Schultze vom 1. 5. 1925. EZA: EOK Gen I Nr. 6 Bd. III
102 Schreiben Söderbloms an Siegmund-Schultze v. 25. 5. 1925. In: Siegmund-Schultze (1966), 80 ff.
103 wie Anm. 101
104 EZA: EOK Gen I Nr. 6, Bd. III

Anmerkungen zu Kapitel 11

105 H. Stöhr (1930), 11–15
106 H. Stöhr. In: Die Christliche Welt, Jg. (1929), Nr. 21, Sp. 1043 ff.; vgl auch unten Kap. 13
107 R. Rouse/S. Neill (1958), 186; F. Siegmund-Schultze (1966), 80
108 Die Eiche Jg. 13 (1925), 370; vgl. zum Ganzen Besier (1982), 206 ff.
109 Die Eiche Jg. 13 (1925), 372
110 Die Eiche Jg. 12 (1924), 565 f.; vgl. zum Ganzen Besier (1982), 195 ff., bes. 198
111 Delfs (1972), 121; in der Ahnung, welchen Sprengstoff allein schon das Wort »Frieden« für die deutschen Delegationsmitglieder enthalten würde, hatte Siegmund-Schultze noch vor der Konferenz seine Themaformulierung abgemildert: »Die Pflicht der Christen, in der gegenwärtigen Zeit opfernde Liebe für die Erlösung und Heilung des nationalen und internationalen Lebens zu weihen.« Im Programm war dann eine kürzere Fassung ausgedruckt, sie lautete: »Erziehung zur brüderlichen Besinnung im eigenen Volk und unter den Völkern.« Siegmund-Schultze (1966), 79. 97 f.; Die Eiche Jg. 13 (1925), 349 ff.; 367 ff.; vgl. auch Besier (1982), 211 f.
112 Deißmann (1926), 458–460; vgl. auch Besier (1982), 210
113 B. Sundkler, Nathan Söderblom, 98; nach: Besier (1982), 212
114 Siegmund-Schultze (1966), 98
115 Niederschrift der Verhandlungen des DEKA vom 4./5. März 1926, EZA: EKD A 2/23, Bl. 104 ff.; vgl. auch Besier (1982), 215 f. A. 33
116 Besier (1982), 251
117 wie 115
Nachdem das Verhältnis zwischen Kirchenbund und Deutschem Weltbund sich immer mehr abgekühlt hatte – Siegmund-Schultze wurde von Kapler nicht einmal mehr empfangen – gab Siegmund-Schultze das Amt des Schriftführers der Deutschen Vereinigung des Weltbundes auf. Kapler gab in diesem Zusammenhang in einer Sitzung des DEKA am 14./15. 3. 1929 folgendes zu Protokoll: »Der Weltbund zeigt in erheblichem Maße das Gepräge eines Pazifismus, den wir mitzumachen Bedenken tragen müssen. Das liegt aber an den leitenden

Persönlichkeiten, und ich erhoffe mir eine Wendung von dem bevorstehenden Wechsel der Führung.« EZA: A 2/25, S. 333; Besier (1982), 251

118 Die Eiche Jg. 13 (1925), 350

119 Unter den 600 Delegierten in Stockholm gab es allerdings noch keine zehn Frauen.

120 Deißmann (1926), 686

121 Dibelius (1930), 176

Anmerkungen zu Kapitel 12

122 In einem Schreiben von Direktor Kammel, Posen, an den CA vom 21. 1. 1929 wird Dr. Spieker als »Protektor« von H. Stöhr genannt. ADW, CA 600 a Bd. I

123 Steinweg, 83

124 Helmut Talazko: Das Paulinum. In: Th. Schober, Gesellschaft als Wirkungsfeld der Diakonie, 1981, 53 f.; den Hinweis verdanke ich dem Autor.

125 Stöhr (1928)

126 Stöhr (1930), 18 f.

127 a. a. O., 19 f.

128 Vgl. Kursbeschreibung mit Lehrplänen der Nachschulungskurse für männliche Wohlfahrtspfleger an der Wohlfahrtsschule des Evang. Johannesstiftes Berlin Spandau und die einschlägige Korrespondenz. In: ADW, CA 946 A I.
Ich verdanke den Hinweis auf den ganzen Vorgang Herrn Dr. Helmut Talazko, dem Leiter des Archivs des Diakonischen Werks in Berlin.

129 Personalbogen Dr. Hermann Stöhr. ADW, CA, Nr. 1448; die Monatszulage als Geschäftsführer betrug 100 Mark. ADW, CA 946 B

130 Steinweg (1959), 83;
Die Erinnerungen Steinwegs nach 30 Jahren sind von den Akten her in mehreren Punkten zu korrigieren: Steinweg schreibt: »Nach einigen Jahren ist er [sc. Stöhr] wieder aus dem CA ausgeschieden, um eine hauptamtliche Arbeit im Versöhnungsbund zu übernehmen.« Stöhr war nicht mehrere Jahre, sondern nur knapp zwei Jahre in der Wohlfahrtsabteilung bei Steinweg beschäftigt. Stöhr war *vor* seiner Tätigkeit beim Centralausschuß hauptamtlich beim Versöhnungsbund beschäftigt und nicht *nach* dem – vermutlich – zwangsweisen Ausscheiden bei der Inneren Mission. Steinweg nimmt an, Stöhr sei erschossen worden. Er wurde enthauptet.

131 Vgl. Kap. 13

Anmerkungen zu Kapitel 13

132 Zur Geschichte der deutschen Polenpolitik vgl. Martin Broszat, 200 Jahre deutsche Polenpolitik, 1963; Gotthold Rhode, Geschichte Polens, ^{3}1980.
Zur Geschichte der evangelischen Kirche in Polen seit 1918 vgl. Gürtler (1958), Gaede (1976), Gastpary (1978), Karski (1978), Besier (1983); Kleindienst/Wagner; dort jeweils weitere Literatur.
Den Hinweis auf wichtige Quellen und Literatur für dieses Kapitel verdanke ich Pfarrer Bernhard Krebs, Berlin.

133 Briefwechsel Pfarrer Kammel mit Direktor Steinweg vom CA August/Oktober 1928. ADW, CA 600 a Bd. I

134 Nach dem Wiener Kongreß 1815 wurde eine preußische Provinz Westpreußen gebildet. Posen wurde preußisches Großherzogtum, ab 1830 ebenfalls preußische Provinz. In den beiden Provinzen war seit 1873 Deutsch alleinige Unter-

richtssprache, ab 1876 auch alleinige Amtssprache. Seit 1898 waren alle Staatsbeamten zur »Förderung des Deutschtums« verpflichtet. (Besier, 1983, 11)

135 Es waren dies die *»Evangelisch-Augsburgische Kirche in der Republik Polen«* mit Sitz in Warschau unter Leitung von Generalsuperintendent Julius Bursche (1927 = 500 000 Mitglieder); die *»Unierte evangelische Kirche in Polen«* mit Sitz in Posen unter Leitung von Generalsuperintendent Paul Blau (1919 = 1,1 Mio., 1925 noch = 308 500 Mitglieder); die *»Unierte evangelische Kirche in Polnisch-Oberschlesien«* mit Sitz in Kattowitz (1919 = 60 000, 1929 = 40 000 Mitglieder); die *»Evangelische Kirche Augsburgischen und Helvetischen Bekenntnisses in Polen«* unter Präsident D. Zöckler, Stanislaus, hauptsächlich um Lodz (Galizien) angesiedelt (1919 = 40 000, 1930 = 34 000 Mitglieder); die *»Evangelisch-Lutherische Kirche in Westpolen«* (1919 = 10 000, 1936 = 3000 Mitglieder); die beiden *»Evangelisch-reformierten Kirchen«* in Warschau und in Wilna (mit je etwa 10 000 Mitgliedern) Quelle: Karski (1978); vgl. auch Besier (1983) 34 f. und neuerdings Kleindienst/Wagner (mit Karte zu den evangelischen Kirchen in der Republik Polen 1918–1939)

136 Karski, 46, 48

137 a. a. O. und Kleindienst/Wagner, 136–146

138 Gastpary, 43; Karski, 49 f.; Waltsgott, 58 ff.

139 H. Stöhr, Zur Lage der Posener Deutschen. In: Die Christliche Welt Jg. 1929, Nr. 21, 1043 f.–1046; nach Art. 114 und 115 der Verfassung des polnischen Staates vom März 1921 nahm »das römisch-katholische Bekenntnis im Staat eine Hauptstellung unter den gleichberechtigten Religionen ein«. »Die Kirchen der religiösen Minderheiten regieren sich durch eigene Gesetze, deren Anerkennung der Staat nicht abschlagen wird, sofern sie nicht Bestimmungen enthalten, welche dem Recht zuwider sind.« (Besier, 1983, 15)

140 Christliche Welt, a. a. O., 1044

141 Hermann Stöhr, Zum Kampf des Evangeliums in Polen. In: Mut und Kraft, Juni 1929, 3

142 Schr. Kammels an Steinweg v. 25. 8. 1928; ADW, CA 600 a Bd. I

143 Schr. Kammels an Stöhr v. 18. 9. 1928; ADW, CA 600 a Bd I

144 Schr. Stöhrs v. 1. 10. und Kammels v. 4. 10. 1928; ADW, CA 600 a Bd I

145 Evangelisches Kirchenblatt Posen, Oktober 1928, 8 ff.; Nov. 1929, 47 f.; Januar 1930, 100 ff.

146 Evangelisches Kirchenblatt, Posen, Oktober 1928, 10

147 Mut und Kraft Jg. 6 (1929), 2
Ludolf Müller gehörte während des Dritten Reiches zu den führenden Männern der Bekennenden Kirche: Er gehörte dem ersten Bruderrat des Pfarrernotbundes und dem späteren Reichsbruderrat der Bekennenden Kirche an. Er war Vorsitzender des provinzialsächsischen Bruderrats der BK und schließlich von 1946 bis 1955 Bischof der Evang. Kirche der Provinz Sachsen. (Meier Bd. 1, 121, 276, 304 f.; Bd. 2, 211 ff.) Bezeichnend ist der Titel einer von Müller 1925 verfaßten Schrift: »Die unierte evangelische Kirche in Posen-Westpreußen unter der polnischen Gewaltherrschaft« (Beihefte der Zeitschrift: »Die evangelische Diaspora« Nr. 10)

148 »Mut und Kraft« Jg. 6 (1929), 5

149 »Die Christliche Welt« Jg. 44 (1930) Nr. 3, Sp. 132

150 »Die Christliche Welt«, Jg. 43 (1929), 1045
Der volle Wortlaut von Ziffer I,3 der Botschaft von Stockholm ist: »Wir bekennen vor Gott und der Welt die Sünden und Versäumnisse, deren die Kirche sich durch Mangel an Liebe und mitfühlendem Verständnis schuldig gemacht hat.

Menschen, die mit Ernst nach Wahrheit und Gerechtigkeit trachteten, haben sich von Christus ferngehalten, weil seine Nachfolger ihn vor der Menschheit so unvollkommen vertreten haben. Der Ruf der gegenwärtigen Stunde an die Kirche muß deshalb ein Bußruf sein und doch auch ein Ruf zu einem freudigen Neuanfang aus der unerschöpflichen Kraftquelle Jesus Christus.« (Deißmann, (1926), 685)

151 Ev. Kirchenblatt, Posen, Januar 1930, 103

152 »Mut und Kraft« Nr. 9, (1929) 3f.

153 Kirchenkanzlei der EKD (Hg.): Die Denkschriften der Evang. Kirche in Deutschland, Band 1/1 (GTB 413), 1978, 77ff.

154 »Mut und Kraft«, 1929, Nr. 9, 4

Anmerkungen zu Kapitel 13

155 Schr. Kammels an den CA für Innere Mission Berlin-Dahlem v. 21. 1. 1929. ADW, CA 600a Bd. I

156 Schr. von Konsistorialrat Ulrich v. 20. 10. 1933. EZA: EOK Gen V Nr. 72, Bd. XIII; vgl. auch unten Kap. 18.

157 Schr. von Pastor G. Klütz, Krüppelanstalt Züllchow i. Pom., v. 2. 10. 1939 an das Kriegsgericht in Kiel. UA Stöhr, Bl. 30; vgl. auch unten Kap. 30.

Anmerkungen zu Kapitel 14

158 Schreiben Prof. Seeberg an die Notgemeinschaft Deutscher Wissenschaft vom 6. 12. 1928. ADW, CA, Nr. 1448

159 Schr. des CA an Stöhr vom 20. 6. 1930. ADW, CA, Nr. 1448; ein Schreiben Stöhrs an den EOK Berlin ist datiert: »Stettin, 1. Nov. 1930«. EZA: EOK Gen. II Nr. 39, Bd. IV

160 Stöhr (1922); Stöhr (1936), 5f.

161 Stöhr (1936), 15

162 Röhm/Thierfelder, 12f.

163 Schr. Stöhrs an Dr. Alfred Peter, Berlin, vom Jahre 1932. (Kopie im Besitz des Vf.)

164 Am 13. 2. 1936 schrieb Superintendent Diestel, der geschäftsführende Vorsitzende der deutschen Vereinigung des Weltbundes für internationale Freundschaftsarbeit der Kirchen an Siegmund-Schultze in Zürich: »Dr. Hermann Stöhr war dieser Tage bei mir. Er will jetzt einen Ökumenischen Verlag gründen. Ein mutiger Mann! Auf seiner kleinen Schrift über »die christlichen Einigungsbewegungen« ist der Verlag von Paul Müller, München, mit einem ziemlich großem Restbestand sitzen geblieben. Das sollte eigentlich ihm eine Warnung sein, aber er meint, wenn viele Studienkreise eingerichtet werden, könnte an einem Ökumenischen Verlag etwas verdient werden. Woher er die Gelder dazu nehmen will, weiß ich nicht.«

Siegmund-Schultze, der von seinem Schweizer Exil aus mit Diestel über die Vorbereitung der Weltkirchenkonferenz in Oxford korrespondierte, erinnerte sich in seinem Antwortschreiben an seinen früheren Mitarbeiter Stöhr und empfahl, diesen mit der Erstellung einer geplanten »ökumenischen Bibliographie« zu betrauen, die dann aber doch nicht zustande kam. (Schr. Diestels v. 13. 2. 1936 und Schr. Siegmund-Schultzes v. 30. 3. 1936: EZA: 51/D III n 1)

Stöhr selbst richtete am 18. 8. 1936 an den Vorsitzenden des Reichskirchenausschusses, Generalsuperintendent i. R. Zoellner, die Bitte, ihn zu unterstützen: »Mit meinem Verlag habe ich die Absicht, der Vorbereitung der bevorstehenden

Weltkirchenkonferenzen zu dienen. Diese Verlagsarbeit ist jedoch dadurch gehemmt, daß mir lediglich der Verkauf der erschienenen Bücher gestattet ist. Mein Antrag zwecks Aufnahme in die Reichsschrifttumskammer, der seit Oktober 1935 läuft und am 23. Juli 1936 erneut gestellt ist, hat noch keine Genehmigung gefunden. Sollte es Ihnen möglich sein, etwas zur Sicherstellung dieser kirchlichen Arbeit zu tun, wäre ich Ihnen dankbar.«
(Schr. Stöhrs v. 18. 8. 1936. EZA: –)
Der damals 77jährige Zoellner hatte in den Richtungskämpfen um die rechtmäßige Vertretung des deutschen Protestantismus bei ökumenischen Konferenzen – die Extreme hießen: Bischof Heckel vom Kirchlichen Außenamt einerseits und die 2. VKL andrerseits – allen Grund, gegenüber der Bitte von Stöhr zum damaligen Zeitpunkt vorsichtig zu sein. Vermutlich hat Stöhr nie eine Antwort erhalten. Der Vermerk eines Sachbearbeiters besagt: »Eine Empfehlung kann m. E. nicht gegeben werden, solange nicht völlige Klarheit über die Ziele des Verlages und über die Persönlichkeit des Herausgebers besteht.«
Zu Zoellner vgl. Boyens (1969), 131 ff., und neuerdings Werner Philipps, Wilhelm Zoellner, Bielefeld 1985, 149 ff.
(Den Hinweis auf den Briefwechsel Diestel – Siegmund-Schultze und das Schreiben Stöhrs an Zoellner verdanke ich Frau Gertraude Geiß.)

165 Jürgen W. Winterhager hat im Winter 1934/35 sich beim Präsidenten des Weltbunds für Freundschaftsarbeit der Kirchen, Bischof Bell von Chichester, für eine Unterstützung Stöhrs verwendet. Ob dies Erfolg hatte, ist nicht bekannt. (Auskunft von Prof. Dr. J. W. Winterhager am 27. 3. und 2. 4. 1985)

166 Stöhr (1930), 5 f.

Anmerkungen zu Kapitel 15

167 Adolf Hitler, Mein Kampf, 714 f.;
vgl. auch und zum folgenden Bullock, 293 ff.

168 Adolf Hitler, Mein Kampf, 738 f.

169 Müller, 141

170 Völkischer Beobachter 23. 9. 1928; zitiert nach: Bullock, 125

171 Richtlinien der Deutschen Christen vom Mai 1932. In: KJB 14 f.

172 Röhm/Thierfelder, 36 f. Ein Zeichen dafür, wie werbewirksam ein solcher Satz damals eingeschätzt wurde, ist die Tatsache, daß die Gestapo das Blatt erst zur Veröffentlichung freigab, nachdem speziell auch dieser Text geschwärzt war. (vgl. die Abbildung a. a. O.)

Anmerkungen zu Kapitel 16

173 Schreiben Stöhrs an den Präsidenten des EOK Berlin v. 27. 5. 1933. EZA: EOK Gen. XVIII, Nr. 27

174 Schnellbrief des Preußischen Ministers für Wissenschaft, Kunst und Volksbildung v. 22. 5. 1933 und Brief des Präsidenten des DEKA v. 22. 5. 1933. EZA: EOK Gen. XVIII, Nr. 27 Bd. 1

175 Röhm/Thierfelder, 21 ff.

176 Scholder, 416 ff.

177 Schr. des Preuß. Ministers f. Wissenschaft, Kunst und Volksbildung v. 22. Mai 1933, s. Anm. 174;
Nachdem der Reichspräsident auf Vorschlag Hitlers am 11. 4. 1933 in vorläufiger Weise die schwarz-weiß-rote Flagge und die Hakenkreuzflagge zu Hoheits-

zeichen des Reiches erklärt hatte, wurde gelegentlich im Kirchenkampf die vom DEKA am 9. 12. 1926 eingeführte Kirchenbundfahne (violettes Kreuz auf weißem Grund) zu einem Art Erkennungszeichen für die Bekennende Kirche. Die Nationalsynode vom 9. 8. 1934 verabschiedete freilich mit den Stimmen Bayerns, Württembergs und Hannovers das »Kirchengesetz über die Beflaggung von Kirchen und kirchlichen Gebäuden«, nach dem die Kirchen nur noch mit den Fahnen des Reiches und des Landes zu flaggen waren. (Gesetzblatt DEK 1934, Nr. 31, S. 44, Gauger Bd. 2, 280)

178 Licht und Leben, Jg. 45 (1933), 345

179 Nach Josephus, Antiquitates 20, 97 ist Theudas unter dem Prokurator Fadus zwischen 44 und 46 aufgetreten und enthauptet worden. Demnach hätte sich Jesus nicht auf ihn als »Märtyrer« beziehen können. Siehe Kommentare z. St. Acta 5, 36

180 Brockhaus Enzyklopädie Bd. 3, 651

181 Brockhaus Enzyklopädie zu Horst Wessel; Joachim C. Fest, Hitler, Bd. 2, 1973, 552.
Die Geschichte überbietet gelegentlich mit der ihr eigenen Ironie die kühnsten Phantasien: 1937 wollte der deutschchristliche Landesbischof von Bremen, Heinz Weidemann, eine neu erbaute evangelische Kirche tatsächlich nach Horst Wessel benennen. Es scheiterte dann schließlich am Widerstand der Partei und staatlicher Stellen. (K. Meier, Bd. 2, 278)

Anmerkungen zu Kapitel 17

182 Brief Stöhrs an den Präsidenten des EOK Berlin vom 31. 7. 1933. EZA: EOK Gen. VIII Nr. 9, Bd. XVIII

183 Meier Bd. 1, 101; ein Beispiel für eine »Nacht- und Nebelaktion« war die gewaltsame Besetzung des Kirchenbundesamtes durch SA-Leute, an der auch Hossenfelder beteiligt war. Vgl. dazu Röhm/Thierfelder 30.

184 Rundschreiben des RMdJ vom 11. 9. 1933. BA: R 43 II/389; zitiert nach Martin Broszat, Nationalsozialistische Konzentrationslager 1933–1945. In: Hans Buchheim u. a.: Anatomie des SS-Staates, 1967 Bd. 2 (dtv-dokumente 2916) 24

185 M. Broszat, a. a. O., 23

186 a. a. O., 29

187 Stuttgarter Ev. Sonntagsblatt 67. Jg. Nr. 19 vom 7. Mai 1933: »Die im Konzentrationslager« zit. nach entwurf 3/82, 12

188 Meier, Bd. 1, 101, 303 ff.; zur Braunen Synode vgl. Röhm/Thierfelder, 52

189 EZA: EOK Gen VIII, Nr. 9, Bd. XVIII

190 Scholder, 428, 457

191 Evangelium im Dritten Reich Jg. 2 (1933), Nr. 34, 20. 8. 1933, 227 ff.

192 Schr. Stöhrs an den Präsidenten des EOK v. 18. 11. 1933. EZA: EOK Gen VIII Nr. 9, Bd. XVIII

193 Schr. Stöhrs vom 29. 8. 1933 an den EOK-Präsidenten und Antwortschreiben an Stöhr vom 4. 10. 1933. EZA: EOK Gen VIII Nr. 9, Bd. XVIII

194 Randnotiz auf Schreiben Stöhrs an den Präsidenten des EOK vom 8. 12. 1933. EZA: EOK Gen. VIII Nr. 9, Bd. XVIII. Nachdem Stöhr am 8. 12. 1933 und am 7. 2. 1934 die Beantwortung seines Schreibens vom 18. 11. 1933 angemahnt hatte, erhielt er am 19. 2. von der Hand eines Sachbearbeiters im Auftrag des Landesbischofs die kurze Antwort: »Ich sehe keinen Anlaß in eine sachliche Erörterung der von Ihnen aufgeworfenen Fragen einzutreten.«

Anmerkungen zu Kapitel 18

195 Schr. des EOK Berlin an das Konsistorium in Stettin vom 4. 10. 1933. EZA: EOK Gen VIII Nr. 9, Bd. XVIII
196 Meier Bd. 1, 294
197 EZA: EOK Gen. V Nr. 72, Bd. XIII
198 Meier Bd. 2 (1976), 423, A. 438
199 Bericht von Superintendent Semrau: wie Anm. 197), vgl. auch Meier Bd. 3, 285
200 vgl. oben Kap. 13
201 Röhm/Thierfelder, 77
202 Das nichtssagende Antworttelegramm des EOK an die Reichsvertretung der deutschen Juden lautete damals: »Verfolgen Entwicklung mit größter Wachsamkeit. Hoffen, daß Boykottmaßnahmen mit heutigem Tage ihr Ende finden.« (EZA: EOK Gen. XII/46 II) Den Auslandskirchen gegenüber waren selbst die deutschen Weltbundanhänger bereit, beschwichtigende Telegramme zu schikken. (Vgl. Scholder, 332 ff.)
203 Bonhoeffer, Ges. Schriften Bd. 1, 37.
In der Familie von Hermann Stöhr erzählt man sich folgende Geschichte: Stöhrs Urgroßvater besaß einen Hof in der Neumark, den er verloren hat. Eines Tages sei ein verarmter, bettelnder jüdischer Händler an seinem Haus vorbei gekommen und habe sich vor sein Bett gelegt. Die Türen der Höfe waren immer offen. Der Jude sagte zu ihm: Christian Radeke, wenn du ein Christ bist, hilf mir aus meiner Not! Der Urgroßvater Radeke habe darauf geantwortet: Ja, ich helfe dir. Er verkaufte seinen Hof, teilte mit dem Juden und zog selbst auf den Hof seines Bruders nach Linde. Dort arbeitete er dann zeitlebens als Knecht. (Auskunft von Frau Maria Stresow)

Anmerkungen zu Kapitel 19

204 vgl. auch zum folgenden: Domarus Bd. 1, 305 ff., 330 ff.; Bullock, 303–306
205 Bullock, 305
206 Domarus Bd. 1, 307
207 Van Norden (1979), 116–124, 203–210, 299–302; zur katholischen Kirche vgl. Scholder, Bilder 90 und 91, S. 642 ff.
208 Schäfer Bd. 2 (1972), 752 ff.
209 van Norden (1979), 299
210 van Norden (1979), 118 ff.
211 Brief Stöhrs an den Reichsbischof vom 6. 11. 1933. EZA: KA C I, Beiheft 2, Bd. 2
212 Erlaß des Evang. Oberkirchenrats Stuttgart aufgrund von Anordnungen der Reichskirchenregierung vom 8. 11. 1933. Schäfer Bd. 2 (1972), 757
213 Röhm/Thierfelder, 42 ff.; vgl. auch Johannes Jürgensen, Die bittere Lektion: Evangelische Jugend 1933, Stuttgart 1984
214 Auskunft von Frau Maria Stresow aufgrund von Aufzeichnungen von Frau Käthe Grünheid vom 22. 9. 1976 (Kopie im Besitz des Vf.)

Anmerkungen zu Kapitel 20

215 Abschrift im Besitz des Vf., bisher unveröffentlicht. (Ich verdanke den Text Herrn Helmut Nieß.)
216 Bullock 314 f.; Domarus Bd. 1, 490 ff.
217 Wehrgesetz vom 21. 5. 1935 § 1 und 2, Domarus Bd. 1, 504

218 Hitler, Mein Kampf, 476
219 siehe oben Kap. 9
220 Huber (1973), 241 ff.
221 nach einem Merkblatt über Feldseelsorge des Oberkommandos des Heeres vom 21. August 1939, zitiert nach Huber (1973), 247; bei einer ersten Konferenz der evang. Standortpfarrer des Wehrkreises V nach Einführung der allgemeinen Wehrpflicht am 16. 5. 1935 zitierte Heeresoberpfarrer Schieber das Wort eines verstorbenen Generalmajors: »Nach wem haben unsere Soldaten gerufen, wenn sie verwundet oder sterbend am Boden lagen? Nach ihrem Heiland! Sagen Sie mir eine Religion, die den Menschen befähigt, mutig und gefaßt in Kampf und Tod zu gehen, außer der Religion der Ewigkeit, zu der Jesus den Zugang erkämpft hat!« (Schäfer, Bd. 4 (1977), 110)
222 Boberach (1971), 921
223 Untersuchungsakte Stöhr Blatt 48; vgl. auch unten Kap. 30
224 Hecker (1954), 8 ff.
225 a. a. O., 22 f.
226 a. a. O., 8 f., 15 f., 23 f., 27 f.
227 a. a. O., 16 f.
228 a. a. O., 30 ff., insbesondere 32
229 a. a. O., 9; Guido Grünewald spricht von 30 Adventisten, die sich »durch ein Leben als Wanderprediger dem Heeresdienst zu entziehen wußten, während etwa 20 Gefängnisstrafen erhielten und abbüßten. Die tatsächlichen Zahlen liegen allerdings vermutlich höher.« Fünf von ihnen sind an den Strapazen des Gefängnisses verstorben. Grünewald beschreibt u. a. das Schicksal von vier namentlich genannten Verweigerern: Wieck, Czukta, Erwin Cuntz und S. Fried. (Grünewald, 12 und 32 ff.)

Anmerkungen zu Kapitel 21

230 Stöhr (1937), 2. Umschlagseite
231 a. a. O., 3; vgl. Röhm/Thierfelder (1981) 108
232 Stöhr (1937), 5
233 a. a. O., 7, 22 f.
234 a. a. O., 18 f.
235 Röhm/Thierfelder (1981), 109
236 Stöhr (1937), 27 f.; Stöhr zitiert hier Resolution 1 des Subkomitees »Die Kirche und die internationalen Beziehungen« der Kommission III von Stockholm. Vgl. A. Deißmann (Hg), Die Stockholmer Weltkirchenkonferenz, Amtlicher Deutscher Bericht, Berlin 1926, 77
237 Schreiben von Pfarrer D. Günther Besch an den Verfasser vom 4. 1. 1982.

Anmerkungen zu Kapitel 22

238 Bonhoeffer G. S. 5, 172 f.; vgl. auch Bethge (1967), 152 f.; zu Bonhoeffers Pazifismus besonders: Bethge (1982), 119 ff. und Tödt (1982), 85–118, aber auch schon Scharffenorth
239 Aus einem Brief an eine Bekannte 1936. Bonhoeffer, G. S. 6, 367 f.
240 Bonhoeffer vor der Weltjugendfriedenskonferenz in Fanö 1934. Bonhoeffer, G. S. 1, 219
241 Bethge (1967), 294 ff.; Bonhoeffer, G. S. 1, 140–158, bes. 143–147. Der Vortrag stand unter dem Thema: »Zur theologischen Begründung der Weltbundarbeit«.

242 a. a. O., 148 f.
243 a. a. O., 152 f.; Bonhoeffer, Ethik 75 ff., (6. Aufl.: 128 ff.) bes. 106 (6. Aufl.: 169 f.)
244 Bonhoeffer, Ethik, 185 (6. Aufl.: 253)
245 Bonhoeffer, G. S. 1, 153 f.
246 Bonhoeffer, G. S. 1, 156–158
247 Bonhoeffer, G. S. 1, 154 f.
248 Bonhoeffer, G. S. 1, 209 f.
249 Bonhoeffer, G. S. 6, 611 f.; nach Auskunft von Jürgen Winterhager fand das Treffen der Jugendkommission am 23. 1. 1935 im Pfarrhaus der schwedischen Victoria Församling in Berlin statt. (Brief an Vf. v. 27. 3. 1985)
250 Bethge (1982), 120
251 Bonhoeffer, G. S. 6, 612
252 Bonhoeffer, G. S. 1, 464
253 siehe unten Kap. 24
254 Bethge (1967), 729 ff.
255 Als Beispiel einer Fürbitteliste, auf der Bonhoeffer noch erwähnt wird, vgl. Röhm/Thierfelder, 100. Die Breslauer Bekenntnissynode am 17. 10. 1943 gedachte allerdings in der Fürbitte namentlich Bonhoeffers. Bethge (1967), 924

Anmerkungen zu Kapitel 23

256 Bethge (1967), 495
257 Bonhoeffer, G. S. 6, 422 f.
258 Bethge (1967), 575–587
259 a. a. O., 579
260 a. a. O., 581
261 Bonhoeffer, G. S. 1, 264; Bethge (1967), 619 ff.
262 Die Mitgliedskarten der BK waren rot, gelegentlich auch grün.
263 Auskunft von Pfarrer Günter Besch vom 13. 4. 85
264 Bonhoeffer, G. S. 2, 238; der ganze Aufsatz dort 217–241
265 Schr. Pastor Rendtorffs an Kreispfarrer Dr. Hans Böhm, Berlin-Zehlendorf v. 24. 10. 1936. EZA: KKA 551–6.
Zu Böhms Stellung in der VL vgl. Bethge (1967), 541 und 624
266 Bei der letzten Vorbereitungskonferenz für die Weltkirchenkonferenz in Oxford, die Life and Work im August 1936 in Chamby abhielt, nahmen von seiten der BK Koch, Dibelius, Böhm und Bonhoeffer teil, von seiten des Lutherischen Rates waren Lilje, von seiten des Reichskirchenausschusses Zoellner, Brunstäd, Wahl und Heckel beteiligt, letzterer begleitet von Gerstenmaier. Bethge (1967), 624
267 vgl. oben Kap. 7 und Bethge (1967), 523 ff.
268 siehe oben Kap. 17 und 18; zu Bonhoeffer: Bethge (1967), 321 ff.
269 Bonhoeffer, G. S. 1, 464; siehe oben Kap. 22
270 siehe unten Kap. 33; zu Bonhoeffer: Widerstand und Ergebung, besonders Brief vom 21. 7. 1944

Anmerkungen zu Kapitel 24

271 Bullock, Kap. IX, bes. 482 f.
272 Bullock, 314, 495
273 Stöhr (1922), 177 (Lebenslauf)

274 UA Stöhr, Bl. 24; während der Vorbereitung der Ausstellung »Evang. Kirche zwischen Kreuz und Hakenkreuz« entdeckte Ltd. Archivdirektor im Bundesarchiv Dr. Heinz Boberach die in der Außenstelle der Zentralnachweisstelle des Bundesarchivs in Kornelimünster aufbewahrte Untersuchungsakte von Hermann Stöhr. Es handelt sich dabei nicht um die bis jetzt nicht gefundenen Akten des Prozesses vor dem Reichskriegsgericht, sondern um Akten aus einem vorhergehenden Prozeß vor dem Feldkriegsgericht des 2. Admirals der Ostseestation in Kiel. Im folgenden wird aus dieser Akte zitiert. (Abkürzung: UA Stöhr)

275 Vgl. oben Kap. 1

276 Bullock 496

277 UA Stöhr, Bl. 3

278 a. a. O.

279 UA Stöhr, Bl. 10

280 UA Stöhr, Bl. 11

281 Zum Hausarrest der Landesbischöfe Wurm und Meiser vgl. Röhm/Thierfelder, 61; und Schäfer Bd. 3 (1974), 612; zur Solidarität mit Martin Niemöller vgl. Röhm/Thierfelder 96 f. und BA: R 43 II/154; zu Paul Schneider: Margarete Schneider, Der Prediger von Buchenwald, 1981, 236

Anmerkungen zu Kapitel 25

282 UA Stöhr, Bl. 5 und 11

283 UA Stöhr, Bl. 10, 22, 25

284 UA Stöhr, Bl. 5

285 UA Stöhr, Bl. 7; worin die »Prüfung seiner Überzeugung« und die »Anerkennung seiner Aufrichtigkeit« im einzelnen bestanden hat, läßt sich nicht mehr sagen.

286 UA Stöhr, Bl. 12/13

287 UA Stöhr, Bl. 17

288 UA Stöhr, Bl. 23

289 Daur, 11 f.; der Bericht von Martin Hiller – 10 Jahre später notiert – enthält in Einzelheiten Ungenauigkeiten: Hermann Stöhr wurde in Kiel nicht zu 15 Jahren Zuchthaus, sondern zu einem Jahr Gefängnis und zu Rangverlust verurteilt. Den vollständig erhaltenen Prozeßakten ist an keiner Stelle zu entnehmen, daß Stöhr das Angebot der Überweisung zur Sanitätstruppe gemacht worden wäre, wie Hiller feststellt. Denkbar ist, daß davon bei der Erfassungsbehörde in Stettin noch vor Stöhrs Einberufung die Rede war; allerdings wurde dies weder aktenkundig noch wirksam. Es ist kaum vorstellbar, daß ein solches Angebot beim letzten Prozeß vor dem Reichskriegsgericht gemacht worden wäre. (Vgl. auch unten Kap. 32 und Anm. 377)
Die Feststellung »Man wollte ihm entgegenkommen und gab ihn zur Marine ab« ist nicht verständlich; das Gegenteil scheint der Fall gewesen zu sein. Nachdem der ehemalige Marinezahlmeister-Aspirant des Ersten Weltkriegs den Kriegsdienst verweigert hatte, wollte die Marine ihn los haben. In den Gerichtsakten wird sein Rang als Oberfeldwebel der Landwehr angegeben.

Anmerkungen zu Kapitel 26

290 Röhm/Thierfelder, 110 ff.; Brakelmann, 126 ff.

291 KJB, 453; Brakelmann, 136 ff.

292 KJB 454 f. Der Aufruf vom 2. 9. 1939 durfte trotz des entgegenkommenden

Inhalts nicht in der Tagespresse veröffentlicht werden. Das Reichspropagandaministerium antwortete dem Reichskirchenministerium auf eine entsprechende Intervention, der Führer selbst habe die Veröffentlichung nicht genehmigt. Der Aufruf erschien dann wenigstens im Gesetzblatt der DEK. Vgl. Meier Bd. 3, 105.

293 Die Mitglieder des Geistlichen Vertrauensrats wurden von den Kirchenführern der bekenntniskirchlich orientierten Landeskirchen (Marahrens) bzw. der DC-Kirchen (Schultz) bestellt. Hinzu kam der geistliche Vizepräsident der altpreußischen Union (Hymmen). Das Gremium, das dem nationalsozialistisch gesinnten Präsidenten der Kirchenkanzlei der DEK (Werner) in der zu erwartenden Krisenzeit beistehen sollte, hatte die Aufgabe, »namens und im Auftrag der Deutschen Evangelischen Kirche diejenigen Entschließungen zu fassen und diejenigen Maßnahmen zu treffen [. . .], die sich aus der Verpflichtung der Evangelischen Kirche gegen Führer, Volk und Staat ergeben [. . .] im Bewußtsein um die großen und verantwortungsvollen Aufgaben, die der Deutschen Evangelischen Kirche mit der gegenwärtigen ernsten Lage des deutschen Volkes zuwachsen.« (KJB, 452; vgl. auch Meier Bd. 3, 85 f., 104–108, 146–148; Heinz Brunotte, Der kirchenpolitische Kurs der DEK-Kirchenkanzlei von 1937–1945. In: Brunotte/ Wolf, Zur Geschichte des Kirchenkampfes Bd. 15, 1965, 92 ff., bes. 121–124.

Zur Unterscheidung verschiedener Flügel der BK vgl. Röhm/Thierfelder, 83 f.

294 Brakelmann, 297

295 KJB, 339–344, bes. 342 und 344. Joachim Kanitz berichtete, daß ihm, als er noch vor dem Krieg als Soldat eingezogen wurde, einer der leitenden Männer vom Brandenburgischen Bruderrat geschrieben habe: »Wir wünschen Ihnen, daß Sie ein guter Streiter Jesu Christi und ein tüchtiger Soldat der deutschen Wehrmacht werden möchten.« (J. Kanitz, »Ein guter Streiter Jesu Christi und ein tüchtiger Soldat«. Erinnerungen an die Bekennende Kirche. In: Das Kreuz mit dem Frieden, 1982, 78)

296 KJB, 458; Bischof D. Marahrens bedauerte in einem Rechenschaftsbericht vor der hannoverschen Landessynode am 15. April 1947 die auch mit seiner Unterschrift veröffentlichte Erklärung vom 30. 6. 1941: »Zu dem, was ich trotz damaliger gewissenhafter Überlegung heute als verfehlt ansehen muß [. . .] rechne ich das von mir nicht verfaßte, aber mit unterschriebene Telegramm des Geistlichen Vertrauensrates der DEK an Adolf Hitler nach Beginn des Rußlandfeldzuges 1941. Es wäre zur Vermeidung allen bösen Scheines besser gewesen, daß Männer der Kirche diese, wie sich jetzt erweist, fragwürdige politische Prognose nicht unterschrieben hätten.« (Klügel, 407; Materialsammlung zur Ausstellung ›Die ev.-luth. Landeskirche in Braunschweig und der Nationalsozialismus hg. von D. Kuessner, 1982, 271 f.)

Wie ganz anders zur selben Zeit Dietrich Bonhoeffer gedacht hat, zeigt eine Bemerkung, die er im September 1941 Visser't Hooft gegenüber geäußert hat auf dessen Frage, wofür er in der damaligen Lage in Deutschland überhaupt bete: »Wenn Sie es wissen wollen, ich bete für die Niederlage meines Landes, denn ich glaube, daß das die einzige Möglichkeit ist, um für das ganze Leiden zu bezahlen, das mein Land in der Welt verursacht hat.« (Zit. nach Bethge, 1967, 834)

297 vgl. unten Kap. 32

298 Busch, 311; vgl. auch Boyens (1973), 50 ff. Das Zitat entstammt einem Brief Barths vom 13. 4. 1939 an den Generalsekretär der ökumenischen Bewegung, Visser't Hooft.

299 Boyens (1973), 299 ff., bes. 299 und 302

300 Gollwitzer (1962), 338; vgl. auch Busch, 311.
Wie sehr BK-Theologen die Frage der Beteiligung am Hitlerkrieg umtrieb, zeigt auch ein Fragenkatalog, den ein »Kreis junger deutscher Theologen, die bis zum Ausbruch des Krieges gegen Polen in Walzenhausen (Hotel Falken) versammelt waren« Karl Barth vorgelegt haben:
»1. Ist die deutsche Regierung, von der wir wissen, daß sie ihre Macht gegen die Kirche einsetzt, noch Obrigkeit im Sinne der Schrift, so daß wir ihr Gehorsam schuldig wären?
2. Können Christen *solchen* Regierungen auf ihren Aufruf zum Kriege Folge leisten? (NS = Kommunismus; das Doppelgesicht Staat = Kirche)
3. Hängt unsere Beteiligung am Kriege von der Einsicht in die politischen Vorgänge und Absichten *dieses* Krieges ab?
4. Wenn nein, sind wir gehalten, unseren Protest gegen eine gottwidrige Obrigkeit als einzelne Christen, die wir hier ja sind, durch Verweigerung des Kriegsdienstes oder durch aktive Bekämpfung zum Ausdruck zu bringen?
5. Ist unsere Beteiligung am Kriege notwendig um der Verkündigung des Evangeliums an der Front willen?
6. Müssen wir nach dem Wort Gottes *hier* bleiben, wenn es sich herausstellen sollte, daß die BK in Deutschland durch einen vernichtenden Schlag zerstört wird?
7. Wenn uns Kriegsdienstverweigerung, auf der Todesstrafe steht, auferlegt wäre, müssen wir dann hier bleiben oder nach Deutschland zurückkehren? *(Karl Barth-Archiv Basel: Akte BK-Hilfswerk)*
Den Hinweis auf das Dokument verdankt der Vf. Dr. Hartmut Ludwig.

Anmerkungen zu Kapitel 27

301 UA Stöhr, Bl. 27, 29, 39

302 Messerschmidt; Absolon, – wenn nicht anders angegeben wird im folgenden nach dieser Gesetzessammlung zitiert

303 Absolon, 179

304 KStVO siehe Absolon, 136 ff.

305 KStVO § 14; vgl. auch Absolon, 191 f.

Anmerkungen zu Kapitel 28

306 UA Stöhr, Bl. 22

307 a. a. O., Bl. 39, 40

308 Brockhaus Enzyklopädie: Stichwort »Adolf von Trotha«; Werner Klose, Die Hitlerjugend, 1982, 99 f.; Heinz Boberach, Jugend unter Hitler, 1982, 22; Adolf von Trotha starb im Herbst 1940.

309 UA Stöhr, Bl. 50

310 UA Stöhr, Bl. 45

311 Vizeadmiral Warzecha vor Marinerichtern im Februar 1942: »Die Überzeugung von der unerbittlichen Gleichheit der angewandten Maßstäbe bildet einen wesentlichen Faktor der erzieherischen Beeinflussung, die von der kriegsgerichtlichen Rechtsprechung auf die gesamte Marine ausgeübt werden soll. Die Weite dieser Rückwirkung bedingt aber auch eine Rechtsprechung, die der Person und den Motiven des Täters nur begrenzte Rücksicht schenkt.« Zit. nach Messerschmidt, 127

312 UA Stöhr, Bl. 58 V
313 UA Stöhr, Bl. 58 R
314 UA Stöhr, Verhandlungsprotokoll vom 15. 11. 1939

Anmerkungen zu Kapitel 29

315 vgl. oben Kap. 24
316 UA Stöhr, Bl. 23
317 UA Stöhr, Bl. 60f.
318 vgl. oben Kap. 24
319 Urteil vom 10. 10. 1939, UA Stöhr, Bl. 40
320 Aktennotiz vom 3. 11. 39, UA Stöhr, Bl. 63
321 Schr. Stöhrs v. 2. 11. 39, UA Stöhr, Bl. 60f.
322 Schr. v. 11. 10. 39, UA Stöhr, Bl. 44
323 Verfügung des Gerichts des 2. Admirals der Ostseestation vom 30. 9. 1939. UA Stöhr, Bl. 29
324 Schr. v. 11. 10. 39, UA Stöhr, Bl. 44
325 Aktennotiz des Vertreters der Anklage an den Gerichtsherrn, UA Stöhr, Bl. 44
326 Parteiprogramm der NSDAP, Punkt 24; vgl. Röhm/Thierfelder 17
327 Nach § 56 KStVO lautete der Eid vor dem Kriegsgericht: »Sie schwören bei Gott, dem Allmächtigen und Allwissenden, die Pflichten eines Richters getreu zu erfüllen und Ihre Stimme nach bestem Wissen und Gewissen abzugeben.«
328 Begründung des Urteils v. 1. 11. 39, UA Stöhr, Bl. 58 R
329 Schreiben Stöhrs vom 2. 11. 39, UA Stöhr, Bl. 60f.
330 UA Stöhr, Bl. 44, 58, 60f.
331 Messerschmidt 113, 126f.
332 Brief v. 15. 11. 39, UA Stöhr, Bl. 75 V
333 UA Stöhr, Bl. 75 R
334 Schr. v. 18. 11. 39, UA Stöhr, Bl. 77
335 vgl. oben Kap. 27

Anmerkungen zu Kapitel 30

336 Schr. v. 2. 10. 39; UA Stöhr, Bl. 30/31
337 Schr. v. 8. 10. 39; UA Stöhr, Bl. 42
338 Schr. vom 4. 10. und vom 6. 10. 39; UA Stöhr, Bl. 32 und 34
339 Schr. v. 15. 10. 39, UA Stöhr, Bl. 46
340 Schr. v. 8. 10. 39, UA Stöhr, Bl. 42f.
341 Schr. v. 2. 10. 39; UA Stöhr, Bl. 30f.; die Bemerkungen von Pastor Klütz über Stöhrs Einkommensverhältnisse im selben Schreiben bedürfen einer kritischen Würdigung. Nach Auffassung von heute noch lebenden Verwandten war die Familie nicht mittellos. Im Jahre 1935/36 bezogen Mutter, Schwester und Bruder ein neuerworbenes Eigenheim in der Stettiner Weberstraße. Es ist auch nichts davon bekannt, daß Mutter und Schwester den von Klütz ausgesprochenen Vorwurf, Hermann Stöhr hätte sich in unverantwortlicher Weise von beiden versorgen lassen, geteilt haben. Es bleibt offen, ob die Bemerkungen von Klütz nicht als Übertreibungen aus taktischen Überlegungen zu werten sind. Wir haben keine näheren Kenntnisse über Stöhrs Einkommensverhältnisse.
342 Brief Supint. Diestel v. 19. 10. 39; UA Stöhr, Bl. 48

343 Brief des Gerichts an Supint. Diestel v. 14. 10. 39; UA Stöhr, Bl. 47. Eine Abschrift des Briefs Stöhrs an Diestel liegt nicht in den Akten, sein Inhalt ist nicht bekannt.

344 Meier 2, 420, A 337; Auskunft der Tochter OKRin Gudrun Diestel

345 Nach der Erinnerung von Prof. J. W. Winterhager hat Diestel 1945 im Rückblick auf die Verhandlungen im Kriegsministerium von wortbrüchigen Gesprächspartnern gesprochen. Den bei ihm befindlichen Weltbund-Akten sei nichts über die 1935 geführten Verhandlungen zu entnehmen. (Auskunft Prof. Winterhager v. 27. 3. 1985)

346 Nach Meinung von Prof. Helmut Gollwitzer, der in jener Zeit im Gespräch mit Diestel gestanden hatte, ist dessen Distanzierung von Stöhr nur taktisch zu verstehen, um »seinem Eintreten für Stöhr um so mehr Gewicht zu geben. Ich würde ihn sogar fragen, ob es dann nur eine halb durchgeführte Taktik war, da er doch mit dem Briefkopf des Weltbundes für Freundschaftsarbeit der Kirchen schreibt, der bei den Nazis ja nicht positiv angesehen war.« (Schr. Gollwitzers v. 25. 3. 1985)
Eine Überraschung konnte Stöhrs radikaler Standpunkt für Diestel sicher nicht gewesen sein. Diestel hatte eine Reihe enger Freunde unter den englischen Quäkern, die eine ähnliche Haltung zum Kriegsdienst eingenommen hatten, wenn auch unter rechtlich völlig anderen Voraussetzungen. (Auskunft von Frau Gudrun Diestel v. 23. 4. 1985).
Wie einem Brief vom 25. 4. 1940 aus der Tegeler Haft zu entnehmen ist, stand Stöhr bis in seine letzten Tage mit Diestel in Verbindung. (Brief Stöhrs an Dr. Alfred Peter; vgl. unten Kap. 32). Vgl. außerdem unten Kap. 31.

Anmerkungen zu Kapitel 31

347 vgl. oben Kap. 30

348 UA Stöhr, Bl. 48; vgl. oben Kap. 30

349 Protokoll der Sitzung des Arbeitsausschusses der deutschen Weltbundvereinigung v. 23. 2. 1934, Berlin. EZA: AOS, D V c. Zit. nach Boyens Bd. 1 (1969), 204
Dietrich Bonhoeffer, G. S. Bd. 6, 611 f.; vgl. oben Kap. 22

350 Bericht von Sup. Diestel über die Tagung des Weltbunds in Larvik v. 7. 9. 1938. EZA: KA C I 3 Bd. VI

351 Aufruf des Internationalen Rates des Weltbundes für Freundschaftsarbeit der Kirchen an die Nationalverbände betr. nichtarischer Flüchtlinge aus Deutschland, Larvik – August 1938, 4. EZA: KA C I 3 Bd. VI

352 Boyens Bd. 2 (1973), 47; vgl. Röhm/Thierfelder, 130 ff.

353 Entschließung des Weltbunds in Larvik im August 1938. EZA: KA C I 3 BD. VI

354 Bericht von Pf. Günther, Oslo, vom 3. 9. 1938. EZA: KA C I 3 Bd. VI

355 a. a. O., eine ähnliche Haltung scheint auch Hermann Maas eingenommen zu haben. In einem Schreiben vom 18. 9. 1933 schrieb er – allerdings unter äußerster politischer Bedrängnis – an den badischen Landesbischof Kühlewein: »Meine Friedensarbeit hat sich nie gedeckt mit dem politischen Pazifismus. Darüber habe ich die hiesige pazifistische Organisation, der ich nicht angehörte, nie im Zweifel gelassen [. . .] Ich will mich gar nicht entschuldigen, will auch niemals leugnen, daß ich der ökumenischen Bewegung, ganz besonders auch dem kirchlichen Kampf gegen Versailles und der kirchlichen Minderheitenfrage viel Kraft und Zeit geopfert habe, und daß meine Liebe der ökumenischen Bewegung und

der wirklich christlichen Friedensbewegung heute noch gehört. Ich habe dabei immer vor der Gefahr der Säkularisierung des evangelischen Christentums gezittert und mich stets willig vor ihr warnen lassen. Aber ich glaube auch, daß es eine unsäkularisierte biblische Friedensbewegung gibt.«
Dem Brief war die Hetze des Stabsleiters der NSDAP vorausgegangen, Maas habe »über ein Jahrzehnt lang eine äußerst zersetzende Tätigkeit ausgeübt«. (LKA Karlsruhe: Personalakte Hermann Maas; ich verdanke diesen Hinweis Herrn Eckhart Marggraf)

356 Es war nur konsequent, daß der Arbeitsausschuß der Deutschen Weltbundvereinigung am 19. 12. 1939 das Wort »international« aus seiner Satzung und seinem Namen strich und daß der Deutsche Zweig des Weltbundes – gewiß unter politischer Bedrohung – mitten im Krieg seine Selbstauflösung beschloß und die Lösung im Vereinsregister beantragte.
(Prot. der Sitzung des Arbeitsausschusses der deutschen Weltbundvereinigung vom 19. 12. 1939, Abs. 2 »Satzungsänderung«. EZA: AÖS, D V c. Zit. nach Boyens Bd. 1, 205)
Vorausgegangen war der Versuch von Bischof Heckel, die freie Gruppe des Weltbundes an das staatskirchlich orientierte Kirchliche Außenamt zu binden und damit zu neutralisieren. Gleichzeitig wurde die Zuruhesetzung von Diestel angestrebt. (Aktenvermerk von Heckel v. 17. 1. 1940 und Brief Heckels an Staatssekretär Freih. v. Weizsäcker, Auswärt. Amt, v. 3. 2. 1940. EZA: KA C I 3 VII)

357 Rundbrief Siegmund-Schultzes, Weihnachten 1939 1, 9f. EZA: NL Siegmund-Schultze

358 Oehme 72–79. Zur Definition des »Kriegsdienstverweigerers« vgl. oben Anm. 45.

359 Zum folgenden Hartmann, insbes. 34–46

360 Donat 272f., F. Posset, Krieg und Christentum (M. J. Metzger), Meitingen 1978

361 Kempner 337–347

362 Vogl 168–170

363 Zahn (1967); Bergmann (1980)

364 Lichdi (1967); bes. 121ff.; Hartmann 48–50

365 Hartmann 51–56; zu bedenken ist, daß zwischen 1933 und 1945 kaum mehr als 200 Quäker in Deutschland lebten. Ein Gestapo-Bericht vom Frühjahr 1935 spricht von etwa 210 Mitgliedern der »Deutschen Jahresversammlung«, der Dachorganisation der »Quäker«. (Klaus Dobrisch/Gerhard Fischer, Widerstand aus Glauben, Berlin (DDR) 1985, 100)

366 a. a. O., 57–65

367 a. a. O., 70–105. Zur Verfolgung der Zeugen Johovas durch die Gestapo und den Sicherheitsdienst der SS vgl. Boberach (1971) und Boberach (1984) jeweils unter dem Stichwort »Bibelforscher«.

Anmerkungen zu Kapitel 32

368 UA Stöhr, Bl. 46; vgl. oben Kap. 30

369 UA Stöhr, Bl. 67

370 UA Stöhr, Bl. 24; vgl. oben Kap. 24

371 Domarus Bd. 1, 430f.

372 Absolon, 48

373 UA Stöhr, Bl. 81, 85, 86

374 UA Stöhr, Bl. 89; vgl. Röhm/Thierfelder, 117. Die Ablehnung des Gnadenge-

suchs »durch den Führer und Reichskanzler« erfolgte am 8. 6. 1940 (Auskunft des Historischen Archivs Prag v. 14. 5. 1985).

375 Daur, 6; vgl. oben Kap. 1

376 Gollwitzer, 340; Gollwitzers Kenntnisse beruhten auf mündlichen Informationen in jener Zeit. (Schr. Gollwitzers an den Vf. v. 25. 3. 1985) Seine Angaben sind zu korrigieren: Stöhr war nicht Kaufmann, sondern Dr. rer. pol.; er war nicht Quäker, wenn er diesen auch geistig nahestand, sondern er war Mitglied der Evangelischen Kirche der altpreußischen Union.

377 Erich Gramm, Eine Begegnung des III. Reiches mit dem Versöhnungsbund. EZA: IFoR 280 a. Es scheint, daß die Bemühungen von Stöhrs Freunden, ihn zu einer Meldung für den Sanitätsdienst zu bewegen, um auf diese Weise vom unmittelbaren Waffengebrauch verschont zu werden, nur während der ersten Phase des Prozesses in Kiel eine Rolle gespielt hat, vielleicht auch nur in der Zeit vor Stöhrs Verhaftung. Es ist unwahrscheinlich, daß nach der Verweigerung des Fahneneids und nach der Anklage auf Wehrkraftzersetzung durch den Reichskriegsanwalt diese Möglichkeit von irgendeinem Beteiligten noch ernsthaft in Erwägung gezogen worden wäre. (Vgl. auch oben Kap. 25 und Anm. 289)

378 Messerschmidt, 123

379 BA MA: Bestand RU 14/22; vgl. auch Messerschmidt, 126 f.

380 Messerschmidt, 113

381 Poelchau (1965), 75 f.; vgl. auch Stöhrs Brief an seine Schwester v. 20. 6. 1940, oben Kap. 1.
Poelchaus Ausführungen sind zu berichtigen: Stöhr war nicht Offizier, sondern Zahlmeister-Anwärter bzw. Oberfeldwebel der Landwehr der Marine. Marahrens war der »dienstälteste Landesbischof«, nicht aber der »höchste Geistliche«. Er führte allerdings den Vorsitz im GVR. Zum GVR vgl. oben Kap. 26

382 Niederschrift über die Sitzung des GVR am 12. 4. 1940, Ziff. 13 und 18. EZA: 1/A4/577.
Die Vorlage zum Aufruf aus Anlaß der Glockenabgabe wurde von Oberkonsistorialrat Söhngen entworfen. EZA: 1/A4/568

383 KJB, 457

384 Brief Stöhrs an Dr. Alfred Peter vom 25. 4. 1940. Im Besitz von Frau Dr. Hildemarie Streich geb. Peter (Kopie im Besitz des Vf.). Alfred Peter war ein enger Freund von Friedrich Siegmund-Schultze und in gleicher Weise mit Hermann Stöhr bis zu dessen Tod eng verbunden. Seit 1920 war Peter in der Sozialen Arbeitsgemeinschaft Berlin-Ost tätig und verwaltete das internationale Archiv Siegmund-Schultzes. Von 1926 bis 1945 war er als Historiker beim Stadtarchiv Berlin beschäftigt. (Auskunft Frau Hildemarie Streich)

385 Brief Stöhrs an Dr. Alfred Peter vom 28. 5. 1940. Quelle: wie 384)

386 Brief Stöhrs an Caritas Peter vom 28. 5. 1940. Quelle: wie 384)

Anmerkungen zu Kapitel 33

387 Böhme

388 Die dem Vf. in Fotokopie vorliegende Textfassung geht auf eine handschriftliche Abschrift des Originals durch die Schwester Gertrud Stöhr zurück. (Brief von Frau Gertrud Stöhr an Frau Marie Stresow v. 24. 5. 1978.) Den Hinweis auf das Laienspiel verdankt der Vf. Frau Ortrud Esken.
Es ist nicht auszuschließen, daß weitere Aufzeichnungen von Stöhr aus der Haft sich noch finden. Frau Hildemarie Streich teilte dem Vf. mit, daß sie nach dem Zweiten Weltkrieg Prof. Siegmund-Schultze, ihrem Patenonkel, in Soest »meh-

rere schwarze Hefte« und andere Papiere mit Aufzeichnungen von Stöhr aus dem Nachlaß ihres Vaters, Dr. Alfred Peter, übergeben habe. Nachfragen im EZA, wo das Soester Archiv heute liegt, ergaben, daß dort noch umfangreiche Bestände aus dem Nachlaß von Siegmund-Schultze der Sichtung und Ordnung harren.
(Nachtrag kurz vor Drucklegung: Aufgrund des genannten Hinweises wurde inzwischen tatsächlich im EZA im Nachlaß von Siegmund-Schultze das Original des Laienspiels gefunden. Ein Vergleich von Original und Abschrift hat ergeben, daß beide textgleich sind.)

389 Brief an die Mutter v. 19. 3. 1940 und Brief an die Schwägerin v. 3. 6. 1940; vgl. oben Kap. 1

Anmerkungen zu Kapitel 34

390 Brief an den Bruder v. 20. 6. 1940; vgl. oben Kap. 1. Der »Führer und Reichskanzler« hatte das Gnadengesuch bereits am 8. 6. 1940 abgelehnt. (Schr. des Historischen Archivs Prag vom 14. 5. 1985)

391 Messerschmidt 137; Wagner (1974), 807

392 Poelchau (1949), 48 ff.

393 vgl. oben Kap. 1. Hiller erwähnt, daß ihm ein letzter Brief durch die Kriegsereignisse verlorenging.
Der hier abgedruckte Brief vom 21. Juni, der allerletzte Brief Stöhrs den wir kennen (Oehme, 65 f.) erschien erstmals in »Die Zeichen der Zeit, 10. Jg. (1956), 421. Der Empfänger ist dort nicht genannt. Es heißt lediglich, Stöhr habe den Brief an einen »ihm nahestehenden Pastor« geschrieben, der ihn der Redaktion (Karl Kupisch) zur Verfügung gestellt habe.

394 Brief an die Schwester v. 20. 6. 1940; vgl. oben Kap. 1.

Anmerkungen zu Kapitel 35

395 Sterbe- und Begräbnisregister der Evang. St. Johannes-Kirchengemeinde Berlin 21, Bd. 1940, lfd. Nr. 641

396 § 103 KSSVO: »Die Todesstrafe wird durch Erschießen, bei Frauen grundsätzlich durch Enthaupten vollzogen.« Da das Urteil des RKG nicht nur die Todesstrafe, sondern auch den Verlust der Ehrenbürgerrechte aussprach (Auskunft des Historischen Archivs Prag v. 14. 5. 1985), wird Stöhr gleichzeitig auch aus der Wehrmacht ausgestoßen worden sein. Nach § 13 RStGB galt jedoch: »Die Todesstrafe ist durch Enthaupten zu vollstrecken.« Seit 1933 galten jedoch auch Ausnahmen, die allerdings auf Stöhr nicht angewandt wurden: »Ist jemand wegen eines gegen die öffentliche Sicherheit gerichteten Verbrechens zum Tode verurteilt, so kann die Reichsregierung anordnen, daß die Vollstreckung durch Erhängen erfolgt.« (RGBl I/1933, S. 151)

397 Poelchau (1949), 29

398 nach Poelchau (1949) 29–32

399 Poelchau wohnte in der ehemaligen Ebertsiedlung in der Afrikanischen Straße. (H.-R. Sandooß, Widerstand in einem Arbeiterbezirk, Heft 1 »Widerstand in Berlin von 1933–1945«, Berlin, 74)

400 vgl. oben Kap. 2

401 Daur (1951) 15; das Grab Stöhrs wurde 1978 aufgegeben. Der geplante, freilich nie ausgeführte Bau einer Autobahn machte dies notwendig. Bis heute (1985) gibt es in Berlin kein Mahnmal, das an Stöhr erinnert. Vgl. auch oben Kap. 3

402 vgl. oben Kap. 33
403 Domarus Bd. 2, 1528–1530
404 Junge Kirche Jg. 8 (1940), 312
Dankgottesdienste fanden vor allem am Dienstag, 25. 6. 1940, und an den folgenden Tagen statt, nachdem am 24. Juni abends der deutsch-französische Waffenstillstandsvertrag in Kraft getreten war.
Hitlers Aufruf lautete:
»Deutsches Volk! Deine Soldaten haben in knapp sechs Wochen nach einem heldenmütigen Kampf den Krieg im Westen gegen einen tapferen Gegner beendet. Ihre Taten werden in die Geschichte eingehen als der glorreichste Sieg aller Zeiten. Innbrünstig danken wir dem Herrgott für seinen Segen. Ich befehle die Beflaggung des Reiches für zehn, das Läuten der Glocken für sieben Tage.
Adolf Hitler.«
DNB-Text vom 24. 6. 1940, nach Domarus II, 1533
405 Da die Abkündbücher der St. Johanniskirchgemeinde Berlin verbrannt sind, läßt sich der Vorgang nur vermuten.
406 Bethge (1967), 495
407 Bethge (1982), 124. Es paßt durchaus in das Bild, wenn Bonhoeffer drei Monate später im September 1940 im Rahmen seiner Arbeit an der »Ethik« das bekannte Schuldbekenntnis formuliert: »Die Kirche [. . .] hat es mit angesehen, daß unter dem Deckmantel des Namens Christi Gewalttat und Unrecht geschah. [. . .] Die Kirche bekennt, die willkürliche Anwendung brutaler Gewalt, das leibliche und seelische Leiden unzähliger Unschuldiger, Unterdrückung, Haß und Mord gesehen zu haben, ohne ihre Stimme für sie zu erheben, ohne Wege gefunden zu haben, ihnen zu Hilfe zu eilen. Sie ist schuldig geworden am Leben der schwächsten und wehrlosesten Brüder Jesu Christi.« (Bonhoeffer, Ethik, 1962, 5. A., 121 f.)
Bonhoeffer dachte sicher bei diesen Sätzen zunächst einmal an die Verfolgung und Ermordung der Juden, für ihn ein Hauptmotiv der Beteiligung an der Verschwörung und am Widerstand. Dies schließt jedoch nicht aus, daß auch die Opfer des pervertierten Rechtsverständnisses, auch die Opfer der NS-Militärjustiz, im Schuldbekenntnis mitgemeint waren: »Die Kirche bekennt, schuldig geworden zu sein an den Unzähligen, deren Leben durch Verleumdung, Denunziation, Ehrabschneidung vernichtet worden ist. [. . .] Durch ihr eigenes Verstummen ist die Kirche schuldig geworden an dem Verlust an verantwortlichem Handeln [. . .] an dem Abfall der Obrigkeit von Christus.« (a. a. O. 122 f.) Zur Datierung der Entstehung dieses Textes vgl. a. a. O. 14 f.
408 Gollwitzer (1962), 340–342
409 vgl. oben Kap. 26
410 Es konnte nicht festgestellt werden, ob Stöhr sich überhaupt zur Bekennenden Kirche gehalten hat, d. h. eine »rote Karte« besaß. Vieles spricht dafür, daß auch umgekehrt er Distanz zu den Kreisen der BK in Stettin und Pommern gehalten hat.
411 Röhm/Thierfelder 152

Bibliographie Hermann Stöhr

1922

Die Auslandshilfe 1919–1921. Inauguraldissertation zur Erlangung der Würde eines Doktor rer. pol. Philosophische Fakultät der Universität Rostock. Referent: Prof. Dr. Heyde

1923

Reich Gottes oder Reich der Welt. In: Mitteilungen zur Förderung einer Deutschen Christlichen Studentenbewegung Nr. 287 (15. 1. 1923), 58 f. (LKA Nürnberg)

1924

Versöhnung oder Trotz? In: Junge Gemeinde, Wochenblatt der Wandernden Jugend, Verlag Junge Menschen, Mell in Hann. Jg. 1924, Blatt 19, 8. Mai 1924

Aus der Ortsgruppe Berlin-West des Versöhnungsbundes. In: Die Eiche Jg. 12 (1924), 435 f.

1925

Aus der Friedensbewegung: Der 23. Weltfriedenskongreß (Berlin). In: Die Eiche Jg. 13 (1925), 98–102

Aus der Ortsgruppe Berlin-West des Versöhnungsbundes. In: Die Eiche Jg. 13 (1925), 207 f.

1928

Die Wohlfahrtsgesetzgebung in den außerdeutschen Staaten Europas. Der Evangelische Wohlfahrtsdienst hg. von D. J. Steinweg, Heft 16, Wichern Verlag Berlin, 110 Seiten

Die evangelischen Deutschen in Polen. In: Kirchliches Familienblatt für die evangelische Gemeinde Steglitz Nr. 35 vom 26. 8. 1928 und Nr. 36 vom 2. 9. 1928

Zur Lage der Evangelischen in Polen. In: Der Volksdienst, Organ des Christlichen Volksdienstes, e. V. Nürnberg, 4. Jg. Nr. 44, 3. 11. 1928, 1 f.

Die evangelischen Deutschen in Polen. In: Kirchliches Familienblatt für die evangelische Gemeinde Steglitz (Berlin), 20. Jg. (1928), 273–275; 286

Die Weltkonferenz für praktisches Christentum. In: Kirchliches Familienblatt für die evangelische Gemeinde Steglitz, 21. Jg. (1929), 106–108

Der internationale Verband für Innere Mission und Diakonie, In: Kirchliches Familienblatt für die evangelische Gemeinde Steglitz (Berlin), 21. Jg. (1929), 116 f.

Der Weltbund für Freundschaftsarbeit der Kirchen. In: Kirchliches Familienblatt für die evangelische Gemeinde Steglitz, 21. Jg. (1929), 122 f.

Weltkonferenz für Glauben und Kirchenverfassung. In: Kirchliches Familienblatt für die evangelische Gemeinde Steglitz, 21. Jg. (1929), 138 f.

Die Missionstagung in Jerusalem. In: Kirchliches Familienblatt für die evangelische Gemeinde Steglitz, 21. Jg. (1929), 137–139

1929

Zum Kampf des Evangeliums in Polen. In: Mut und Kraft (Halle) Jg. 6, (1929), Nr. 6, S. 3–4
Das Evangelium in Polen: Erwiderung von Superintendent Ludolf Müller, Heiligenstadt. Replik darauf von Dr. Stöhr mit Anmerkungen des Schriftleiters Pf. Fritz Holtz, Halle. In: Mut und Kraft, Jg. 6 (1929), Nr. 9, S. 2–5
Zur Lage der Posener Deutschen. In: Die Christliche Welt Jg. 43 (1929), Nr. 21, Sp. 1043–1046

1930

Die evangelische Kirche in Polen. In: Hilfe Jg. 1930, Nr. 15 vom 12. 4. 1930, S. 392–399
Die christlichen Einigungsbewegungen (Zehnter Band der Bücherfolge Christliche Wehrkraft), Verlag Paul Müller, München, 105 Seiten

1936

So half Amerika. Die Auslandshilfe der Vereinigten Staaten 1812–1930. Ökumenischer Verlag Stettin, 1936, 328 Seiten

1937

Die Fürbitte für die Obrigkeit. Ökumenischer Verlag Stettin, 35 Seiten (Vorarbeiten in: Deutsches Pfarrerblatt 4. 12. 1934, Auf der Warte 28. 7. 1935, Protestantenblatt 7. 6. 1936, Sonntagsruf Januar bis März 1937)

1939

Vom Wesen und Wirken der Auslandskirchen. Ökumenischer Verlag Stettin, 144 Seiten
(Die einzelnen Kapitel erschienen 1937/39 im Evangelischen Weg.)

1940

Lasset uns mit Jesu ziehen. Laienspiel in drei Teilen für drei Personen. Unveröffentlicht, handschriftlich. EZA: 600 Hermann Stöhr

Literatur

Absolon, Rudolf (Hg.): Das Wehrmachtstrafrecht im 2. Weltkrieg. Sammlung der grundlegenden Gesetze, Verordnungen und Erlasse, Bundesarchiv Abt. Zentralnachweisstelle Kornelimünster 1958

Bergmann, Georg: Franz Jägerstätter. Ein Leben vom Gewissen entschieden. Stein a. Rh/Schweiz 1980

Besier, Gerhard: Krieg – Frieden – Abrüstung. Die Haltung der europäischen und amerikanischen Kirchen zur Frage der deutschen Kriegsschuld 1914–1933, Göttingen 1982

Besier, Gerhard: Altpreußische Kirchengebiete auf neupolnischem Territorium, Göttingen 1983

Besier, Gerhard: Die protestantischen Kirchen Europas im Ersten Weltkrieg, Göttingen 1984

Bethge, Eberhard: Dietrich Bonhoeffer, München 1967

Bethge, Eberhard: Der Weg vom »Pazifismus« in den Widerstand, 1980. In: Eberhard Bethge, Bekennen und Widerstehen, München 1984, 87 ff.

Bethge, Eberhard: Dietrich Bonhoeffers Weg vom »Pazifismus« zur Verschwörung. In: Hans Pfeifer, Frieden das unumgängliche Wagnis, München 1982, 199 ff.

Boberach, Heinz (Hg.): Meldungen aus dem Reich. Die geheimen Lageberichte des Sicherheitsdienstes der SS 1938–1945, Hersching 1984

Boberach, Heinz (Hg.): Berichte des SD und der Gestapo über Kirchen und Kirchenvolk in Deutschland 1934–1944, Mainz 1971

Böhme, Kurt: Das Nein zum Hitlerkrieg. Ein Wort des Gedenkens an Hermann Stöhr. In: Die Kirche. Evang. Wochenzeitung des evangelischen Bischofs von Berlin, hg. vom Christlichen Zeitschriftenverband Berlin, 16. März 1947

Bonhoeffer, Dietrich: Ethik, hg. von Eberhard Bethge, München 1949 (1962^{6})

Bonhoeffer, Dietrich: Gesammelte Schriften hg. von Eberhard Bethge, München 1958 ff. (Abkürzung: G. S.)

Bornemann, Ernst u. a. (Hg.): Lebendige Ökumene. Friedrich Siegmund-Schultze zum 80. Geburtstag. Witten 1965

Borowsky, Peter: Adolf Hitler, Hamburg 1978

Boyens, Armin: Kirchenkampf und Ökumene 1933–1939, München 1969

Boyens, Armin: Kirchenkampf und Ökumene 1939–1945, München 1973

Boyens, Armin: Die Stellung der Ökumene und der Bekennenden Kirche zum Problem von Krieg und Frieden während der Zeit des Dritten Reiches. In: Wolfgang Huber und Johannes Schwerdtfeger, Kirche zwischen Krieg und Frieden, Stuttgart 1976

Brakelmann, Günter (Hg.): Kirche im Krieg. Der deutsche Protestantismus am Beginn des II. Weltkriegs, München 1979

Bredendiek, Walter: Irrwege und Warnlichter (Evangelische Zeitstimmen 24), Hamburg 1966

Broszat, Martin: Nationalsozialistische Konzentrationslager 1933–1945. In: Hans Buchheim u. a.: Anatomie des SS-Staates Bd. 2, München 1979 2. A. (dtv 2916), 11 ff.

Bullock, Alan: Hitler, Kronberg/Ts./Düsseldorf 1977 (ADT 7200)
Busch, Eberhard: Karl Barths Lebenslauf, München 1978[3]
Conway, John S.: Friedrich Siegmund-Schultze (1885–1969). In: Evang. Theologie 1983, Heft 3, 221–250
Daur, Rudolf (Hg.): Ein Christ verweigert den Kriegsdienst. Hermann Stöhr zum Gedächtnis. Sonderheft der Zeitschrift »Versöhnung« hg. im Auftrag des Versöhnungsbundes Deutscher Zweig, Zwiefalten/Wttbg. 1951
Deißmann, Adolf (Hg.): Die Stockholmer Weltkirchenkonferenz. Vorgeschichte über Dienst und Arbeit der Weltkonferenz für praktisches Christentum 19.–30. August 1925. Amtlicher Deutscher Bericht, Berlin 1926
Delfs, Hermann (Hg.): Aktiver Friede. Gedenkschrift für Friedrich Siegmund-Schultze (1885–1969), Schr. d. Ökum. Archivs der EKD, Band VII, Soest 1972
Dibelius, Otto: Friede auf Erden? Berlin 1930 (ausgeliefert 1929)
Domarus, Max (Hg.): Hitler. Reden und Proklamationen 1932–1945, 2 Bde, Würzburg 1962/1963
Donat, Helmut/Holl, Karl: Die Friedensbewegung. Organisierter Pazifismus in Deutschland, Österreich und in der Schweiz (Hermes Handlexikon) Düsseldorf 1983
Drobisch, Klaus und Fischer, Gerhard (Hg.): Ihr Gewissen gebot es. Christen im Widerstand gegen den Hitlerfaschismus, Berlin (DDR) 1980
Eiche, Die: Vierteljahresschrift für soziale und internationale Arbeitsgemeinschaft, hg. von Friedrich Siegmund-Schultze Jg. 1913 bis 1933 Entwurf. Religionspädag. Mitteilungen. Hrsg. von der Fachgemeinschaft ev. Religionslehrer in Württemberg und vom Fachverband ev. Religionslehrer in Baden. Stuttgart
Gaede, Reinhard: Kirche – Christen – Krieg und Frieden. Die Diskussion im Protestantismus während der Weimarer Zeit. Hamburg 1975
Gaede, Reinhard: Die Stellung des deutschen Protestantismus zum Problem von Krieg und Frieden während der Zeit der Weimarer Republik. In: Wolfgang Huber/ Johannes Schwerdtfeger, Kirche zwischen Krieg und Frieden, Stuttgart 1976
Gastpary, Woldemar: Das internationale Engagement der evangelischen Polen in der Zwischenkriegszeit. In Zeichen der Zeit (ZdZ) Heft 1 – 1978, 41–45
Gauger, Joachim (Hg.), Chronik der Kirchenwirren, Bd. 2. In: Gotthardbriefe hg. von Joseph Gauger , 146.–158. Brief (12. Band/1935), Elberfeld 1935
Gollwitzer, Helmut/Kuhn, Käthe/Schneider, Reinhold:
Du hast mich heimgesucht bei Nacht. München 1955 3. A.
Gollwitzer, Helmut: Krieg und Christsein in unserer Generation. In: Derselbe, Forderungen der Freiheit, München 1962, 337 ff.
Gramm, Erich: Die Soziale Arbeitsgemeinschaft Berlin-Ost. In: Bornemann, Ernst u. a. (Hg.), Lebendige Ökumene Witten 1965
Gressel, Hans/Kloppenburg, Heinz (Hg.): Versöhnung und Friede (Nr. 13/14 – Juni 1960), Friedrich Siegmund-Schultze zum 75. Geburtstag am 14. Juni 1960, Minden 1960
Gressel, Hans und Kloppenburg, Heinz (Hg.), Versöhnung und Friede, Sonderheft »50 Jahre Internationaler Versöhnungsbund (3. August 1914 – 3. August 1964)«, Minden 1964
Gressel, Hans, Der Internationale Versöhnungsbund und die gewaltfreie Aktion. In: Hermann Delfs, Aktiver Friede, Soest 1972
Grünewald, Guido: Zur Geschichte der Kriegsdienstverweigerung, Essen 1979
Gürtler, Paul: Nationalsozialismus und evangelische Kirchen im Warthegau (Arbeiten zur Gesch. des Kirchenkampfes Bd. 2), Göttingen 1958
Hahnenfeld, Günter: Kriegsdienstverweigerung, Berlin

Hartmann, Albrecht: Kriegsdienstverweigerung im Dritten Reich. Magisterarbeit in Geschichte der Fakultät 8 der Universität Stuttgart, 1982
Hartmann, Hans: Der Versöhnungsbund, Sonnefeld bei Coburg, 1927
Hitler, Adolf: Mein Kampf. 2 Bde, München 1933 25. Aufl.
Hecker, Hellmuth: Die Kriegsdienstverweigerung im deutschen und ausländischen Recht (Dokumente Heft XIII hg. von der Forschungsstelle für Völkerrecht und ausländisches öffentliches Recht der Universität Hamburg), Frankfurt/M 1954
Heyden, Hellmuth: Kirchengeschichte Pommerns Bd. II, Köln-Braunsfeld 1957
Hofer, Walther: Der Nationalsozialismus 1933–1945 (Fischer TB 6084) Frankfurt/M 1957
Holl, Karl: Die deutsche Friedensbewegung im Wilhelminischen Reich. Wirkung und Wirkungslosigkeit. In: Wolfgang Huber/Johannes Schwerdtfeger, Kirche zwischen Krieg und Frieden, Stuttgart 1976, 321 ff.
Holl, Karl/Wette, Wolfram (Hg.): Pazifismus in der Weimarer Republik. Beiträge zur historischen Friedensforschung. Paderborn 1981
Huber, Wolfgang/Schwerdtfeger, Johannes: Kirche zwischen Krieg und Frieden. Studien zur Geschichte des deutschen Protestantismus (Forschungen und Berichte der Evang. Studiengemeinschaft Bd. 31) Stuttgart 1976
Kammel, Richard: Reichsdeutsche Presse und die evangelische Kirche in Polen. In: Evangelisches Kirchenblatt. Monatsschrift für evangelisches Leben in Polen, Posen, Jahrg. 7 (1928/29) Nr. 1, 8–12
Kammel, Richard: Deutsche evangelische Ratschläge. In: Evangelisches Kirchenblatt. Monatsschrift für evangelisches Leben in Polen, Posen, Jahrg. 8 (1929/30) Nr. 2, 47 f.
Kammel, Richard: Die ›Christliche Welt‹ und die ›Posener Deutschen‹. In: Evangelisches Kirchenblatt, Monatsschrift für evangelisches Leben in Polen, Posen. Jahrg. 8 (1929/30) Nr. 4, 99–104
Karski, Karol: Zur Vorgeschichte von Uppsala 1921. In: Zeichen der Zeit Heft 1 – 1978, 46–50
Kempner, Benedicta Maria: Priester vor Hitlers Tribunalen, München 1966
Kirchliches Jahrbuch für die Evang. Kirche in Deutschland 1933–1944 hg. von Joachim Beckmann, Gütersloh 1976 2. A. (zitiert: KJB)
Kleindienst, Alfred/Wagner, Oskar: Der Protestantismus in der Republik Polen 1918/19 bis 1939, Marburg/Lahn 1985
Klügel, Eberhard: Die Lutherische Landeskirche Hannovers und ihr Bischof 1933–1945, Berlin 1964
Kobe, Willi: Pierre Cérésole und der Internationale Zivildienst. In: Hermann Delfs, Aktiver Friede, Soest 1972, 87 ff.
Kretschmar, Georg/Nicolaisen, Carsten: Dokumente zur Kirchenpolitik des Dritten Reiches, Band I (1933), Band II (1934/35), München 1971/1975
Kupisch, Karl. Studenten entdecken die Bibel. Die Geschichte der DCSV, Hamburg 1964
Lichdi, Dieter Götz: Mennoniten im Dritten Reich: Dokumentation und Deutung. (= Schriftenreihe des Mennonitischen Geschichtsvereins. Nr. 9), Meierhof/Pfalz 1977
Maas, Hermann: Friedrich Siegmund-Schultze. In: Ökumenische Profile hg. von Günter Gloede Bd. I, Stuttgart 1961
Meier, Kurt: Der Evangelische Kirchenkampf, 3 Bde, Göttingen 1976/1976/1984
Messerschmidt, Manfred: Deutsche Militärgerichtsbarkeit im Zweiten Weltkrieg. In: H. J. Vogel, H. Simon, A. Podlech (Hg.): Die Freiheit des Anderen. Festschrift für Martin Hirsch. Baden-Baden 1981

Müller, Klaus-Jürgen: Die Reichswehr und die »Machtergreifung«. In: Wolfgang Michalka (Hg.): Die nationalsozialistische Machtergreifung (UTB 1329) Paderborn 1984, 137–151
Norden, Günther van: Der deutsche Protestantismus im Jahr der nationalsozialistischen Machtergreifung, Gütersloh 1979
Nowak, Kurt: Evangelische Kirche und Weimarer Republik, (Arbeiten zur Kirchengeschichte Bd. 7), Weimar 1981
Oehme, Werner: Märtyrer der evangelischen Christenheit 1933–1945, Berlin (DDR) 1979
Pfeifer, Hans (Hg.): Frieden – das unumgängliche Wagnis. Die Gegenwartsbedeutung der Friedensethik Dietrich Bonhoeffers (Internationales Bonhoeffer Forum Forschung und Praxis 5) München 1982
Poelchau, Harald: Die letzten Stunden. Erinnerungen eines Gefängnispfarrers. Aufgezeichnet von Graf Alexander Stenbock-Fermor, Berlin 1949
Poelchau, Harald: Die Ordnung der Bedrängten (Siebenstern TB 45), München 1965
Röhm, Eberhard/Thierfelder, Jörg: Evangelische Kirche zwischen Kreuz und Hakenkreuz. Bilder und Texte einer Ausstellung. Stuttgart 1981
Rouse, Ruth/Neill, Stephen Charles: Geschichte der Ökumenischen Bewegung 15 17–1948 Zweiter Teil, Göttingen 1958
Sandvoß, Hans-Rainer: Widerstand in einem Arbeiterbezirk (Heft 1 der Schriftenreihe über den Widerstand in Berlin von 1933 bis 1945, hg. vom Informationszentrum Berlin/Gedenk- und Bildungsstätte Stauffenbergstraße) 1983
Satlow, Bernt: Die deutsch-polnischen Kirchenbeziehungen 1919–1932 im Spiegel der ›Christlichen Welt‹. In: Zeichen der Zeit, Heft 1 – 1978, 68–74
Schäfer, Gerhard: Die Evangelische Landeskirche in Württemberg und der Nationalsozialismus. Bd. 2: Um eine Deutsche Reichskirche 1933, Stuttgart 1972
Scharffenorth, Ernst-Albert: Bonhoeffers Pazifismus. In: Christofer Frey und Wolfgang Huber (Hg.), Schöpferische Nachfolge, Festschrift für Heinz Eduard Tödt, Heidelberg 1978, 363–387
Scholder, Klaus: Die Kirchen und das Dritte Reich, Berlin 1977
Schorn, Hubert: Der Richter im Dritten Reich, Frankfurt/M. 1959
Schrey, Heinz-Horst: Friedrich Siegmund-Schultze. In: Hans-Jürgen Schultz, Tendenzen der Theologie im 20. Jahrhundert, Stuttgart 1966
Schweitzer, Wolfgang: Erwägungen zur kirchlichen Friedensarbeit vor und nach dem Ersten Weltkrieg. In: Ökumenische Rundschau, 12. Jg. (1963) 22 ff.
Siegmund-Schultze, Friedrich (Hg.): Inventarverzeichnis des Ökumenischen Archivs in Soest, Soest 1962
Siegmund-Schultze, Friedrich (Hg.): Nathan Söderblom. Briefe und Botschaften an einen deutschen Mitarbeiter. Marburg 1966
Steege, Heinrich: Die Versöhnung Gottes und der Frieden unter den Menschen, Soest 1969
Steinweg, Johannes: Innere Mission und Gemeindedienst in meinem Leben, Berlin 1959
Tödt, Heinz Eduard: Dietrich Bonhoeffers ökumenische Friedensethik. In: Hans Pfeifer, Frieden das unumgängliche Wagnis, München 1982
Vogl, Friedrich: Widerstand im Waffenrock. Österreichische Freiheitskämpfer in der Deutschen Wehrmacht 1938–1945, Wien 1977
Wagner, Walter: Der Volksgerichtshof im nationalsozialistischen Staat, Stuttgart 1974
Waltsgott, Ernst: Die internationale kirchliche Konferenz in Uppsala 1921 und ihre

Vorgeschichte im Spiegel der ›Evangelischen Diaspora‹. In: Zeichen der Zeit, Heft 1 – 1978, 58–66
Weinkauff, Hermann: Die deutsche Justiz und der Nationalsozialismus, Stuttgart 1968
Zahn, Gordon C.: Er folgte seinem Gewissen. Das einsame Zeugnis des Franz Jägerstätter. Graz 1967

Unveröffentlichte Quellen (Bestände)

a) Archiv des Diakonischen Werkes der EKD, Berlin (ADW):
CA 946 I; CA 946 A I; CA 946 B; CA 600 a Bd. I; CA 1000/2; CA 1448

b) Bundesarchiv – Zentralnachweisstelle Aachen-Kornelimünster:
RM 32 – G – St 715 (Abkürzung: UA Stöhr)

c) Bundesarchiv – Militärarchiv Freiburg (BA – MA):
RU 14/22

d) Document-Center, Berlin:
Karteikarte Gefängnis Plötzensee

e) Evangelische Kirchengemeinde St. Johannis Berlin-Tiergarten:
Sterbebuch 1940

f) Evang. Zentralarchiv in Berlin: (EZA):
1 (EKD)/ A 2/32; A 4/568; A4/574; A4/577
7 (EOK)/ Gen I 6, Bd. 3; Gen II 39, Bd. 4; Gen V 72 Bd. 13; Gen VIII 9, Gen XII 142, Bd. 1; Bd. 18; Gen XVIII 27 Bd. 1
51 (Ökum. Archiv) / D III n 1; H II b 1,1; J III e 2; J IV c 61; S II b 16; S II e 22; S II m 8; S III a; S III c
IFoR 280 a
600: Hermann Stöhr
626 (Nachlaß Siegmund-Schultze) / 17,12; Kasten 27; Kasten 44
KA C I Beiheft 2 Bd. 2

Auskünfte und Informationen

Pfarrer D. Günter Besch
Prof. Dr. Eberhard Bethge D. D.
Frau Ilse Dachmann
Frau Gertraude Geiß
Prof. Dr. Helmut Gollwitzer D. D.
Pfarrer Bernd Krebs
Dr. Hartmut Ludwig
Frau Gertrud Stöhr
Frau Dr. Hildemarie Streich
Frau Marie Stresow
Prof. Dr. Jürgen Winterhager D. D.

Zeittafel

4. 1. 1898	Hermann Stöhr, geboren in Stettin als 4. Kind. Vater: Zollinspektor Besuch des Schiller-Realgymnasiums in Stettin. Abschluß: Reifeprüfung
1914–1918	Als Kriegsfreiwilliger bei der Kaiserlichen Marine, Fronteinsatz auf SMS-Schlachtkreuzer »Göben« im Schwarzen Meer als Marinezahlmeister.
1919–1922	Studium der Volkswirtschaft, öffentliches Recht und Sozialpolitik in Kiel, Berlin und Rostock
1922	Promotion zum Dr. rer. pol. in Rostock. Thema: Die Auslandshilfe.
1922/23	Theologische Vorlesungen an der Universität Berlin.
November 1923 bis Mai 1925	Hilfssekretär bei der Geschäftsstelle »Die Eiche« und dem Internationalen Versöhnungsbund in Berlin-Ost als Mitarbeiter von Friedrich Siegmund-Schultze. Sprachlehrer bei der »Sozialen Arbeitsgemeinschaft« dort
17.–31. 7. 1925	Wanderung durch Süddeutschland zusammen mit protestantischen Theologiestudenten aus Frankreich.
Dezember 1925	Anfrage beim EOK betr. Tätigkeit bei Stockholmer Nachfolgekonferenz zerschlägt sich, ebenso andere Anfragen.
Mai 1926 bis Dezember 1928	Wissensch. Hilfsarbeiter bei der Wohlfahrtsabteilung des Centralausschusses für die Innere Mission in Berlin. Abschluß durch Publikation: »Die Wohlfahrtsgesetzgebung in den außerdeutschen Staaten Europas«; gleichzeitig Geschäftsführer und Dozent bei den Nachschulungskursen für Wohlfahrtspfleger an der Wohlfahrtsschule des Johannesstiftes in Spandau.
Januar bis Herbst 1930	Studienreise nach Amerika.
ab 1931	»Arbeitslos infolge seiner Haltung.«
1930	»Die christliche Einigungsbewegung« erscheint im Verlag Paul Müller.
1933	Kritische Anfragen Stöhrs an den Präsidenten des EOK und den Reichsbischof zur »Politisierung« der Kirche (Beflaggung der Kirchen bei Schlageterfeier, keine Fürbitte für politisch Verfolgte, Aufruf zur Wahl und Abstimmung am 12. 11. 1933).
1936	»So half Amerika«, erscheint im neu gegründeten Eigenverlag (Ökumenischer Verlag Stettin).
Juni 1936	Einladung an Erzbischof Eidem in den ökumenischen Arbeitskreis in Stettin. Bonhoeffer warnt vor Stöhr und dessen ökumenischem Kreis.
1937	»Die Fürbitte für die Obrigkeit« erscheint im Ökumenischen Verlag.
1939	»Vom Wesen und Wirken der Auslandskirchen« erscheint im Ökumenischen Verlag.

28. 2. 1939	Aufforderung des Wehrbezirkskommandos Stettin, sich zu Wehrübungen als Reserveoffizier bereit zu erklären.
2. 3. 1939	Stöhr verweigert den Kriegsdienst und erklärt sich bereit, einen Ersatz-Arbeitsdienst zu leisten.
19. 8. 1939	Einberufungsbefehl auf 22. 8. zugestellt. Stöhr begründet erneut seine Weigerung.
31. 8. 1939	Festnahme in Stettin.
17. 9. 1939	Überführung in die Untersuchungshaft nach Kiel.
25. 9. 1939	Anklage wegen Fahnenflucht durch den 2. Admiral der Ostseestation.
10. 10. 1939	Hauptverhandlung vor dem Feldkriegsgericht des 2. Admirals der Ostseestation: Verurteilung zu einem Jahr Gefängnis.
1. 11. 1939	2. Verhandlung vor dem Feldkriegsgericht in Kiel, notwendig wegen Verfahrensmängel im ersten Verfahren: Erneute Verurteilung zu einem Jahr Gefängnis und Degradierung zum gemeinen Matrosen.
7. 11. 1939	Überstellung in das Wehrmachtsgefängnis Torgau zur Strafverbüßung.
17. 11. 1939	Stöhr weigert sich, den Fahneneid auf den Führer zu leisten.
4. 1. 1940	Oberreichskriegsanwalt ordnet Überstellung in das Wehrmachtsuntersuchungsgefängnis Berlin an und erhebt Anklage.
16. 3. 1940	Durch Feldurteil des 3. Senats des Reichskriegsgerichts zum Tode wegen Wehrkraftzersetzung verurteilt.
8. 6. 1940	Der Führer und Reichskanzler lehnt das Gnadengesuch ab.
13. 6. 1940	Das Urteil ist rechtskräftig.
17. 6. 1940	Überführung von Tegel nach Plötzensee.
21. 6. 1940	6 Uhr 00 Hinrichtung durch Enthaupten in Berlin-Plötzensee.
25. 6. 1940	Beerdigung auf dem Evang. St. Johannis-Kirchfriedhof in Berlin-Wedding.
1978	Das Grab fällt einer Autobahnplanung zum Opfer. Die Familie gibt die Grabstelle auf.

Abkürzungen und Zeichenerläuterungen

[ ]	Ergänzungen durch den Verfasser bei Zitaten und Quellenstücken
ADW	Archiv des Diakonischen Werkes der EKD, Berliner Stelle
APU	Altpreußische Union
BA	Bundesarchiv (Koblenz)
BA – MA	Militärarchiv des Bundesarchivs (Freiburg)
BA – ZN	Bundesarchiv Zentralnachweisstelle (Aachen-Kornelimünster)
BK	Bekennende Kirche
CA	Centralausschuß für die Innere Mission
CSV	Christlich Sozialer Volksdienst
DC	Deutsche Christen
DCSV	Deutsche Christliche Studentenvereinigung
DEK	Deutsche Evangelische Kirche
DEKA	Deutscher Evangelischer Kirchenausschuß
DFG	Deutsche Friedensgesellschaft
DFK	Deutsches Friedenskartell
EKG	Evang. Kirchengesangbuch
EOK	Evang. Oberkirchenrat
EZA	Evang. Zentralarchiv in Berlin
Gestapo	Geheime Staatspolizei
GVR	Geistlicher Vertrauensrat der DEK
Kap.	Kapitel
KJB	Kirchliches Jahrbuch für die Evang. Kirche in Deutschland 1933–1944, hrsg. v. J. Beckmann, Gütersloh 1976, 2. A.
KSSVO	Kriegssonderstrafrechtsverordnung vom 17. 8. 1938
KStVO	Kriegsstrafverfahrensordnung
KZ	Konzentrationslager
LKA	Landeskirchliches Archiv
MA	Militärarchiv des Bundesarchivs (Freiburg)
MStGB	Militärstrafgesetzbuch
OKR	Oberkirchenrat
RGBl	Reichsgesetzblatt
RKG	Reichskriegsgericht
RStGB	Reichsstrafgesetzbuch
SA	Sturmabteilung der NSDAP
S. A. G.	Soziale Arbeitsgemeinschaft Berlin-Ost
SCI	Service Civil International
SD	Sicherheitsdienst des Reichsführers SS
WLB	Württembergische Landesbibliothek Stuttgart
VKL	Vorläufige Kirchenleitung der Bekennenden Kirche
VL	2. Vorläufige Kirchenleitung der BK
UA Stöhr	Untersuchungsakten Stöhr (siehe Unveröffentlichte Quellen)

Den Anstoß zum vorliegenden Buch bekam der Verfasser bei der Entstehung einer kurzgefaßten Gesamtdarstellung der Geschichte der evangelischen Kirche im »Dritten Reich«:

Eberhard Röhm / Jörg Thierfelder:

Evangelische Kirche zwischen Kreuz und Hakenkreuz

Bilder und Texte einer Ausstellung.

Mit einer Einführung von Klaus Scholder

Mit über 150 Quellenstücken, Fotos, Plakaten, Telegrammen,
Briefen, Gesetzen, Befehlen, Zeitungsausschnitten
vermittelt der inzwischen in dritter Auflage
vorliegende Bild-Textband
ein anschauliches Bild vom Weg der
evangelischen Kirche von 1933 bis 1945.